만유 회복

"인간은 어디로부터 와서, 무엇 때문에 살며, 어디로 가는가?"

이 물음은 인류가 수천 년 동안 던져 온 가장 본질적인 질문입니다. 그러나 오늘날에도 여전히 많은 이들의 마음속에 갈증으로 남아 있습니다.

왜 우리는 죄와 고통 속에서 태어나 살아가야만 하는가?
이 끝없는 고통과 저주를 해결할 방법은 없는가?

이 질문에 대하여 성경은 명확한 답을 제시합니다. 그리고 오늘 하나님께서는 그 비밀을 우리에게 열어주시려고 합니다.

천사에서 아담으로, 아담에서 메시야로 이어지는 세 시대를 통해 인간의 본래 목적과 길을 밝혀주시는 하나님의 분명한 계획이 이 책을 읽는 모든 분들에게 활짝 열리기를 축원합니다.

또한 죄의 문제를 해결하고 하나님의 창조의 목적을 회복한 여러분을 통하여 새로운 하나님의 역사가 이루어지기를 기대합니다.

2024년 12월 3일
전광훈 목사

할렐루야! 전광훈 목사님 두 번째 설교집『만유 회복』의 출간을 감사하며 하나님께 찬 시리즈는 하나님께서 전 목사님을 통하여 대한민국과 세계만방에 성경의 원색적 의미를 열어주신 놀라운 축복입니다. '모세가 쓰고 바울이 해석한 성경'이 성경 기록 이후 2,000년 동안 닫혀 있다가 전 목사님을 통해 그 성경의 원색적 의미가 드디어 열리게 되었습니다. 전 목사님께 성경을 열어주신 주 하나님을 찬양합니다.

이번 출간된 전광훈 목사님의『만유 회복』설교 시리즈는 인간의 근원을 낱낱이 알려 주신 우리 주 예수님을 선포하고 있습니다. 하나님의 은혜를 저버리고 하나님의 보좌에 도전하다가 쫓겨난 배은망덕한 마귀가 아담의 나라로 와서 아담을 유괴하고 그 자리를 빼앗아 세상 임금이 되었습니다. 아담의 나라에서 태어나는 모든 인간은 나면서부터 온통 사단화 되었습니다. 사단의 문화에 잠식되어서 비정상을 정상으로 알고 아무 소망 없이 살아갑니다.

이러한 세상에 우리 구주 예수께서 오셔서 아담에게서 이 세상을 빼앗아 장악한 원수 사단 마귀의 죄악과 간계를 폭

로시키셨습니다. 그리고 당당히 십자가를 지심으로 아담이 빼앗긴 만유를 회복시켜 주신 것입니다.

전 목사님의 두 번째 설교 시리즈『만유 회복』은 온 인류가 알아야 할 교과서입니다. 철학이 내내 질문했던 "인간은 어디에서 와서 왜 살며 어디로 가는가?"를 성경을 통해 분명히 제시하고 있습니다. 하나님의 사이클, 하나님의 구원 역사 경영의 전체 모습을 〈천사의 나라 - 아담의 나라 - 메시야 나라〉로 뚜렷하게 선포하고 있습니다. 우리의 최후 승리는 메시야 나라에 있습니다. 할렐루야!

국부 이승만 대통령을 통하여 자유대한민국을 건국하신 우리 주님께서 동방의 이스라엘인 우리 한국인에게 맡기신 사명은 특별합니다. 예수 한국 복음 통일을 이루어 선교 한국의 사명을 감당해야 합니다. 즉 주님이 재림하시기 전 이방인의 대대적 회개가 일어날 터인데 그때 우리 자유대한민국이 제사장 국가로서의 사명을 감당해야 합니다. 그 사명 감당의 한 통로가 이『만유 회복』설교집과 이후 계속될 '전광훈 목사 설교 시리즈'가 될 수 있기를 주님의 이름으로 축원합니다. 할렐루야.

2024년 11월 16일
전광훈 목사 설교 시리즈 2『만유 회복』
구성·편집인 류금주

차례

03 / 예수의 십자가,
사단을 얽어맨 하나님의 지혜　　　131

05 만유를 회복시키러 오신 구주 예수　226

06 희년을 선포하러 오신 예수　282

07 / 선악과의 정체와 결과   330

08 / 마귀의 일을 멸하러 오신 예수   387

09 / 나를 위한 예수의 7대 구속 사역　　426

題目 : 만유 회복 (고전15:20~28)

태초에 아무것도 없을 때
하나님께서 창조행위를 시작하셨다.
태초에 하나님이 천지를 지으심(창1:1)
태초에 말씀이 계심(요1:1)
창세전 내가 아버지와 함께 있음(요17:5)
태초에 있는 생명의 말씀(요일1:1)

주 하나님이 이르시되
나는 알파와 오메가라
이제도 있고 전에도 있었고
장차 올 자요 전능한 자라(계1:8)

성부 / 삼위일체 하나님 / 성령

성자 [하나님의 속성]
"나는 스스로 있는 자니라"
(출3:14)
"I AM WHO I AM"

자존 / 자위 / 자족 / 영원 / 불변 / 전지 / 전능 / 무소부재

지나온 시간 과거 → 다가올 시간 미래
지금의 시간 현재

첫째 세상 (창1:1)
영적 세계 창조(시103:22)

천사 (영적 세계)

둘째 세상(창1:2)
세상 임금, 사탄의 나라(눅4:5)

아담 (사람 참조)

그리스도가 오셔서 회개의 기회를 주심
예수님이 이 땅에 사람의 몸으로 오신 이유
(창3:8-9) (요10:10)
교회 안에서 마귀를 이김(요일3:8)

셋째 세상 (계1:20)
새 하늘과 새 땅(계21)

메시아
부활 성도, 유대인, 이방인

부활 (고전15:12~19,40~44)

[이기는 자] (계2:7)
만일 그리스도 안에서
우리의 바라는 것이
다만 이생뿐이면
(고전15:12~19)

천사의 창조 (골2:8:12~14)

천사의 대표되는 이름
미가엘
가브리엘
그룹
스랍
루시퍼

천천만만의 천사

창조목적
1. 찬양(시148:2,5)
2. 수종(신7:10)
3. 구원 얻을 후사를 위해 (히1:14)

직무
1. 가브리엘 - 기쁜소식 전함 (계1:26)
2. 미가엘 - 싸우는 군장천사 (단10:13)
3. 그룹-스랍 - 보좌 호위천사 (히103)
4. 루시퍼 - 찬양대 천사장 (계5:11)
5. 나머지 천사 수 천천이요 만만이라(단7:10,계5:11)
6. 능력이 있어 여호와 말씀을 행하는 다스리심(시103:19)

천사의 타락
사탄의 스스로 지음 (사용):(사14:12~15)

사탄의 5가지 이름
1. 바알세불/가선의 이름
2. 옛 뱀(계12:9)
3. 마귀(마4:1)
4. 용(계12:7)
5. 루시퍼(사14:12)
6. 귀신의 왕(막3:22)
7. 공중권세 잡은 자(엡2:2)
8. 큰 용(계12:9)
9. 광명의 천사(고후11:14)
10. 세상 신(고후4:4)
11. 미혹자 (계12:10)
12. 악한(엡3,3:22)
13. 살인자, 거짓말쟁이
14. 리워야단(사27:1)
15. 도적(요10:10)
16. 뱀
17. 계명성, 일궁을 얻은 자(사14:12)

천사의 속죄
루시엘 타락(사14:12~15)
1. 지혜가 충만
2. 아름답고 생기발랄
3. 지어짐
4. 에덴동산
5. 전자 보석 단장
6. 기름 부음 받은(겔28:14)
7. 무죄의 완성함

루시엘 타락(사14:12~15) - 교만 - 루시퍼
1. 아름다움으로 교만
2. 자기 보좌를 높이고자 한 교만과 비교하라
3. 하나님과 비기려함

루시엘 속종 - 우주를 혼무하게 함(계12:10)
* 자기 지위와 처소를 떠남 (유6)
* 심판 때까지 혹암에 가둠 (벧후2:4)
* 에덴의 명성 일궁을 연 자(사14:12)
* 영원한 불이 심판(마25:41)

사람의 창조 (창1:27~28)

생육(번성/중간/정복)/
다스리라

창조목적
1. 영광의 찬송이 되게 (엡1:3~14)
2. 영원히 함께 하기 위해
3. 신앙받기 위해(사43:21)
4. 하나님과 교제하기 위해

속목 (창1:28)
1. 에덴동산
2. 생육하라
3. 번성하라
4. 땅에 충만하라
5. 다스리라
6. 지키라
7. 정복하라

타락 (창3:5) - 불순종
1. 하나님처럼 되기 위해 선악과 먹음
2. 하나님 말씀 순종치 아니함
3. 마귀의 후손에 남아있

구원(창1:28)
1. 은혜 언약(신앙과 상자 약속)
2. 믿음으로 죽음
3. 믿음으로 의롭게 - 구원

회복-십자가
1. 아담이 잃어버린 나라 회복(눅4:6)
2. 세상 임금을 이김 (고2:16:33)
3. 마귀의 종이 해방 (눅4:18-19, 고후2:2)
4. 십자보혈(고전3:16) 이긴 자에게 권리 지위 줌 (벧후2:9)

4대이김
1. 죄를 이기는 자

보혈의 7대능력으로 이김
1. 하나님의 공의 만족 (요일 19, 사118)
2. 속죄를 이룸(골2:12~14)
3. 마귀를 이김(벧후1:3)
4. **새생명 얻음**
   무죄를 하는 우리
5. 에덴동산 회복 - 낙원
6. 이기는 자 (고후4:11) 자녀를 죽음으로 넘김
7. 기근 (천사를 통해 이긴 우대된-속으로 (백성들로 천년 동안 반성)
* 주님의 생애대로 기도-내모 (self life)
을 반납

부활 (고전15:12~19,40~44)

해의 부활 / 달의 부활 / 별의 부활

속죄(창1:28)
1. 기근 한단 단지 않고 후사 (마22:30)
2. 혼인 잔치(계19:7)
3. 천년 왕국 왕노릇(계20:6)
4. 신앙(엡1:3~14)의 부활
   (옛 몸 벗고 새 몸의 부활)
   (영원히 부활, 부르심 부름)
   (별 이름, 성위)- 돌들 사망

임주자
1. 예수를 믿고 이긴 자
   (계2~3:22)

천년 후
1. 무저갱에 갇힌 마귀
   장안 풀임
2. 백보좌 심판
3. 생명책에 기록되지 않은
   자와 마귀, 그의 사자
4. 에덴보다 회복
5. 하나님 예배하고 섬김
6. 세세토록 왕노릇

다 이름(상취)~계22장
1. 새 하늘과 새 땅이름
2. 첫째 부활에 참여한 자
3. 생명책에 기록된 자
4. 에덴보다 회복
5. 하나님 예배하고 섬김
6. 세세토록 왕노릇

01

태초에 하나님이

설교 일시   2008년 8월 17일(주일) 오전 11시

대   상   사랑제일교회 주일 3부 예배

성   경   요한일서 2:12-14

12 자녀들아 내가 너희에게 쓰는 것은 너희 죄가 그의 이름으로 말미암아 사함을 얻음이요

13 아비들아 내가 너희에게 쓰는 것은 너희가 태초부터 계신 이를 앎이요 청년들아 내가 너희에게 쓰는 것은 너희가 악한 자를 이기었음이니라

14 아이들아 내가 너희에게 쓴 것은 너희가 아버지를 알았음이요 아비들아 내가 너희에게 쓴 것은 너희가 태초부터 계신 이를 알았음이요 청년들아 내가 너희에게 쓴 것은 너희가 강하고 하나님의 말씀이 너희 속에 거하시고 너희가 흉악한 자를 이기었음이라

Ⅰ.
만유 회복
: 사랑제일교회의 교과서

아멘. 〈찬송으로 보답할 수 없는 큰 사랑〉입니다. 〈찬송으로 보답할 수 없는 큰 사랑〉. 아버지!

찬송가 43장 〈찬송으로 보답할 수 없는 큰 사랑〉

1. 찬송으로 보답할 수 없는 큰 사랑
   주님의 영광 할렐루야
   형제자매 모두 함께 모여 찬송해
   주님의 영광 할렐루야

   (후렴) 하나님의 자녀여 크게 찬송 부르며
   밝고 거룩한 길로 기쁨으로 나아가
   주의 보좌 앞으로 속히 들어가겠네
   주님의 영광 할렐루야

2. 우리 받은 그 큰 은혜 말할 수 없네
   주님의 영광 할렐루야
   기쁜 찬송 부르면서 천국 가겠네
   주님의 영광 할렐루야

3. 잠시 후에 우리 모두 주를 보겠네
　　주님의 영광 할렐루야
　영광스런 보좌 위에 거룩하신 주
　　주님의 영광 할렐루야

4. 만국 백성 천국에서 소리 높여서
　　주님의 영광 할렐루야
　영원토록 주의 공로 찬양하겠네
　　주님의 영광 할렐루야

　아멘. 할렐루야. 휴가 잘 다녀오셨나요? 막바지 휴가 못 갔다 오신 분들은 이번 주에 싹 갔다 오셔서 갔다 오신 뒤에부터는 이제 본격적으로 하나님의 일 한번 해봅시다. 아멘 이 쑥 들어갔어요, 이거? 여기 해수욕장 아니에요. 빨리 잠 깨요. 잠 깨요. 설악산 아니에요. 잠 깨요. 아멘. 본격적으로 하나님 일 한번 해봅시다. 아직도 잠이 덜 깼어요. 아직도 풍덩대는 생각만 하고 있어요, 지금. 아직도 풍덩댄다. 아직도. 여기 예배 시간이잖아요? 여기 강릉 해수욕장 아니에요. 본격적으로 하나님 일 한번 해봅시다. 끝까지 안 하시네. 두 손 들고 아멘. 아이고 내가 졌어. 안 돼. 성도들을 어떻게 이기겠어요?

자, 만유 회복을 다시 합니다. 따라서 합니다. 청년들아, 내가 너희를 신앙의 청년이라고 부를 수 있는 것은 악한 자를 이기었음이라. 다시요. 마귀를 이기었음이라. 마귀를 이기는 신앙을 청년의 신앙이라고 해요. 할렐루야? 예수 이름으로 죄 용서받는 신앙을 어린아이의 신앙이라고 해요. 그러니까 원수 마귀를 이기려면 지금 제가 설교하는 이 만유 회복을 잘 들으세요. 우리 교회는 이것이 교과서예요. 교과서. 뭐라고요? 우리 교회의 교과서라고요. 교과서니까 우리 교회를 다니시는 분들은 등록한 지 6개월 내로 이 말씀을 달달 다 외워야 해요. 6개월 내로 이 말씀을 다 외워서 새로 오는 성도들에게 가르칠 수 있어야 해요. 가르칠 수 있을 만큼 말씀 위에 튼튼히 서기를 바랍니다.

II.
태초에 하나님이

1. 태초 : 영원한 과거

자, 시작합니다. 시간은 세 개로 나눠집니다. 지금의 시간을 현재라고 해요. 현재. 뭐라고요? 그럼 앞으로 우리 앞에 다가올 시간을 뭐라고 그럴까요? 미래라고 그랬죠. 미래. 자, 빨리 해수욕장에서 깨어나세요. 깨어나야 해요. 지나간 시간이 뭐라고요? 그렇지! 과거예요. 이제 두 사람 세 사람 깨어난다. 깨어나. 시간은 세 개다 이거예요. 시간은. 한번 따라서 합니다. 현재. 미래. 과거.

그러면 지금 우리 예배드리는 바로 이 시간은 뭐예요? 현재죠? 지금부터. 현재 지금부터란 말이에요. 지금부터 과거로 한번 가보자 이거예요. 100년 전. 1000년. 10000년. 과거로 계속 가보자 이거예요. 이게 가는데 과거로 쭉쭉 가면 제일 마지막 영원한 과거, 컴퓨터(computer)에 넣어서 숫자를 더 이상 셀 수 없을 만큼 계속 과거, 과거, 영원한 과거 제일 끝에 과거를 가면 뭐가 나올까요? 그것을 우리는 알 수가 없어요. 그것을 성경은 뭐라 그러냐? 태초라 그래요. 태초. 한번 따라서 합시다. 태초에. 그 영원한 과거를 성경은 태초라 그럽니다. 할렐루야?

그 태초에 무슨 일이 있었는지를 우리는 알 수 없는 것은 우리의 개인적 과거도 우리는 몰라요. 개인적 과거. 여러분 각자 개인의 과거를 알 거 같아요? 몰라요. 여러분 각자 자기의 제일 어릴 때, 제일 어릴 때 기억을 몇 살까지 하는지 한번 더듬어 보세요. 자기 제일 어릴 때 기억.

저는 나의 과거에 대해서 어릴 때, 제일 어릴 때 기억이 가물가물한 기억이 한 6살, 7살 때 기억이 마지막 기억이 나는 것 같아요. 그때가. 그게 머리에 지금 그려 있는 게 뭐냐 하면 우리 아버지가 경상도 말로 우리 아부지가 논에 가서 논을 매고 일을 하는데 우리 엄마가 점심을 해서 머리에 이고 논두렁에 가져오셨어요. 오셨는데 아버지가 일하다가 논에서 나오시죠. 점심 드신단 말이에요. 내가 그때 6살 때 정도 된 것 같아요. 저 고개 넘어가면 논이 있는데. 그런데 그때 기억에 내가, 어릴 때 굉장히 내가 이 성질이 말이에요? 크는 게 내가 조용하게 이렇게 못 커요.

꼭 요즘 김바울 집사님 아들 엘리야하고 나하고 잘 맞아요. 그래서 엘리야하고 나하고 유전자가 비슷해요. 아유! 김바울 집사님 아들 엘리야요? 잠시도 가만 못 있잖아요? 그래서 유치원 선생님이 걔는 유치원 보내 놓으면 독방에 가둬 놓는대요. 지금 엘리야가. 그래서 불쌍해서 내가 심방 갔다니까요. 유치원 선생님이 걔를 볼 수가 없어서요. 왜? 애들 다 쥐어박고 머리 다 잡아 뜯고 개 하나를 선생님이 5명 달라붙어도 감당을 못해서 걔를 그냥 방에다 가둬 놓는데요. 그 착한 엘리야를. 내가 불쌍해서 말이에요. 엘리야하고 나하고 지금 깊은 사랑이 불붙었는데 불쌍해서 심방 갔다고요. 한 날 내가 심방 갔어요. 심방 갔더니 그냥 나한테 매달려서 다시는 유치원 안 있는다고 따라간다고 해서 내가 중간에 데리고 왔어요. 중간에 데려왔는데 그 후로부터 심방 안 가요. 왜냐하면 내가 심방 가면 거기 안 있으려고 해요.

그런데 이제 이놈이, 엘리야가 그냥 우리 집에 와 봐요? 2층에 올라와서 다 집어 던져 놓고, 그냥 다 깨놓고. 그러니까 박지은 집사는 나한테 감사해야 해요. 박지은이 지금 밑에서 뭐, 밥하거나 뭐, 설거지하거나 뭐, 애가 매달리면, 귀찮으면 "2층 올라가라. 2층 올라가라." 그래서 내가 지금 애 보는 사람이에요. 애 보는 사람. 이게 참 피차가 좋아요. 나는 우리 엘리야하고 노는 게 재미있고 박지은은 떠넘겨서 재미있고 이걸 윈-윈(win-win)이라 그래요. 윈-윈. 하나님의 은혜는 윈-윈으로 사는 거예요. 너도 좋고 나도 좋고. 그렇지요? 하나님의 은혜는 그렇게 좋은데. 아이고! 이놈이 오면요? 그냥 온 방이 난리 나버려요. 설거지를 다 해 놓고 가버려요, 그냥. 냉장고 다 열어서 다 꺼내서 난리인데요?

내가 가만히 생각하면 어릴 때 꼭 그렇게 내가 부산스럽게 컸어요. 내가 보면 막 파닥파닥하고 잠시도 가만히 안 있었는데요. 내 최고의 어릴 때 기억이 거기가 마지막인 거 같아요. 논두렁에서 아버지가 이렇게 논 메다가 엄마가 말이야 점심 해서 머리에 이고 나오시면 드시는데요? 그런데 우리 논에, 옛날에는 농약이 없었으니까 우리 논에 골뱅이가 있어요. 골뱅이. 그런데 내가 아버지하고 엄마하고 점심 드시는 사이에 논에 들어가서 골뱅이를 줍다가 빠져버렸어요. 내가. 그 기억이 나는 거예요. "아부지요!" 이만큼 빠졌어요.

뻘에. 논 속에 쑥 빠졌어요. 그 기억이 여기 머리에 싹 나는 거예요. 그게 마지막 기억 같아요.

그다음에 이제 뭐 초등학교 다닐 때 나는 시골 산속에서 초등학교 다녔으니까요. 우리 시골 산속에 학교 가려면 개울을 몇 개 건너야 해요. 냇가를. 냇가 건너는데 요즘처럼 비가 많이 올 때는 물이 높아요. 그러면 이제 다리 둥둥 걸어서요. 다리 걷잖아요? 이렇게? 그래서 이렇게 간단 말이에요. 가는데? 하루는 공책 사려고 옛날에는 100원짜리 종이돈이 있었거든요? 100원짜리? 공책 사려고 엄마한테 마늘 판 거 그거 돈 탔는데, 100원 탔는데, 이 주머니 속에 넣었다고요. 넣어놓고 개울을 건너느라고 말이야 다리를 걷으니까 주머니가 이렇게 주머니가 접혀서 걷힌 거예요.

분명히 집에서 돈 타서 주머니 넣었는데 개울을 건너고 나니까 돈이 없어졌어요. 왜? 주머니가 접혀서요. 이렇게 접으니까. 주머니가 접혔단 말이에요. '아휴 큰일 났네. 돈 100원 잃어 먹었네. 거스름돈 가져오라 그랬는데.' 원래 공부도 못했지만 그 날따라 하나도 공부 못했어요. 집에 가서 혼날까봐 그 생각만 하고요. 그런데 집에 와서 말이야 집에 와서 이거 걷은 걸 말이야 쫙 펴서 주머니에 넣어 보니까 돈이 부활했어요. 그 기억이 나요. 초등학교 2학년 때 어릴 때 기억이 나는 거예요. 그런 기억이.

그 외에 몇몇 가지 사건들은 기억을 못 해요. 여러분은 개인적으로 제일 어릴 때 기억 뭐 나는지 한번 생각해 봐요. 각자가. 무슨 기억이 나요? 별로 기억 못 해요. 5살 때 기억 못 해. 그렇죠? 4살 때 기억하는 사람이 있으면 뭐 천재지. 못해요. 못한다고요. 인간의 과거에 대한 기억력은 끽해봤자 6살, 7살 때가 마지막이에요. 그러니까 우리의 개인적 과거도 벌써 5살, 6살 되면 다 모르는데 개인적 과거가 아니라 영원한 과거. 영원한 과거. 따라 해 봐요. <u>영원한 과거.</u> 이걸 어떻게 알아요? 영원한 과거를 알 사람이 없는 거예요. 영원한 과거는. 응?

　오늘은요 설교를 길게 할 거니까 아예 장기전 할 거니까 아까 2부 예배하는 거 봤지요? 이 양반들이 아멘도 안 해. 봤지요? 그러니까 열한 시 예배가 기다려 뒤에 있는데도 2부 예배가 열한 시가 다 돼서 끝났으니까. 이제 이번 예배는 저녁 예배하고 이어서 할 거니까 아예 그냥 마음을 푸근하게 놓고 더우면 옷을 벗어요. 더우면 옷을 벗고 이렇게 자연스럽게 은혜를 받자고요. 자연스럽게 은혜받아야지. 주일 날 예배를 드릴 때 예배가 말이에요. 예배는요? 여러분, 주일 날은요? 예배를 중심으로 살아야 해요. 모든 걸 예배 중심으로 살아야지. 아멘이요? 예배 시간을 가지고 '목사님 또 이렇게 뻗쳤냐? 아유! 지겨워 죽겠네.' 그러면요? 하나님이 섭섭해요. 예배는 푸근하게 두 시간이고 세 시간이고 그냥 진득하게 예배를 드려야 되는 거예요. 맞죠? 이게 더운 날씨일수록 또 더

길게 해야 하는 거예요. 그래야 하나님이 은혜스러운 거예요. 하나님이. 아멘. 찬송도 또 불러가면서. 〈그 크신 하나님의 사랑〉 또 한 번 불러봐요.

찬송가 404장 〈그 크신 하나님의 사랑〉

1. 그 크신 하나님의 사랑 말로 다 형용 못 하네
저 높고 높은 별을 넘어 이 낮고 낮은 땅 위에
죄 범한 영혼 구하려 그 아들 보내사
화목제로 삼으시고 죄 용서하셨네

(후렴) 하나님 크신 사랑은 측량 다 못하며
영원히 변치 않는 사랑 성도여 찬양하세

2. 태초에 있었던 일은 하나님만 알려주실 수 있다

아멘. 할렐루야! 우리는 우리의 개인의 과거도 다 몰라요. 개인의 과거. 우리가 각자 자기 이름에다가 그다음에, 여러분, 생년월일 다 알죠? 생일? 생일 모르는 사람 한 명도 없지 여기? 자기 생일 다 알죠? 그런데 여러분의 생일이 그것이 여러분의 실력으로 안 게 아니라고요. 여러분의 생일을 여러분이 어떻게 알아요? 몰라요. 그거는. 그것은 누군가 옆에서 가르쳐줬어요. 엄마든지 아빠든지 할머니 할아버지 옆에서 "너 생일은 이날이다." 여러분의 생일은 여러분의 실력으로 안 것이 아니에요. 이렇게 인간은 자기의 과거에 대해서 자기 생일도 자기 힘으로 모른다고요. 맞지요? 여러분이 태어난 장소도 여러분은 몰라요. 산부인과에서 태어났는지, 안방에서 태어났는지, 여러분이 어떻게 알아요? 몰라요. 그것은 누가 다른 사람이 말해줬기 때문에 알아.

하물며 영원한 과거. 따라서 합니다. 영원한 과거. 어떻게 아냐고요? 영원한 과거를. 나의 개인적 과거도 모르는데 영원한 과거를. 1년도 아니고, 1000년, 10000년, 100억 년. 그걸 성경에는 태초라 그래요. 태초. 따라서 해요. 태초. 태초에 있었던, 이 태초의 과거에 대해서 알 사람이 하나도 없어요. 아시는 분이 딱 한 분이 계신데 이분이 가르쳐줘야 알아요. 그때 자리에 계셨던 분이니까요. 하나님이에요. 하나님. 하나님만 그걸 아는 거예요. 믿습니까? 하나님만 그걸 알지 인간의 힘으로는 알 수가 없는 거예요. 여러분 개인의 과거도 여러분의 힘으로 모르잖아요? 엄마 아빠가 낳아준 사람이 가르쳐 줘야 알지요. 그와 같이 이 우주의 과거, 영원한 과거도 몰라요. 태초에. 그러면 지금부터 여러분, 하나님이 뭐라고 가르쳐 준 지 잘 들으시고, 오늘 여러분, 오신 분은 복 받으셨어요. 봐요. 영원한 과거에 무슨 일이 있었는지를 하나님이 우리에게 가르쳐 주심으로 우리는 알게 되었단 말이에요. 이게 얼마나 축복이냔 말이에요. 아멘! 할렐루야! 옆 사

람 다 축복해요. 너, 축복받았다 해봐요. 앞뒤로 해 봐요. 큰
복 받았다 해 봐요. 이거 한마디만 듣는 것만 해도 큰 복 받
은 거예요. 그렇죠? 할렐루야?

그러니까 그때 태초에 영원한 태초에 무슨 일이 있었느냐?
나무도, 풀도, 산도, 들도, 별도, 달도, 아무것도 없었어요. 존
재 자체가 없는 거예요. 존재. 심지어 이 공기도 없어요. 공
기도 없어. 존재물 자체가 아무것도 없는 거예요. 아무도 없
고 누구만 있었냐? 삼위일체 하나님. 따라서 합니다. 성부
하나님. 성자 하나님. 성령 하나님. 이 삼위일체 하나님만 계
셨어요. 삼위일체 하나님만 계시는 시대가 있었어요. 영원
한 태초에.

이렇게 말하면 교회 나온 사람이 쉽게 꼭 한마디 물어보
는 게 이거예요. 그러면 하나님은 누가 낳았어요? 이렇게 물
어봐요. 그렇게 말하는 것은 잘 들어보세요. 왜 그렇게 묻냐
하면은 인간들은 하나님의 창조의 질서 안에 하나님의 창조
의 습관 안에 살기 때문에 우리가 이 땅에 사람이 존재하는
것은 엄마 아빠가 사랑해서 우리를 낳거든요? 여기에 우리
가 길들어져 있는 거예요. 길들여 있으니까 우리가 인간 속
에서 길들어진 그것으로 하나님에 대해 물어보는 거예요.
"하나님은 누가 낳았나요?" 이렇게 물어봐요. 지난주에도 말
씀드린 것처럼 마치 뭐와 같으냐 하면 우리나라하고 필리핀
하고는 계절이 같아요? 달라요? 달라요. 우리는 지금 앞으

로 두 달이 지나면 가을이 와요. 또 가을에서 두 달 지나면 또 뭐가 와요? 겨울이 오지요. 겨울 오면 눈이 와요? 안 와요? 이건 우리나라 사람들은 이미 벌써 계절에 길들어져 있는 거예요. 그러니까 머릿속에 이미 생각하고 있어요. '아, 두 달 지나면 찬 바람이 불어온다. 또 두 달 지나면 눈이 온다.' 이게 계절을 이미 경험해서 길들어져 있단 말이에요. 그러니까 우리는 그렇게 묻는 거예요. 거기에 길들여 있으니까. 필리핀 사람들은 모르는 거예요. 그것을. 계절에 길들어지지 않는 거예요. 우리나라식으로 필리핀 가서 "두 달 지나면 뭐 와요?" 이렇게 물으면 안 돼요. 두 달 지나도 뜨거워요. 석 달 지나면 그대로 뜨거워요. 그렇지? 이해돼요?

사람이 거기에 길들어진 방법으로 물으면 안 되는 거예요. 그러니까 우리가 하나님에 대해서 물을 때도 하나님의 창조에 우리는 습관에 이미 길들어져서 인간이 존재하는 것이 다 하나님께서 사람을 만드시고 생육하고 번성하여 남자와 여자를 통하여 이렇게 태어나기 때문에, 여기에서 길들은 이 습관으로 하나님에 관해 물어보면 안 되는 거예요. 하나님의 세계는 우리와 달라요. 그런데도 인간들은 그 한계점을 벗어나지 못해서 자꾸만 하나님의 창조의 습관에 이미 길들어진 방법으로 하나님에 대해서도 같은 방법으로 물어봐요. "하나님은 누가 낳았어요?" 자꾸 이렇게 물어보니까 하나님이 귀찮아요. 귀찮으니까 아예 하나님은 이렇게 자기의 이름을, 하나님의 자신의 이름을 이렇게 지었어요. "나는 스스로 있는 자이니라." 됐지요? 하나님은 하나님 이름 자체가 여호와예요. 여호와. 따라서 합니다. <u>여호와.</u> 이게 뭐냐면 "나는 스스로 있는 자이다."라는 거예요. 대답하기 귀찮으니까. 할렐루야?

그러니까 교회 나온 사람들이 "하나님이 천지 창조했어. 영원 전에 아무것도 없어. 하나님 혼자 있어." 이렇게 말하면 초신자들은 백이면 백이 다 묻습니다. "하나님은 그럼 누가 낳았어요?" 이렇게요. 하나님이 그렇게 물어볼 줄 알고 "나는 스스로 있는 자니라." 하신 거예요. 그게 여호와라는 뜻입니다. 할렐루야? 하나님은 누가 만든 게 아니고 스스로 계신 분이에요. 스스로.

이 땅에 수 없는 이름들이 있어요. 나무는 나무대로 이름이 있고, 풀은 풀대로 이름이 있고, 꽃은 꽃대로 이름이 있고, 사람은 사람 대로요. 여러분 각자 이름이 다 있지요? 수도 없는 이름이 다 있어도 참 하나님 머리가 기가 막혀요. 그러니까 하나님이라고 하지요. 하나님 머리가 기가 막힙니다. 수도 없는 이름들이 있잖아요? 이름이 없는 것은 사람이 또 이름을 만들어 붙여버려요. 뭐 강대상, 뭐, 다 붙이는데, 이름 없는 게 없어요. 없는 것은 없다는 거 자체도 이름이에요. 다 이름이 있는데, 이름 중에 여호와란 이름을 붙인 것은 없어요. "스스로 있는 자이다." 왜? 그 자체가 거짓말이에요.

여러분도 여러분 이름을 여호와라고 이름을 바꿔도 돼요. "나 여호와야." 그러면 사람들이 "저 인간이 거짓말하고 있어" 그래요. 그 자체가 거짓말이에요. 그러니까 다른 사람들은 이름을 지을 수가 없어요. 오직 그분 한 분은 사실에 근거하여 사실을 사실대로 이름을 지었어요. 만약에 하나님을 여호와라 하지 않고요? 하나님은 스스로 계셨거든요? 스스로? 스스로 계신 그분에게 다른 이름을 붙이면 그것이 거짓말이 되는 거예요. 그러니까 하나님은 사실 그대로 하나님은 스스로 계신 자이니라. 할렐루야? 하나님은 스스로 계신 분이에요. 그러니까 성경에 보면. 따라서 합니다. 성부 하나님. 성자 하나님. 성령 하나님. 태초에는 이 삼위일체 하나님만 계시고 다른 것은 아무것도 없다니까요?

다시 말씀드릴게요. 달도 있어요? 없어요? 그때는 없어요. 해도 있어? 없어? 바람도 있어? 없어? 지구는? 아이! 대답해 봐요. 속으로 그러지? '내가 뭐 유치원 애인지 알아? 목사님 혼자 떠들지 자꾸 말 시켜 이거.' 교회 오면 나만 어른이고 나머지는 다 어린아이야. 영적으로 전부. 예수님이 그러잖아요? 천국은 어린아이가 간다고. 여러분은 마음이 다 어린아이처럼 돼야 하는 거예요. 교회 오시면. 아멘이요? 다 아는 걸 물어봐도 다 대답해야 해요. 영원한 태초에는 이 풀도 있어요? 없어요? 요것도 있어요? 없어요? 강아지풀 살랑살랑 있어요? 없어요? 강아지풀. 살랑살랑. 강아지풀 있어? 없어? 어릴 때 강아지풀 가지고 장난할 때 거꾸로 세워서. 아이고 이거 이 강아지풀. 내 앞으로 딱 오잖아요? 이 강아지풀이란 말이야. 이 강아지풀 있어? 없어? 아무것도 없었어요. 아무것도. 아멘.

그럼 또 인간이 또 물어봐요. "그러면 하나님이 태초에 굉장히 심심했겠다." 그래서 신학교 가면 하나님의 속성에 대하여 요거 한 개만 6개월 배워요. 6개월. 신학교에서. 하나님의 속성에 대하여. 하나님은 우리하고 달라요. 우리는 사람의 이 체질에 하나님이 피조해 놓은 창조의 체질에 우리는 길들어져 있는 거예요. 그러니까 우리가 우리는 사람이 혼자 있으면 심심하잖아요? 이걸 하나님한테 물어보면 안 돼요. 하나님은 우리 인간과가 아니에요. 인간과가 아니에요. 아멘. 하나님은요 하나님은 아무리 혼자 있어도 심심한 법이 없어요. 우리 사람하고 다른 거예요. 아멘?

그러니까 하나님이 만든 인간의 이 창조 질서 습관의 방법으로 하나님에 대해서 물어보면 안 되는 거예요. 하나님은 분야가 다르다니까요? 그래서 신학교 가면 요거 한 개만 6개월 배워요. 하나님의 속성에 대하여 한번 따라서 합니다. 하나님은 자존하시고. 자존한다는 말이 스스로 있다는 거예요. 여호와라는 뜻이에요. 따라서 합니다. 하나님은 자위하시고. 스스로 자기를 위로할 수 있는 능력이 있는 거예요. 하나님을 누가 달랠 필요 없어요. "하나님, 심심해?" 이렇게 할 필요가 없는 거예요. 하나님은 자위하시고. 따라서 합니다. 하나님은 자족하시고. 자기 스스로 이 속에서 만족을 일으키는 능력이 있는 거예요. 아멘이요?

아무도 없다고 해서 하나님이 심심하거나 공허하거나 그런 게 없어요. 하나님의 속성은 우리와는 완전히 달라요. 완전히 달라. 할렐루야! 이러한 삼위일체 하나님이 태초에 있었다! 태초에. 따라서. 태초에. 그러니까 이 우주도 바람도 산도 아무것도 없을 때 그때 삼위일체 하나님만 여기에 계셨다는 거예요.

3. 성경의 증언 : 태초에는 하나님만 계셨다

그러던 어느 날 하나님이 창조 행위를 시작했는데 왜 만들었냐? 하나님이 심심해서 만든 게 아니에요. 사람한테 영광 받으려고 만든 것이 아니에요. 하나님의 사랑의 본능이에요. 하나님은 사랑의 본능이 있어요. 사람도 본능이 있지만 하나님도 본능이 있는 거예요. 사랑의 본능으로 하나님이 한 세계를 창조했어요. 하나님이 창조 행위를 시작했는데, 하나님이 창조하신 첫 번째 창조가 우리가 사는 이 세상이 아니에요.

우리가 사는 나무, 풀, 달 이런 것이 아니고, 하나님이 첫 번째 만든 세상은 뭐냐면 영적 세계를 먼저 만든 거예요. 영적 세계. 무슨 세계요? 여러분, 영적 세계가 있다는 걸 꼭 알기를 바랍니다. 영적 세계의 중심이 뭐냐 하면, 천사들이에요. 천사들. 뭐라고요? 천사가 있다는 걸 믿어요? 안 믿어도 할 수 없어요. 있어요. 천사는 있는 거예요. 이 천사들을 하나님께서 만드셨어요. 영적 세계예요. 영적 세계인데 천사의 숫자가 어마어마합니다. 천사의 숫자가.

그래서 오늘은 내가 이 말씀을 나 혼자만 설교해 나가면 여러분이 또 이 성전 바깥에 나가면 다 잊어먹어요. 이게 우리 교회 교과서라 그랬잖아요? 교과서? 뭐라고요? 오늘은 성경 찾기를 부지런히 하려고 해요. 성경 찾기 훈련을 할 텐데 성경 다 가져오셨지요? 성경 다 꺼내 봐요. 성경 다 꺼내 봐. 여기 프로젝트 잘 나온다고 성경 안 가져오면 안 돼. 자기 성경 다 꺼내요. 교회 오면서 성경도 안 가져와? 성경도 모르면서도 안 가져와? 성경 전부 다 머리 위에다 다 올려요. 하나님 말씀이 내 머릿속에 많이 들어가라고. 주여, 들어가게 하여 주세요. 주여, 말씀이 요 머릿속에 쏙쏙 들어가게 해주세요. 자 다 올렸어요? 다 가져오셨지요? 가만히 있어요. 손 내려요. 아이고! 3부 예배는 성적이 좋다. 아까 2부 예배는 성경 손 들으니까 성경 안 가져온 놈들이 많아. 없으니까 놈들이라 그러는 거예요. 이르지 마요? 2부 예배는 나쁜 놈들이야. 성경을 안 가져온 놈들이 많아서 내가 "다 일어서! 손들어!" 내가 그랬단 말이야.

여러분, 요즘은 이게 참 발전이 돼서 앞에서 성경이 탁탁 튀어나오고 찬송가가 펑펑 튀어나온다고 교회 오는 데도 성경도 안 가지고 오고 그러면 안 돼요. 그거는 그거고, 성경은 가져와야지? 지금부터 이제 성경 찾기를 하는 거예요.

자, 요한일서를 빨리 찾아요. 자기 성경을 찾고, 그리고 볼펜을 꺼내서 줄을 쫙쫙 그어야 해요. 줄을. 볼펜을 다 꺼내서 줄을 잘 그어요. 우리 교회의 교과서요. 쫙쫙 그어야 해요. 요한일서 1장, 요한일서 1장입니다. 요한일서 1장 다 찾으셨으면 아멘. 요한일서 1장 1절부터 읽어봐요. 시작.

<요한일서 1:1-2>

1. 태초부터 있는 생명의 말씀에 관하여는 우리가 들은 바요 눈으로 본 바요 주목하고 우리 손으로 만진 바라
2. 이 생명이 나타내신 바 된 지라 이 영원한 생명을 우리가 보았고 증거 하여 너희에게 전하노니 이는 아버지와 함께 계시다가 우리에게 나타내신 바 된 자니라

아멘. 따라서 합니다. 태초부터. 그 태초부터가 여기 영원한 과거부터예요. 여기. 줄 다 그어요. 줄 다 그어. 요한일서 1장 1절, 2절. 1절하고 2절 두 개를 줄을 다 그어요. 우리 교회 교과서니까 줄을 다 표시 해야 해요. 따라서 합니다. 태초부터. 태초부터니까 여기 영원한 과거란 말이에요. 여기.

아멘이요? 하나님은 태초부터 영원한 과거부터 계셨다는 말이에요. 하나님은. 태초부터.

다음. 또 요한복음 1장. 요한복음 1장을 넘겨요. 요한일서하고 요한복음은 달라요. 못 찾는 분들은 옆 사람을 찾아줘요. 공부시켜야 하니까. 옆 사람 찾아줘요. 요한일서는 요한계시록 앞에 있고, 요한복음은 누가복음 뒤에 있어요. 누가복음. 누가복음 뒤에 있으니까 잘잘 넘기세요. 요한복음 1장. 다 찾으셨어요? 1절 또 읽어봐요. 시작.

<요한복음 1:1>
태초에 말씀이 계시니라 이 말씀이 하나님과 함께 계셨으니 이 말씀은 곧 하나님이시니라

아멘. 따라서 합니다. <u>태초에 말씀이 계시니라.</u> 태초의 말씀이라는 것이 이게 예수님의 별명입니다. 말씀이. 이게 우리가 쓰는 말이 아니에요. 말이 아니고 이것은 로고스라고 예수님의 별명이란 말이에요. 태초부터 말씀이. 그러니까 태초. 태초는 예수님만 태초에 계신 거예요. 할렐루야?

요한복음 17장. 요한복음 17장 또 넘기시면, 요한복음 17장 빨리빨리 넘기시면, 줄을 짝짝 그어요. 요한복음 17장 다 찾으셨으면 아멘. 17장 5절부터 읽어봐요. 5절. 시작.

<요한복음 17:5>

아버지여 창세 전에 내가 아버지와 함께 가졌던 영화로써 지금도 아버지와 함께 나를 영화롭게 하옵소서

아멘. 따라서 합니다. 아버지여. 예수님이 육신으로 이 땅 계실 때 하나님 앞에 기도하는 말이에요. 이것이. 17장이. 기도 장인데, 예수님이 기도한 장인데, 아버지여 창세 전에. 무슨 전에? 창세 전이니까 여기 영원한 과거란 말이에요. 태초에. 천지가 창조되기 전이니까. 창세 전에 내가 아버지와 함께 가졌던 뭐로써? 그러니까 예수님은 이 땅에 오시기 전에 창세 전부터 하나님하고 함께 계시면서, 창세 전에 내가 아버지와 함께 가졌던 영화로써. 그러니까 예수님이 이 땅에 오시기 전에 예수님은 천지가 창조되기 전부터 아버지와 함께 굉장히 영광의 극치에 계신 거예요. 심심하셨던 분이 아니에요. 영광의 극치. 따라서 합니다. 영광의 극치. 창세 전에 내가 아버지와 함께 가졌던 영화로써. 그러니까 예수님에 대해서 오해하시면 안 돼요. 예수님이 심심해서 이 땅에 오신 것이 아니라, 이 세상이 창조되기 전부터 예수님은 삼위일체 하나님으로서. 한번 따라서 합니다. 성부 하나님. 성자 하나님. 성령 하나님. 삼위일체 하나님으로 예수님은 극도의 영광의 극치에 계신 거예요. 5절 다시 한번 읽어봐요. 5절. 시작.

<요한복음 17:5>

아버지여 창세 전에 내가 아버지와 함께 가졌던 영화로써 지금도 아버지와 함께 나를 영화롭게 하옵소서

여기 보면 아버지여 창세 전에. 따라서 합니다. 창세 전에. 창세 전에 아버지와 함께 가졌던 영화니까 예수님은 창세 전부터 예수님은 하나님과 함께 계셨다 이 말이에요. 믿습니까? 예수님이 이 땅에 오시기 전에 심심했겠어요? 안 심심했겠어요? 예? 아이고! 느긋하게 한번 말해봐요. 심심했어요? 안 했어요? 절대 안 심심해요. 창세 전에 내가 아버지와 함께 극도의 영광 가운데, 극도의 영광 가운데 있었다는 거예요. 믿습니까? 할렐루야?

III.
태초에 하나님이 천지를 창조하시니라

1. 최초의 창조 : 천사의 나라

그런데 창세기 1장 1절. 창세기 1장. 성경책 제일 처음이요.

창세기 1장 1절. 창세기 1장 1절도 찾아봐요. 자, 성경을 오늘은 빨리빨리 성경을 많이 찾아서 성경으로 딱 무장을 해야 해요. 창세기 1장 1절 넘기시면. 창세기 1절 1절 시작.

<창세기 1:1>
태초에 하나님이 천지를 창조하시니라

자, 여기 보면, 태초에 하나님이 무엇을? 천지를 뭐 했다? 그러니까 성경 읽다가 태초라는 말이 나오면 다 여기예요. 여기. 영원한 과거. 가장 처음. 나무도 있어요? 없어요? 풀도 있어? 없어? 달은? 우주는? 별은? 목사님은? 스피커는? 아무것도 없을 바로 태초에. 성경이 태초에 그러면 바로 여기를 말하는 거예요. 성부 성자 하나님. 삼위일체 하나님만 계신 바로 거기란 말이에요. 아멘이요? 할렐루야? 태초에. 따라서 합니다. <u>태초에.</u> 그 태초에 거기에서 무슨 일이 있었냐? 하나님이 태초에 처음 창조 행위를 시작했는데, 제일 먼저 만든 것이 영적 세계니까 그 중심이 바로 천사란 말이에요. 천사. 뭐라고요?

2. 천사의 숫자 : 천천이요 만만이라

그러면 천사의 숫자가 몇 명일까? 천사의 숫자가 얼마나 많은지 다니엘서 7장을 한번 넘겨 봐요. 다니엘서 성경을 쫙쫙 그어야 하는데. 줄을 쫙쫙 그어요. 다니엘서 7장 빨리빨리 넘기시면, 다니엘서 7장, 구약성경 다니엘 몇 장이요? 빨리 빨리 넘기시면 다 찾으셨으면 아멘. 다니엘서 제7장 찾으셨으면 몇 절부터 읽으시냐 하면은 제9절부터 읽으세요. 9절부터. 시작.

<다니엘서 7:9-10>

9. 내가 보았는데 왕좌가 놓이고 옛적부터 항상 계신 이가 좌정하셨는데 그 옷은 희기가 눈 같고 그 머리털은 깨끗한 양의 털 같고 그 보좌는 불꽃이요 그 바퀴는 붙는 불이며

10. 불이 강처럼 흘러 그 앞에서 나오며 그에게 수종 하는 자는 천천이요 그 앞에 시위한 자는 만만이며 심판을 베푸는데 책들이 펴 놓였더라

그러니까 다니엘이 하나님의 보좌를 봤어요. 봤는데 구약 시대 다니엘 선지자가 하나님의 보좌를 보니까, 천사들의 움직임이 꼭 불이 강같이 흘러나와서 그 앞에서 나오는데 그에게 수종 하는 자는 천천이요. 무엇이요? 그에게 수종 하는 자, 하나님을 받들어 섬기는 이 수종 하는, 하나님을 수종 하는 천사의 숫자가 얼마나 많은지. 천천이요 만만이에

요. 이 천사의 숫자가 천천이요 만만이라는 것은? 이것은 히브리 사람들이, 이스라엘 사람들이 천천이요 만만이라고 할 때는 이루 셀 수 없는 숫자를 말할 때 천천이요 만만이라고 해요. 할렐루야? 우리나라로 말하면 셀 수 없는 숫자, 아주 많은 숫자, 이루 사람의 숫자의 개념으로 말할 수 없는 거. 그걸 따라서 합니다. 천천이요 만만이요. 엄청나게 많다는 거지, 뭐. 아멘이요? 천천이요 만만이요.

또 히브리서를 다 넘겨요. 히브리서 12장을 다 넘겨요. 히브리서 12장을 보시면, 히브리서가 어디 갔나? 12장. 못 찾는 사람은 옆에 찾아드려요. 빨리. 옆에서. 자기 거 찾아놓고 옆에서 또 이렇게 찾아줘야 해요. 새로 나온 사람들은 찾아줘야 해요. 살살 넘겨줘서 히브리서 12장 다 찾으셨으면 아멘. 여기 보면 이것도 같은 말씀이요. 히브리서 12장 21절. 시작.

<히브리서 12:21-22>

21. 그 보이는 바가 이렇듯이 무섭기로 모세도 이르되 내가 심히 두렵고 떨린다 하였으나
22. 그러나 너희가 이른 곳은 시온산과 살아계신 하나님의 도성인 하늘의 예루살렘과 천만 천사와

여기 보면 그러나 너희가 이른 곳은 시온산과. 이게 하나

님 보좌와 같은 말이에요. 살아계신 하나님의 도성인 하늘의 예루살렘과 천만 무엇과? 천사와. 천만 천사. 그러니까 천사의 숫자가 천만 천사라는 거예요. 이해되시면 아멘? 46장 찬송 한번 불러요. 〈찬양하라 복 되신 구세주 예수〉. 찬양하라.

찬송가 46장 〈찬양하라 복 되신 구세주 예수〉

1. 찬양하라 복되신 구세주 예수
   백성들아 사랑을 전하세
   경배하라 하늘의 천군과 천사
   주님 앞에 영광을 돌리세
   목자같이 우리를 지키시고
   종일 품에 늘 안아주시니

   (후렴) 찬양하라 높으신 권세를 찬양
   찬양 찬양 영원히 부르세

2. 찬양하라 복되신 구세주 예수
   우리 대신 죽임을 당했네
   구주 예수 영원한 구원의 소망
   경배하며 겸손히 절하세
   찬양하라 우리 죄 지신 예수
   그의 사랑 한없이 크셔라

3. 찬양하라 복되신 구세주 예수
천사들아 즐겁게 찬양해
구주 예수 영원히 다스리시니
면류관을 주 앞에 드리세
구주 예수 세상을 이기시고
영광중에 또다시 오시네

3. 천사를 만드신 이유

1) 천사는 피조물이다

아멘! 할렐루야! 그러면 천사가 몇 명이라고 그랬죠? 천천이요. 또 뭐요? 다 셀 수 없어요. 아멘? 그런데 이 천사는 하나님이 왜 만들었냐? 히브리서 1장을 또 넘겨 보시면, 히브리서 1장을 넘겨 보시면, 천사를 하나님이 만든 이유가 있어요. 왜 만들었느냐? 천사는 여기 왜 만드느냐? 히브리서 1장 제14절부터 읽으시면, 14절 시작.

〈히브리서 1:14〉
모든 천사들은 부리는 영으로서 구원 얻을 후사들을 위하여 섬기라고 보내심이 아니뇨 아멘. 따라서 합니다. 모든 천사는. 일부분의 천사요? 모든 천사요? 모든 천사는 하나님이 부리는 종이에요. 부리는 영이야. 하나님이 심부름시켜 먹는. 하나님을 수종 하는 모든 천사예요. 모든 천사는 부리는 영으로. 하나님이 부리는 영으로 구원받을 후사들을 섬기라고 보내심이 아니뇨. 아멘?

그런데 하나님은 여호와 즉 스스로 계신 분이지만 천사는 스스로 있는 게 아니에요. 아멘. 천사가 사람보다가 먼저 있었던 건 사실이지만. 천사가 몇 년 전부터 있었냐? 그건 몰라요. 천사도 굉장히 오래전에 있었어요. 그렇지만 천사는 스스로 있는 게 아니에요. 천사는 하나님이 창조했다고 성경에 쓰여 있어요. 이게 어디에 있나 하면 시편 103편을 넘겨 보시면, 여기 보면 시편 103편에 보면, 천사는 하나님이 창조했다고 쓰여 있어요. 스스로 있는 게 아니에요. 천사는 스스로 있는 게 아니고. 시편 103편 다 찾으셨으면 아멘. 시편 103편 다 찾았어요? 그러면 이제 19절부터 한번 읽어봐요. 19절부터 시작.

<시편 103:19>

여호와께서 그 보좌를 하늘에 세우시고 그 정권으로 만유를 통치하시도다

자, 여호와께서 그 보좌를 하늘에 세우시고 그 정권으로 만

유를 뭐하시도다? 모든 우주를 하나님이 통치하시는 거예요.

2) 천사에게 능력을 주신 하나님
또 20절 읽어봐요. 시작.

<시편 103:20>
능력이 있어 여호와의 말씀을 이루며 그 말씀의 소리를 듣는 너희 천사여 여호와를 송축하라

여기 보면, 능력이 있어 그랬어요. 능력이 있어. 여러분, 천사는 능력이 있습니다. 천사하고 사람하고는요? 게임이 안 됩니다. 인간이 100만 명이 붙어도 천사 하나 못 이깁니다. 구약성경에 보면, 히스기야 시대 때에 앗수르 군대 18만 명이 천사 하나를 못 이겨요. 천사 하나가 날개를 딱 펴서 날개 하나 가지고 툭 치면 10만 명, 20만 명이 그냥 쓰러져 버린 거예요. 인간과 천사하고는요? 본질적으로 능력의 차이가 있어요.

그런데 이 천사가 능력이 있어도 그 능력을 하나님이 주신 거예요. 능력이 있어 여호와의 말씀을 이루며. 천사들은 하나님의 말씀을 이룬단 말이에요. 아멘이요? 그 말씀의 소리를 듣는 너희 천사들이여. 21절 읽어봐요. 시작.

<시편 103:21>

여호와를 봉사하여 그 뜻을 행하는 너희 모든 천군이여 여
호와를 송축하라

여호와를 봉사한다. 아까 말한 대로 수종 한단 말이에요.
그 뜻을 행하는 너희 천군이여 여호와를 수종 하라. 예? 22
절 시작.

<시편 103:22>

여호와의 지으심을 받고 그 다스리시는 모든 곳에 있는 너
희여 여호와를 송축하라 내 영혼아 여호와를 송축하라

자, 여기에 중요한 의미가 있어요. 따라서 합니다. 여호와
의 지으심을 받고. 여호와의 뭘 받고? 그러니까 천사들은 스
스로 있는 거예요? 지어진 거예요? 그러니까 천사는 여호와
의 지으심을 받고. 지으심. 천사는 창조물이에요.

3) 말씀과 천사를 통해 만물을 보존하시는 하나님
지으심을 받고. 지으심을 받아서 어디 있느냐? 그 다스리
는 모든 곳에 있는 너희여. 잘 들어봐요. 하나님은 아까 19
절도 말씀했지만, 19절 다시 한번 보시면 19절 읽어 봐요.
시작.

<시편 103:19>

여호와께서 그 보좌를 하늘에 세우시고 그 정권으로 만유
를 통치하시도다

여호와께서 그 보좌를 하늘에 뭐 하시고? 하늘에 세우시
고, 그 정권으로 무엇을? 하나님은 이 세상에 천지 만물을
창조하신 분이에요. 창조하셨을 뿐 아니라 하나님은 창조한
뒤에도, 창조한 피조물을 창조한 뒤에, "야, 내버려 두자. 이
젠 창조한 것 너희들 마음대로 살아!" 이런 것이 아니고 하
나님은 창조하셨을 뿐 아니라 자기가 창조한 모든 창조물을
다스리는 거예요. 따라서 합니다. 창조하시고. 보존하시고.
이것도 하나님의 속성에서 우리가 신학교 가면 6개월 배워
요. 6개월 배우는데. 하나님은 창조하신 창조주일 뿐이 아
니라 보존하시는 하나님이에요.

그러니까 보십시오. 하나님이 이 우주 만물을 창조한 뒤에
하나님이 그냥 내버려 놔둬 버리면 이 우주가 존재할 수가
없어요. 하나님은 창조할 때만 역사한 게 아니라, 이 창조한
피조물을 지금도 말씀으로 붙잡고 계셔요. 욥기서에 보면
하나님이 말씀으로 이 우주 만물을 붙들고 계시는 거예요.

그러니까 저 해, 달, 별, 이런 것들이 하나님이 창조한 뒤
에 그냥 내버려 뒀으면 이 우주가 무질서해서 안 돼요. 하나
님이 지금도요? 천군 천사들을 이 피조물에다 다 붙여서요?

이거 조심해서 할 말인데 여러분, 잘 들어봐요. 이거 인터넷에 나가면 안 되는데 잘 들어봐요. 하나님은 모든 만물을 지었잖아요? 아멘? 이 만물을 지어 놓고 내버려 두는 게 아니라, 전부 이 만물에다가 하나님이 창조하신 만물을 하나님이 붙잡고 계셔요. 붙잡고 계시고 이 만물을 하나님이 지금도 다스리고 계셔요.

그러니까 봐요. 이 나무가요? 이 나무, 꽃 이런 게 아름답잖아요? 이런 것이 하나님의 창조물인데, 이 창조물의 자연의 원리가 꽃이 피고 씨가 싹트고 이 모든 거 있잖아요? 이런 것들이 하나님이 지금도 이걸 안 붙잡고 있으면 이것이 무너진다고요. 이것이 존재를 못 해요. 아멘. 잘 들어봐요. 그래서 중국 사람들은요? 잘 들어봐요. 중국 사람들, 이 모든 헬라(Hellas) 사람들도 마찬가지예요. 그리스(Greece) 사람들도. 고대 사람들은 이 만물의 신비함을 느끼다가 이 만물의 모든 곳에. 중국 사람들은 여기에 다 귀신이 붙은 줄 알았어요. 귀신이. 하도 신기해서. 그러니까 나무귀신, 풀 귀신, 꽃 귀신, 다 있어요. 중국 사람들은. 이상하단 말이야. 가만히 있는데 요것이 햇빛이 비치면 싹 자라나는 이게 보통 신기한 게 아니에요. 이건 틀림없이 이거는 하나의 물질이 아니라 이 뒤에 무슨 신적인 개념이 있다고 해서 중국 사람들은 전부 귀신을 다 붙여놨어요. 나무귀신, 풀 귀신, 꽃 귀신. 중국 사람들은 모든 만물에 귀신이 다 붙은 줄 알았어요. 중국 사람들은.

성경은 그렇게 말하고 있지 않아요. 성경을 보면 이 모든 만물을 하나님이 붙잡고 있는 거예요. 아멘? 귀신이 붙은 게 아니라, 하나님이 만물을 붙잡고 있는 거예요. 붙잡고 있는데, 아까 읽은 21절부터 한번 봐요. 성경 보시면. 성경 한번 봐요. 21절 봐요. 시작.

<시편 103:21-22>

21. 여호와를 봉사하여 그 뜻을 행하는 너희 모든 천군이여 여호와를 송축하라
22. 여호와의 지으심을 받고 그 다스리시는 모든 곳에 있는 너희여 여호와를 송축하라 내 영혼아 여호와를 송축하라

여호와의 지으심을 받고 그 다스리는 모든 곳에 있는 너희여. 봐요. 하나님의 천사들이 지금도, 여러분, 이 자리에 없을 것 같지만 우리 눈으로 못 봐서 그렇지 천사들이 없는 곳이 없어요. 천사들이 꽉 찼어요. 천사들이. 아멘이요? 우리 눈으로 못 봐서 그렇지 천사들이 여기도 꽉 찼어요. 하나님이 다스리는 곳에는 천사들이 다 파송돼있는 거예요.

그리고 천사들도 질서가 있어서 전부 담당 분야가 다 달라요. 천사들한테 하나님이 "나무를 붙잡고 있어라." 그러면

이 나무를 천사들이 붙잡고 있는 거예요. 그러므로 이 자연의 모든 원리가 하나님의 기운으로 인해서 이것이 돌아가는 거예요. 귀가 열릴지어다. 이게 하나님이 그냥 자연법칙을 만든 뒤에는 "네 맘대로 자연법칙으로 돌아가라" 이렇게 만들어 놓은 게 아니고 이 배후에 전부 하나님의 기운이, 아멘, 하나님의 기운이 천사들이 만유를 붙잡고 있다고요. 천사들이. 할렐루야!

지금 제가 이렇게 살아서 설교하고 있잖아요? 있는데, 이거도 천사들이 이 자연의 원리를 붙잡고 있기 때문이에요. 내가 이렇게 밥 먹으니까 건강해서 있는 것이 아니고, 그 배후에는 하나님의 기운이 그걸 붙잡고 있는 거예요. 아멘이에요? 하나님이 손을 딱 떼버리면 이게 다 무너져 버려요. 모든 게 다 무너져 버려요.

4. 영의 세계가 있다

1) 빛으로 된 하나님의 나라

2부 예배 때도 내 이거 설교하다가 시간이 길어졌는데, 뻗쳤는데, 잘 들어봐요. 이번에는 안 하려고 굳게 결심하고 나왔는데. 그런데 또 해야겠어요. 들어보라고요. 여러분, 이게요? 이게 영의 세계라고 하는 것이. 영의 세계. 영의 세계. 무슨 세계요?

이 땅을 봐요. 이 땅에 있는 모든 물질 중에 제일 딱딱한 거. 돌같이 이런 것을 고체라 그래요. 고체. 고체 있지요? 이거 다 고체예요. 이런 게. 고체. 중학교 1학년 때 저기 과학 시간에 배웠잖아요? 고체. 딱딱한 것. 고체. 맞지? 고체란 말이에요. 고체보다 조금 더 부드러운 건 뭐야? 액체도 몰라요? 액체? 아이고, 참, 이거 무식이 충만하네. 이거. 액체. 뭐요? 액체. 중학교 자연 시간이라고. 아니, 중학교 갈 것 없어. 이건 초등학교 2학년 때 나오는 거지. 따라 해 봐요. 고체. 고체는 딱딱하니까 만져지잖아요. 딱딱하니까. 고체보다 부드러운 게 뭐예요? 고체가 풀어진 게 액체예요. 맞지요?

그럼 물어볼게요. 얼음은 고체요? 액체요? 얼음은 딱딱하니까 고체잖아요? 그런데 녹이면 뭐가 돼요? 부들부들 액체 물이 되잖아. 물. 액체보다가 더 부드러운 게 뭐예요? 이제 뭐 좀 안다. 이제. 기체란 말이야. 기체. 공기란 말이야. 맞죠? 그러니까 말이야 물도. 물이 말이야 이 세 개로 왔다 갔다 하는 거예요. 물이 냉장고에 얼리면 뭐가 돼요? 고체. 그걸 또 얼음을 녹이면 뭐가 돼요? 그런데 물을 끓이면 뭐가 돼요? 지금 이 공기 안에 물이 꽉 찬 거예요. 습도가. 맞죠? 에어컨 틀어봐요. 공기 속에서 물이 줄줄 흘러버리지. 맞죠? 그런데 이게 원소가 풀어지면 형태가 달라지는 거예요. 원소가 풀어지면. 아멘! 원소가 풀어지면 형태가 달라지는 거예요. 아멘이요? 그런데 이 원소들이 고체나, 액체나, 기체

나. 이 원소들이 말이야. 자기의 원소들이 자기 형체를 다 가지고 있잖아요? 그렇죠? 있지요?

그런데 이 기체보다가 더 부드러운 게, 더 예민한 게 있어요. 기체보다 더 예민한 것이 빛이예요. 빛. 뭐라고요? 지금 목사님이 갑자기 과학자로 변했어요. 이게 빛이란 말이야. 빛도 물질입니다. 빛도 무게가 나가요. 빛도 소자야. 빛도 물질입니다. 그런데 빛은 기체보다 훨씬 더 높아요.

그런데 빛도 종류가 엄청난 거예요. 빛의 단계가요 수없이 달라요. 빛의 단계가. 빛도 제일 후진 빛은, 제일 후진 빛 있지요? 후진 빛. 후레쉬(flash) 불. 이런 빛 있잖아요? 이런 빛은 건물 같은 걸 못 뚫어요. 또 사람의 살 못 뚫고 들어가요. 빛이.

그런데 빛도 아주 고농도의 빛이 있어요. 그다음부터는 내가 실력이 딸려서 표현을 못 해요. 하여튼 있다는 것은 사실이에요. 빛 중에서 병원에서 쓰는 엑스레이(x-ray) 있지요? 엑스레이? 엑스레이 초음파 빛. 이 엑스레이 빛은 살을 뚫고 들어가요? 못 들어가요? 살 속으로 들어가요. 빛이. 살 속으로 들어가는 빛도 있어요. 이거 엑스레이란 말이에요. 엑스레이. 엑스선은요 살 속에다가 찍으면 뼈도 다 보이고 살 속으로 들어간단 말이에요. 빛이. 이해돼요?

이 빛의 종류가 많아요. 빛의 종류가. 이게 많단 말이야. 하나님이 만들어 놓은 이게 소자들이란 말이에요. 다 물질이란 말이에요. 이게 다 물질이에요.

그런데 이 빛 중에요? 빛을 가공한다는 얘기 들어봤습니까? 모를 거야. 우리 교회는 다 무식이 충만해서 모를 거야. 잘 봐요. 울산에 가면요? 광속기라는 게, 세계에서 세 개밖에 없는 게 우리나라에 있어요. 참, 우리나라도 대단해요. 이렇게 체육관처럼 동그랗게 지어놨어요. 지어놨는데 빛을 여기서부터 출발시켜서 빛을 뱅글뱅글 돌려서 가속도를 붙여요. 막 돌리면 빛의 속도가 빨라지는 거예요. 어떻게 가속시키는지 난 몰라요. 하여튼 그걸 우리나라에서 만들어 놨어요.

그런데 중간에다 빛을 이렇게 꺼내 쓰는 출구를 만들어 놨어요. 내가 어떤 목사님 소개로 직접 가봤단 말이에요. 그런데 빛이 막 돌아다녀요. 빛이 쫙 속도를 붙여 돌다가 요 출구에 빛이 딱 나오면 기업체들이 여기에서 빛이 나오는 요 구멍에서 꺼내서 한 시간 당마다 쓰는 데 돈을 받아요. 기업체들이 가서 연구하는데요? 여기서 튀어나온 빛이 뱅글뱅글 돌다 튀어나온 이 빛을 사용해서 여자들이 좋아하는 다이아(diamond) 있지요? 다이아 같은 걸 자르는 거예요. 빛으로. 정교하게 잘리는 거예요. 나노(nano). 나노라고 알아요? 나노? 모르지요? 여자들의 화장품 있잖아요. 화장품을 돌가루 같은 거 뭐, 갈아서 보들보들하게 땀 세포보다가 더 적게 물질을 갈아서 이렇게 해야 여자들이 얼굴이 예뻐지잖아요?

그런데 그걸 뭐로 깨냐면 빛으로 깨는 거예요. 빛으로. 무엇으로? 졸음이 충만히 오려고 해요. 빛으로 깨졌다. 아주 그냥 인간의 한계 이상을 깨는 거는 빛으로 깨는 거예요. 빛으로. 이러한 기술이 지금 우리나라에 이게 세계 세 개밖에 없는 광속기가 지금 우리나라에 있는 거예요. 울산에. 나 직접 봤단 말이에요 이거를. 아멘이요?

그런데 잘 들어보시오. 빛의 신비함이 이루 말할 수 없습니다. 요즘 레이저(razer) 수술 있죠? 레이저 수술? 속 안에 있는 거, 이 속 안에 있는 거 자르는 거 이걸 빛으로 잘라 버리잖아요? 빛으로? 수술을 칼로 하는 게 아니라 빛으로 잘라버리잖아요? 속 안에 빛으로 자른단 말이에요. 맞지요? 〈빛나고 높은 보좌와〉를 불러봐요. 아버지!

찬송가 27장 〈빛나고 높은 보좌와〉

1. 빛나고 높은 보좌와 그 위에 앉으신
주 예수 얼굴 영광이 해 같이 빛나네
해 같이 빛나네

2. 지극히 높은 위엄과 한없는 자비를
뭇 천사 소리 합하여 늘 찬송 드리네
늘 찬송 드리네

3. 영 죽을 나를 살리려 그 영광 떠나서
   그 부끄러운 십자가 날 위해 지셨네
   날 위해 지셨네

4. 나 이제 생명 있음은 주님의 은사요
   저 사망 권세 이기니 큰 기쁨 넘치네
   큰 기쁨 넘치네

5. 주님의 보좌 있는 데 천한 몸 이르러
   그 영광 몸소 뵈올 때 내 기쁨 넘치리
   내 기쁨 넘치리

아멘! 할렐루야! 하나님의 나라는 다 빛으로 돼 있어요. 모든 게 빛의 세상이에요. 그러니까 지금부터 50년 전까지만 해도 저 말라기서에 나와 있는 말씀을 이해를 못 했습니다. 하나님의 치료의 광선. 무슨 광선? 어떻게 광선이 사람의 병을 고치느냐? 성경을 이해를 못 했어요. 하나님의 치료의 광선. 그래서 암 걸린 사람들, 병원에서 사형 선고받은 이런 사람들이 하나님 앞에 회개하다가 "하나님, 내가 이제 주님 나라 가려고 막상 생각해 보니 정말 지금까지 내가 예수 헛믿었네요. 지금까지 산 거는 전부 다 내 하나 밖에, 내 욕심을 채우려고 살았네요. 하나님, 제발 소원입니다. 나 생명 한 번만 연장해 주시죠. 10년만 더 살게 해주세요. 이제 진짜 예수 한번 믿어보겠습니다." 이렇게 회개 깊이 하는 사람은 하나님이 꿈 중에, 환상 중에, 빛을 비춰서 그 암세포를 다 죽이는 경우가 있어요. 원자력 병원에서 쏘는 엑스레이 암세포 죽이는 거, 인간이 만든 빛은 아직 따라가려면 멀었어요. 하나님의 빛을 따라가려면 멀었어요. 하나님이 환상 중에 빛을 쫙 비추면 그다음 날 아침에 다 나아 버려요. 빛의 치료가요. 그런데 이것이 50년 전까지만 해도 이 성경이 이해가 안 됐다니까요. 그 봐요. 50년 지나니까 성경이 이해 되죠. 그렇다고 성경이 다 이해되는 건 아니에요. 이제 조금씩 그런 말에 대해서 시비 못 거는 거예요.

빛이 임하면 병이 낫는 거예요. 어떻게 빛이 병을 고치느냐? 사람이 만든 엑스레이를 가지고도 병이 낫는데, 하나님의 빛. 하나님 빛은 쪼개면요? 아까 내가 물질의 고농도에 대해서 설명했잖아요? 봐요. 고체, 액체, 그다음 뭐요? 기체. 그다음 뭐요? 빛은 물질 중에서 가장 예민한 거예요. 그런데 빛도 종류가 같아요? 달라요? 다르지. 일반 보편적인 빛은 이런 거 콘크리트나 사람 속을 못 들어가요. 빛이 못 들어간단 말이에요. 일반 빛은 못 들어가죠? 그런데 아주 고농도의 빛은 이 사람 살 속도 들어가요. 빛이 들어가서 그 안에 있는 것을 다 읽어서 나와요. 빛이.

그런데 빛 중에서 말이야. 잘 보세요. 이 빛이라는 게 신비한 겁니다. 이 빛이 계속 발전하고 있어요. 지금도 빛을 발전시키고 있어. 더. 광속통신 뭐, 빛을 계속 발전시키는데, 이 빛이 아무리 따라가도 천국에 있는 영의 빛. 따라서. <u>영의 빛.</u> 영적인 빛의 세계는 도달할 수 없어. 인간의 빛이. 그전에 주님이 와요. 아멘. 이 빛의 세계가. 하늘나라는 전부 빛으로 돼 있다. 빛으로. 할렐루야.

그러니까 보십시오. 잘 봐요. 여러분, 컴퓨터에 들어가면 컴퓨터 안에 들어가면 사이버(cyber)라고 하는 세계가 있잖아요? 컴퓨터 안에 들어가면 집도 있고 나무도 있고 뭐, 다 있잖아요? 그런데 전깃불 꺼버리면 아무것도 없이 다 꺼져버려요. 없어져 버리잖아요. 그런데 켜면 다시 이 안에 새로운 뭐, 강도 있고 컴퓨터 안에 한 세계가 있단 말이에요. 그런데 이것을 그냥 놔두면 이것은 전자로서만 세계가 그림이 그려져 있는 거예요. 그런데 여기다가 프린트(print)를 달아봐요. 프린트를 달고 출력을 시키면 종이로 바로 그림이 종이로 되어 나온단 말이에요.

하나님의 영의 세계. 따라서 합니다. <u>영의 세계.</u> 이 영의 세계를 프린트를 한번 해 봐요. 영의 세계를 대고 프린트를 해버리면 이 땅에 물질로 나타나게 한번 해 봐요. 영의 세계를 프린트 한번 한다고 생각해 봐요. 나는 기도하면서 별 공상을 다 해요. 하늘나라를 프린트를 한번 해 볼까? 하늘나라를 프린트. 하늘나라를 프린트를 한 게 이게 바로 성경이에요. 성경. 이게 바로 천국을 출력시킨 거예요. 출력시킨 거.

아멘이요? 머리가 나쁜 사람은 이해가 안 돼요. 머리가. 이 성경이, 이게 하늘나라를 출력시킨, 프린트로 출력시킨 거란 말이에요. 이것이. 아멘이요?

2) 만물을 붙들고 계시는 하나님

그러니까 다시 말씀으로 돌아가서 잘 봐요. 잘 봐. 이건 아주 신비한 소리야. 신비한 소리인데 성경은 말하기를 이런 나무 같은 거 이런 걸 또 하나님이 창조했지만, 창조한 후에는 "네 맘대로 살아라" 이렇게 따로 떼어준 게 아니라, 하나님은 따라서 합니다. 창조하시고. 보존하시고. 운행하시고. 이걸 하나님이 지금도 보존하고 있는 거예요. 보존할 때 하나님이 천사들을 통하여 전부 배당을 줬어요. 이 모든 피조물엔 천사들이 다 달라붙어 있는 거예요. 보존시키라고요. 하나님 말씀에 따라 보존하는 거예요. 천사들을 피조물에다 보내서 딱 잡고 있는 거예요. 그러므로 이것이 존재하는 거예요. 아멘이요?

3) 장차 만물을 풀어버리시는 하나님

그런데 언제 어느 날 가면 하나님이 원소를 분해해요. 아까 말한 대로 고체, 액체, 기체처럼 이걸 착 풀어버리면 원소를 분해해버리면 어떻게 되겠어요? 목사님을 분해해봐요. 물밖에 남는 거 없지. 나를 기름 가게 가서 기름틀에다 한번 짜봐요. 나를 넣어서 푹 눌러봐요. 뭐가 나오겠어요? 물밖에 안 나오지. 원소 분해예요. 하나님이 창조하신 창조의 분해를 베드로후서 3장에 보면. 한번 넘겨봐요. 베드로후서 3장에 보면 하나님이 창조한 모든 물체를 하나님이 분해하면. 헬라어로 이게 분해란 말이에요. 분해. 이게 화학적 용어란 말이에요. 화학적 용어. 베드로후서 3장 10절을 읽어봐요. 10절 시작.

<베드로후서 3:10>

그러나 주의 날이 도적같이 오리니 그날에는 하늘이 큰 소리로 떠나가고 체질이 뜨거운 불에 풀어지고 땅과 그중에 있는 모든 일이 드러나리로다

체질이 뭐해요? 체질이 뜨거운 불에 뭐 하리니? 하나님이 모든 원소를 풀어버린단 말이에요. 여러분들, 지금 구성되어 있는 거 봐요. 여러분, 이제 육체 다 구성돼 있잖아요? 이게 여러분의 물도 있고, 뭐도 있고, 이걸 하나님이 다 풀어버려 봐요. 인간이 존재 못 해버리지. 이해되시면 아멘이에요? 하나님이, 주님이, 예수님이 재림하여 올 때는 모든 피조물의 원소를 하나님이 체질을 풀어지게 한다. 이게 헬라어 원어로 화학적인 원소 분해예요. 원소 분해. 하나님이 창조하기 전의 상태로 쫙 풀어버리면 전부 인간도 모두 녹는 것처럼.

봐요. 사람이 죽으면 장례식 하지요? 땅에다 묻는 것을 매장이라 그래요. 화장하는 것은 그것은 화장이라 그래요. 화장과 매장의 중간이 유럽에서 만들어서 쓰는 게 뭐냐? 사람을 죽자마자 바로 예배 딱 드리고 화장터에다 넣기는 조금 미안하니까 냉동실에 넣어서 바싹 얼려요. 영하 200도, 300도로 바싹 얼려요. 바싹 얼린 뒤에 망치로 가지고 탁 때려버리면 뼈만 남고 살이 다 부서져서 떨어져 나와 버려요. 거기서 완전히 분리해요. 뼈하고 그걸 분리하는 거예요. 요건 재밌는가 봐. 다. 자기가 죽을 걸 생각하니까 지금 재밌게 듣고 있어. 지금 이 매장법을 한국에서 이미 실시하고 있는데. 사람을 불 속에다 싹 태우는 건 조금 미안하니까 그냥 그래도 또 땅에다 묻으면 너무 돈이 많이 들고 또 산이 다 없어지니까 어떻게 하나? 사람이 죽으면 냉장고 속에 바싹 얼린다. 바싹 얼려서 망치로 탁 때려버리면 뼈만 남고 살이 부드득하면서 다 얼음처럼 깨져서 바깥으로 딱 나온단 말이에요. 이해돼요? 그다음에 이제 뼈만 남은 거, 뼈만 가지고 톡톡해서 딱 갈아버리면 가루가 돼 버리는 거예요. 그러니까 화장하지 않고 얼려서 가루를 만드는 거예요. 그리고 원소 분해를 한단 말이에요. 이해돼요?

인간도 인간의 육체를 벌써 원소 분해를 그렇게 얼려서 해버리는데 하나님이 처음 창조하신 이 모든 피조물에 관해서 하나님의 말씀 한마디면 천군 천사를 통하여 전부 원소 분해를 시킨단 말이에요. 아멘이요?

4) 성경을 따라오지 못하는 과학

그러니까는 우리가 성경을 읽다가 무슨 과학적으로 뭐, 이해가 안 되는 것에 대해서는 고개를 살랑살랑 흔들면 안 돼요. 그거는 우리가 발전을 못 해서 하나님의 세계를 이해 못할 뿐이에요. 우리는 믿어야 해요.

그 말씀을 다시 한번 드리면, 50년 전까지만 해도 빛이 사람의 병을 고친다? 이해돼요? 안 돼요? 그런데 지금은 인간이 만든 빛도 사람의 병을 고치잖아요? 그런데 하늘나라 빛이 사람한테 한번 내려온다 그래 봐요. 하늘나라 빛. 하늘나라 빛이 얼마나 정교하겠어요? 영의 빛인데. 물질의 빛보다 훨씬 뛰어난 영의 빛인데. 한번 쫙 비춰버리면 암이 그냥 녹아버리는 거예요. 이건 체험한 사람들이 한두 명이 아니에요. 뼈가 부러진 것이 그냥 빛이 비치면 붙어버리는 거예요. 이건 체험한 사람이 한두 명이 아니에요. 깊이 회개해 봐요. 정말 주님의 마음을 통하도록 회개해 봐요. 아멘. 하나님은 죽은 자도 살리신다고요. 하나님은 빛의 역사. 빛이 비치면 역사가 일어난다 이거예요. 믿습니까? 이해되시면 아멘이요?

5) 영적 세계가 있음을 믿어야 한다

그러니까 이와 같이 우리가 이 하나님의 세계에 대해서 따라서 합니다. <u>영적 세계.</u> 우리 사람이 만든 사이버 세계도 있는데. 사이버 세계도 당연히 컴퓨터에 들어가면 하나의 세상이에요. 하나의 세상. 사이버 세계에 들어가면 미국도 있어요. 사이버 세계에 들어가면 골프장도 있어요. 사이버 세계에서 골프 쳐요. 우리나라 골프장을 전부 사이버에 다 넣어놨어요. 그래서 코스(course) 다 있어요. 다 있어. 웃겨요. 실제 골프장이 있고, 실제 골프장이랑 똑같은 사진을 찍어서 컴퓨터에 다 넣어서 치면 그대로 나가는 걸 사이버 세계에 다 만들어 놓은 거예요.

영의 세계가 있어요. 영의 세계. 무슨 세계요? 하나님의 영의 세계. 영의 세계. 영의 세계의 중심은 다 천사들이에요. 천사들. 이해되시면 아멘이요? 하나님이 이러한 영적 세계를 하나님이 창조하셨다. 믿으시면 아멘. 두 손 들고 아멘. 할렐루야! 아멘! 찬송 한 장 부르고요. 자, 아까 처음에 불렀던 거 한번 불러봐요. 〈찬양하라 복 되신 구세주 예수〉.

찬송가 46장 <찬양하라 복되신 구세주 예수>

1. 찬양하라 복되신 구세주 예수
   백성들아 사랑을 전하세
   경배하라 하늘의 천군과 천사
   주님 앞에 영광을 돌리세
   목자같이 우리를 지키시고
   종일 품에 늘 안아주시니

(후렴) 찬양하라 높으신 권세를 찬양
       찬양 찬양 영원히 부르세

2. 찬양하라 복되신 구세주 예수
   우리 대신 죽임을 당했네
   구주 예수 영원한 구원의 소망
   경배하며 겸손히 절하세
   찬양하라 우리 죄 지신 예수
   그의 사랑 한없이 크셔라

3. 찬양하라 복되신 구세주 예수
   천사들아 즐겁게 찬양해
   구주 예수 영원히 다스리시니
   면류관을 주 앞에 드리세
   구주 예수 세상을 이기시고
   영광중에 또다시 오시네

아멘! 할렐루야! 그러면 다시 물어볼게요. 천사는 스스로 존재해요? 창조한 거예요? 숫자는 몇 명이다? 천천이요 만 만이다. 수도 없어요. 아멘. 이 모든 천사들이 하나님 말씀을 따라 하나님 말씀을 순종하여 만물을 붙잡기도 하고. 지음을 받은 하나님의 통치에 보냄을 받은 너희여. 할렐루야! 사랑제일교회에도 보냄을 받고, 하나님의 심부름꾼으로서 천사가 활동한다 이 말이에요.

5. 천사도 조직이 있다

1) 천사는 조직체로 되어 있다

그런데 천사들도 다 계급이 같은 게 아니라 조직이 있어요. 천사장이 있어요. 천사장. 따라서 합니다. 천사장. 그리고 밑에 다 계열이 있단 말이에요. 천사가 우두머리가 있고 이게 밑으로 이렇게 하나님이 천사를 만들 때 계열을 만든 거예요. 아멘이요? 천사 밑에 또 이 천사를 받드는 천사가 있어요. 또 밑에 중간에 군대 가면 소대장, 대대장, 중대장, 사단장처럼 천사들이 다 이렇게 조직체로 돼 있단 말이에요. 천사들이.

2) 미가엘 : 하나님의 군대 장관

그중에서 성경에 몇몇 대표되는 천사가 있으니 한번 따라서 합니다. <u>미가엘.</u> 이 미가엘은 대단한 천사입니다. 성경에 미가엘의 별명을 하나님의 군대 장관이라 그랬어요. 군대 장관. 무슨 장관? 이건 군대 장관 그러니까 악령과 더불어 싸우는 천사입니다. 이건 대단한 힘이 있는 천사예요. 하나님의 군대 장관이에요. 아멘이요? 성경 한번 보시면, 자 미가엘 보시면, 다니엘서를 다 넘기시면, 구약 성경 다니엘서예요. 다니엘서 제12장부터. 다 찾으셨으면 아멘. 1절부터 읽으시면 시작.

<다니엘서 12:1>

그 때에 네 민족을 호위하는 대군 미가엘이 일어날 것이요 또 환난이 있으리니 이는 개국 이래로 그 때까지 없던 환난일 것이며 그 때에 네 백성 중 무릇 책에 기록된 모든 자가 구원을 얻을 것이라

자, 7년 대환난 때 이 미가엘이 동원된다는 거예요. 7년 대환난 때. 아멘이요?

그다음에 다니엘서 10장을 또 보시면 13절부터 읽으시면 시작.

<다니엘서 10:13>

그런데 바사국 군이 이십일 일 동안 나를 막았으므로 내가

거기 바사국 왕들과 함께 머물러 있더니 군장 중 하나 미
가엘이 와서 나를 도와주므로

아멘. 요한계시록 12장. 빨리빨리 성경 찾아야 해요. 이번
에는 성경 찾기 한다고 했잖아요? 성경 빨리빨리 자기 성경
을 찾아요. 요한계시록 12장을 다 찾으시면, 다 찾으셨으면
아멘. 7절부터 읽으시면 시작.

<요한계시록 12:7-8>
7. 하늘에 전쟁이 있으니 미가엘과 그의 사자들이 용으로
   더불어 싸울쌔 용과 그의 사자들도 싸우나
8. 이기지 못하여 다시 하늘에서 저희의 있을 곳을 얻지
   못한지라

자, 여기 보면 여기 뭐라고 돼 있냐면 하늘에 전쟁이 있으
니 미가엘과 그의 사자들이 용으로 더불어 싸울 새 용과 그
의 사자들도 싸우나. 그러니까 미가엘은 악령과 싸우는 천
사다! 싸우는 천사. 아멘이요?

3) 가브리엘 : 연락병
따라서 합니다. 가브리엘. 이 가브리엘 천사가 있어요. 종
류가. 이 가브리엘 천사는 미가엘 천사하고 전혀 기능이 달

라요. 이것은 하나님과 사람 사이를 다니면서 소식을 전하는, 이것은 연락병이에요. 연락병. 가브리엘은. 아멘이요? 이 가브리엘을 만난 사람이 누가복음 1장에 나와요. 누가복음 1장. 예수님 태어날 때에. 누가복음 1장 26절 읽으시면. 26절 시작.

<누가복음 1:26>
여섯째 달에 천사 가브리엘이 하나님의 보내심을 받들어 갈릴리 나사렛이란 동네에 가서

이것이 누구냐 하면 예수님 태어날 소식을 전하러 온 가브리엘 천사예요. 가브리엘. 따라서. 가브리엘. 이외에도 성경에는 스랍(seraph)이란 천사도 있고, 그룹(cherub)이란 천사도 있고, 많은 천사들이 활동을 하고 있다! 여러분, 믿으시기를 바랍니다. 할렐루야!

6. 루시엘의 창조와 루시엘의 쿠데타

1) 루시엘 : 천사의 나라의 대표 천사
그런데 이 천사들의 세계 중에 참, 여기에 기가 막힌 사건이 있는 게 결코 지어지지 않았어야 좋았을 천사가 하나 있어요. 그건 누구냐 하면 루시엘이에요. 루시엘. 따라서. 루

시엘. 하나님이 이 루시엘 천사를 만들 때는 가브리엘, 미가엘 이런 정도가 아니에요. 이 루시엘 천사는 천사의 왕이에요. 천사의 왕. 전체 천사의 세계에서 대표 천사예요. 대표 천사. 천사의 왕이란 말이에요. 아멘이요?

이것은 지은 과정이 정확하게 나와 있어요. 미가엘을 지은 거, 가브리엘 지은 건 성경에 없어. 어떻게 만들었다는 것이 없어요. 그런데 이 루시엘 천사를 지을 때는 성경에 자세히 씌어있어요. 에스겔서를 다 넘겨보시면, 자, 에스겔서 제28장을 넘기시면, 12절부터 읽으시면, 시작.

<에스겔 28:12-13>

12. 인자야 두로 왕을 위하여 애가를 지어 그에게 이르기를 주 여호와의 말씀에 너는 완전한 인이었고 지혜가 충족하며 온전히 아름다웠도다

13. 네가 옛적에 하나님의 동산 에덴에 있어서 각종 보석 곧 홍보석과 황보석과 금강석과 황옥과 홍마노와 창옥과 청보석과 남보석과 홍옥과 황금으로 단장하였었음이여 네가 지음을 받던 날에 너를 위하여 소고와 비파가 예비되었도다

네가 지음을 받던 날에. 따라서. 네가 지음을 받던 날에. 이게 바로 루시엘 천사, 타락한 마귀란 말이에요. 마귀. 이

마귀가 타락하기 전엔 천사예요. 천사 중에 천사장이요. 천사장인데 이것은 성경에 지금 읽은 대로 따라서 합니다. <u>지혜롭게.</u> 따라서 합니다. <u>아름답게.</u> 그다음에 또 여기 뭐라 하냐면 에덴동산을 줬다. 에덴동산. 무슨 동산? 이야~ 아담에게만 준 게 아니에요. 아담보다 먼저 받은 거예요.

에덴동산. 거기다가 모든 에덴동산에 있는 보석으로 그리고 비파와 소고, 잔치를 만들었어요. 잔치. 이 루시엘을 만들 때 잔치를 만들었어요. 그리고 이 루시엘 천사를 "너, 덮는 그룹아." 그랬어요. "기름 부음을 받은 그룹아." 다시 말해서 이 루시엘 천사에게는 하나님이 기름까지 부어줬어요. 다시 말해서 천사의 조직의 왕이라는 거예요. 천사의 조직의 왕. 이해되시면 아멘. 이렇게 지음을 받은 이 루시엘이. 이게 천사의 나라예요. 천사의 나라. 따라서. <u>천사의 나라.</u>

2) 루시엘 : 천사의 왕, 하나님의 정원사

그러니까 하나님이 루시엘 천사를 천사의 왕으로 세워주고 천사의 대표로 세워줬으면 하나님 앞에 감사해야 해요? 안 해야 해요? 감사해야 할 뿐 아니라 성가대 지휘자들처럼. 우리 교회는 성가대 운영 안 하지만 성가대 지휘자들, 오케스트라 지휘자 있잖아요? 딱 지휘봉 한 개 들고 "전부 다 일어서!" 탁 일어서면 지휘자들이 하나님께 영광을 돌리고 모든 성가대원을 지휘하면서 만유가 하나님을 찬송하고 해야 할 텐데. 이게 바로 루시엘이 하나님이 지으신 모든 피조, 모든 밑의 천사들, 모든 전체를 통하여 하나님 앞에 성가 지휘자를 해요. 지휘자. 이게 하나님의 정원사예요. 하나님의 정원사. 따라서. <u>하나님의 정원사.</u> 하나님 집의 정원의 이게 왕이란 말이에요. 그럼 하나님 앞에 영광을 돌리고. 아멘. "그곳은 빛과 사랑이." 하나님께 경배해야지? 할렐루야? 두 손 높이 들어요. 자, 손 높이 들어요. '그곳은.' 불러 봐요.

찬송가 543장 〈저 높은 곳을 향하여〉

1. 저 높은 곳을 향하여 날마다 나아갑니다
   내 뜻과 정성 모두어 날마다 기도합니다

(후렴) 내 주여 내 발 붙드사 그곳에 서게 하소서
   그곳은 빛과 사랑이 언제나 넘치옵니다

2. 괴롬과 죄만 있는 곳 나 비록 여기 살아도
   빛나고 높은 저곳을 날마다 바라봅니다.

3. 의심의 안개 걷고 근심의 구름 없는 곳
   기쁘고 참된 평화가 거기만 있사옵니다

4. 험하고 높은 이 길을 싸우며 나아갑니다
   다시금 기도하오니 내주여 인도하소서

5. 내 주를 따라 올라가 저 높은 곳에 우뚝 서
   영원한 복락 누리며 즐거운 노래 부르리

아멘! 할렐루야! 이 루시엘은 하나님께 받은 모든 것을 다 동원하여 감사가 넘치게 하고 감사의 빛이 흘러나오게 하여 하나님의 보좌를 향하여 경배를 드려야 이 루시엘은 점점 더 축복을 받는 거예요. 믿습니까?

3) 루시엘의 쿠데타

그런데 이 루시엘이 마음속에 불의한 생각을 하게 됐다! 쿠데타(coup d'État) 했다고요. 하나님께 쿠데타. 이 루시엘이 최초의 쿠데타 자예요. 이사야 14장 다 넘기시면, 이사야 14장, 이게 루시엘의 쿠데타예요. 다 찾으셨으면 아멘. 읽어봐요. 12절 시작.

<이사야 14:12-14>

12. 너 아침의 아들 계명성이여 어찌 그리 하늘에서 떨어졌으며 너 열국을 엎은 자여 어찌 그리 땅에 찍혔는고
13. 네가 네 마음에 이르기를 내가 하늘에 올라 하나님의 뭇별 위에 나의 보좌를 높이리라 내가 북극 집회의 산 위에 좌정하리라

14. 가장 높은 구름 위에 올라 지극히 높은 자와 비기리라
    하도다

이게 모든 악의 출발이에요. 악의 출발. 모든 악의 근원이요. 악의 출발이요. 모든 비극의 출발점이 바로 여기서 나오는 거예요. 이해되시면 아멘? 이게 바로 '하나님의 보좌에 올라 하나님과 비기리라.' 하나님의 보좌에 올라 하나님의 보좌를 밀어내고 자기가 하나님 자리 위에 올라가려고 하는 바로 이것. 이게 모든 악의 출발이에요. 모든 악의 출발이에요. 성경에 이 부분에 대해서 자세히 말하고 있어요. 우리는 절대로 루시엘처럼 되면 안 돼요. 아멘?

IV.
사단 편에 서지 말고 예수 편에 서자

여러분, 이렇게 생각하면 안 돼요. 이것도 기도 하면서 내가 하나님께 물어보기도 하고, 조명도 받아보고, 성령의 감동도 받아보는데, 잘 들어보세요. 이거 설명이 여러분에게 이해가 될지 안 될지 모르지만 잘 들어보세요. 하나님이 말이

야. 루시엘이 하나님한테 달려들었단 말이야. 그러면 하나님이 루시엘의 세계를 한 개 떼어줘 버리지 그냥. 떼어줘 버리고 그냥 너희들끼리 살아. 마귀를 심판하지 말고 그냥 이게 떼어주면 될 거 아닌가?

그런데 안 돼요. 그게 안 되는 거예요. 이것은 이렇게 이해하면 돼요. 우리는 생각할 때에 하나님이 사람들을 통하여 꼭 영광을 받고 난 뒤에 영광의 대가로서 하나님이 우리에게 축복도 주고 살려주는 것 같지만 그런 게 아니에요. 원리가 인간은 하나님을 향할 때만이 우리에게 큰 행복이 오게 돼 있어요. 이 원리 자체가 그렇단 말이에요.

하여튼 오늘은 여기까지만 하죠. 전부 다 얼굴, 표정 보니까 '아이고! 저 목사님! 언제 끝나려고 그러나. 참. 배는 고픈데 말이야. 저렇게 떠들어 놓고도 국수 한 그릇밖에 안 주면서.' 여기까지만 하고 다음 주에 또 하자고요. 그 대신에 잊어먹지 마요. 잊어먹으면 내가 또 처음부터 "시간은 세 개로 나누면" 또 해야 하니까. 꼭 여기까진 잊어먹으면 안 돼요. 우리 교회 교과서요. 루시엘까지 했어요. 루시엘. 따라서. 루시엘. 루시엘 이게 마귀가 된 거란 말이에요. 루시엘이 타락하여 마귀 된 거예요. 우리는 절대 그 길을 가면 안 되는 거예요. 아멘?

두 손 높이 들어요. "주님, 나는 절대로 루시엘의 길을 따르지 않겠습니다. 루시엘의 계통에 서지도 않겠습니다. 오!

주님! 나는 예수님의 계열에 서기를 원합니다. 겸손과 자비와 순종과 낮아짐과 주님처럼 낮아짐의 자리에서 길을 가기를 원합니다. 루시엘처럼 반역자가 되고 루시엘처럼 교만하고 루시엘처럼 하나님께 대들고 심판의 길을 가지 않게 하여 주시옵소서." 다 같이 우리 주여! 삼창하며 기도하겠습니다. 주여. 주여. 주여. 아버지. 예수님. 믿습니다. 아버지. 예수님. 주여! 아버지!

"살아계신 우리 아버지 하나님, 진리의 근본 뿌리부터 저희들이 더듬어 보게 됨을 감사합니다. 악한 원수 마귀 사단이 하나님을 반역하여 대들다가 모든 악과 비극의 출발이 되었습니다. 저희들은 사단을 이기게 하여 주세요. 그쪽 편에 서지 않게 하여 주세요. 그쪽 계열과 그쪽의 편에, 주님, 저희들이 손을 대지 않게 하여 주시고 오직 우리는 예수님 편에 서게 하여 주시옵소서. 겸손과 순종의 편에 설 수 있도록 축복하여 주시옵소서. 3부 예배 모든 성도들이 이 진리를 잘 깨달아 사단을 이기게 하여 주세요. 예수님 이름으로 기도하옵나이다. 아멘."

02

루시퍼의 타락과
아담의 유괴

설교 일시　2008년 8월 24일(주일) 오전 11시

대　　상　사랑제일교회 주일 3부 예배

성　　경　요한일서 2:12-14

12 자녀들아 내가 너희에게 쓰는 것은 너희 죄가 그의 이름으로 말미암아 사함을 얻음이요

13 아비들아 내가 너희에게 쓰는 것은 너희가 태초부터 계신 이를 앎이요 청년들아 내가 너희에게 쓰는 것은 너희가 악한 자를 이기었음이니라

14 아이들아 내가 너희에게 쓴 것은 너희가 아버지를 알았음이요 아비들아 내가 너희에게 쓴 것은 너희가 태초부터 계신 이를 알았음이요 청년들아 내가 너희에게 쓴 것은 너희가 강하고 하나님의 말씀이 너희 속에 거하시고 너희가 흉악한 자를 이기었음이라

Ⅰ.
만유 회복
: 마귀를 이기는 원리

1. 만유 회복 : 청년의 신앙

할렐루야. '내가 걷는 이 길'을 하겠습니다. '내가 걷는 이 길' 찬송을 하겠습니다. 하나님, 내가 걷는 이 길이 이것이 옳은 길인지 아버지여, 붙잡아 주시옵소서.

〈하나님은 실수하지 않으신다네〉

내가 걷는 이 길이 혹 굽어 도는 수가 있어도
내 심장이 울렁이고 가슴 아파도
내 마음속으로 여전히 기뻐하는 까닭은
하나님은 실수하지 않으심일세

내가 세운 계획이 혹 빗나갈지 모르며
나의 희망 덧없이 스러질 수 있지만
나 여전히 인도하시는 주님을 신뢰하는 까닭은
주께서 내가 가야 할 길을 잘 아심일세

어두운 밤 어둠이 깊어 날이 다시는
밝지 않을 것 같아 보여도
내 신앙 부여잡고 주님께 모든 것 맡기리니
하나님을 내가 믿음일세

지금은 내가 볼 수 없는 것 너무 많아서
너무 멀리 가물가물 어른거려도
운명이여 오라 나 두려워 아니하리
만사를 주님께 내어 맡기리

차츰차츰 안개는 걷히고
하나님 지으신 빛이 뚜렷이 보이리라
가는 길이 온통 어둡게만 보여도
하나님은 실수하지 않으신다네

아멘. 할렐루야. 예수님 사랑하시면 아멘 합시다. 두 손 들고 아멘. 자, 한번 따라서 합니다. 아이들아. 하나님이 우리를 사도 요한을 통하여 부를 때 사도 요한은 자기 교인들을 이렇게 불렀어요. 다시요. 아이들아. 아이들아 그래요. 따라서. 청년들아. 다시요. 아비들아. 신앙의 세계도 이렇게 나누어질 수 있다는 거예요. 뭐가 아이인가? 아이들아, 내가 너에게 이것을 쓴 것은 예수 그리스도의 이름으로 죄 용서를 받았음이라. 그리스도의 이름으로 죄 용서받는 원리를 아는 사람을 아이의 신앙이라 그래요. 기초적인 신앙. 그게 신앙의 기초입니다. 청년들아, 흉악한 자를 이겼음이라. 마귀를 이기는 원리를 아는 것을 청년의 신앙이라 그래요. 아비들아, 태초부터 계신 자를 알았음이라. 이게 뭐냐 하면 아버지의 신앙, 신앙이 깊은 사람은 태초부터 계신 자, 주님의 마음을 아는 자예요. 주님의 마음을 아는 자 그것은 신앙이 굉장히 깊어졌다는 거예요. 할렐루야. 우리 3부 예배 모든 성도들은 주님의 마음을 아는 경지까지 가보자! 우리 옆 사람 다 손잡고 주님의 마음을 깊이 압시다. 앞뒤로 다시. 주님의 마음을 깊이 압시다. 아멘. 〈주님의 마음을 본받는 자〉 1절만 한번 불러봐요. 시간이 많이 갔으니까 1절만 불러봐요. 〈주님의 마음을 본받는 자〉. 주님의 마음을 깊이 알자.

찬송가 507장 〈주님의 마음을 본받는 자〉

1. 주님의 마음을 본받는 자
그 맘에 평강이 찾아옴은
험악한 세상을 이길 힘이
하늘로부터 임함이로다

(후렴) 주님의 마음 본받아 살면서
그 거룩하심 나도 이루리

2. 만유 회복 말씀으로 마귀를 이기자

할렐루야. 오늘은 그래서 청년의 신앙. 따라서 합니다. <u>이기자.</u> 흉악한 자를 이기려면 이 만유 회복의 말씀을 잘 들어야 합니다. 이 말씀을 모르는 사람은 절대 마귀를 이길 수가 없어요. 마귀가 눈에 보여야 이기지요. 마귀의 전술이 뭐냐 하면 자기가 없다고 하는 게 마귀의 전술이에요. 마귀는 사람한테 마귀가 없다 그래요. 있으면서 없다 그래요. 그러나 마귀의 정체는 분명합니다. 만유 회복 말씀을 잘 상고하여 이것이 우리 교회의 교과서예요. 교과서니까 우리 교회 다니는 사람들은 이 말씀을 들을 정도가 아니라 이 말씀을 다른 사람들에게 가르칠 수 있어야 해요. 할렐루야.

II.
만유 회복
: 근본 된 지식

1. 태초에 있었던 일을 알려주시는 하나님

시간을 세 개로 나누면 지금의 시간을 뭐라 그러냐면 현재
라 그래요. 현재. 뭐라고요? 그러면 앞으로 다가올 시간을
뭐라 그런다고요? 미래라 그래요. 미래. 따라서 합니다. 미
래. 그러면 지나간 시간을 뭐라 그럴까요? 과거라 그래요.
그러면 지금의 시간은 현재요? 미래요? 과거예요? 현재죠.
그럼 현재로부터 지금 현 시간으로부터 과거로 돌아가 보자
이거예요. 1년, 100년, 1000년, 10000년, 10억 년, 더 이상 숫
자가 갈 수 없을 만큼 영원한 과거로 계속 가보자 이거야. 컴
퓨터에다 넣어서 계속 돌려보자고. 영원한 과거로 계속 가보
자고. 영원한 과거로 가면 도대체 무엇이 나올까? 영원한 과
거로 가면 무엇이 나올까? 그것을 성경은 뭐라 그러냐 하면
태초라 그래요. 태초. 따라서 합니다. 태초에. 그것을 성경
은 태초라 그래. 영원한 과거를 태초라 그래. 여기까지 이해
됐으면 아멘. 두 손 들고 아멘. 자, 따라서 합니다. 태초에.
　그러면 태초에 영원한 과거에 무슨 일이 있었느냐? 그것

을 우리는 알 수가 없어요. 왜 그러냐? 우리의 개인적 과거도 모르는 사람들이 영원한 과거를 어떻게 알겠냐고요. 여러분 각자의 개인적인 기본적 과거의 사건. 예를 들면 이 자리에 있는 모든 성도들이 자기 개인적인 생일이 있을 거라고요. 생일. 생일 있죠? 생일이 없는 사람 없어요. 생일 물어보면 다 알아요. 자기 생일 다 알아요. 그러나 자기가 알고 있는 자기 생일은 자기 힘으로 아는 것이 아니에요. 그건 엄마나 아빠나 할머니나 옆에 있는 사람이 가르쳐 줬기 때문에 알지. 자기 생일인데도 자기가 몰라요. 그렇지요? 여러분, 태어난 장소가 다 있어요. 안방에, 산부인과에, 어디에다 있다고. 그런데 태어난 장소를 우리 자신이 몰라요. 그죠? 왜 모르냐? 자기의 과거에 대해서는 모르지마는 엄마가 부모가 가르쳐주면 넌 어디서 태어났다 하면 알아요.

그러니 우리 개인적 과거도 우리는 모르는데 그때 내 어릴 때의 옆에 있었던 사람이 증언해 주면 아는 것처럼, 영원한 과거 태초에. 따라서. 태초에. 이걸 누가 아냐 이거예요. 태초에. 아무도 몰라요. 그래서 이 태초에 여기에 관한 것은 모든 이 인류의 인간들은 그냥 모른다는 게 정답이에요. 태초에 뭔 일이 있었냐? 몰라. 그런 거 알아서 뭐 해? 빨리 먹고 살아야지. 모른다는 게 정답이에요. 그러나 아시는 분이 딱 한 분이 계세요. 누가 아시냐? 그때 그 자리에 존재했던 분만 알아요. 그때 그 자리에 존재했던 분이 누구냐 하면 하나님이에요. 하나님은 그때 거기 있었어요. 그러니까 아는 거예요. 할렐루야.

2. 만유 회복은 지식의 근본이다

1) 태초에는 하나님만 계셨다

하나님이 증언해 주신 증언에 의하면 태초에 영원한 과거에 나무, 풀, 저 바다, 그리고 해, 달, 별. 아무것도 없었을 때예요. 아무것도. 다시 말해서 공기도 없을 때. 공기도 이것도 창조물이에요. 아무것도 없었을 때. 아무것도 없을 때. 아무것도 없었을 때 삼위일체 하나님만 계셨어요. 한번 따라서. 성부 하나님. 성자 하나님. 성령 하나님. 삼위일체 하나님만 계셨던 때가 영원한 태초예요. 이 나머지 모든 피조물들은 아무것도 없어요. 하늘에 천사들도 없어. 천사들도 하나님이 창조하신 거예요.

어쨌든 삼위일체 하나님 외에는 아무것도 없었는데 이 삼위일체 하나님은 특성상 한번 따라서. 자존하시고. 스스로 계신 분이야. 따라서 합시다. 자위하시고. 자족하시고. 영원하시고. 불변하시고. 할렐루야. 이러한 삼위일체 하나님만 계셨다고 하나님이 그때에 있었던 일을 우리에게 가르쳐 준 거예요. 이것을 가르쳐 주신 우리 하나님께 영광의 박수. 하나님이 가르쳐 줬기 때문에 이것을 우리가 알게 됐어. 영광의 박수. 할렐루야. 여러분 지식의 첫 단추가 이거라고요. 여러분 지금 태어나서 20살, 서른, 50, 60. 많이 뭘 아신 거 같지요? 많이 뭘 알아봤자 인간들은요 뭘 많이 아는 게 중요한 게 아니에요. 지식의 이 핵이 있단 말이에요. 핵심. 지식의 핵심. 지식의 뭐요?

2) 만유 회복은 지식의 핵심이다

예를 들어, 모든 것이 다 핵심이 있다고요. 여러분, 봐요. 감자가 하나 있다 그래 봐요. 감자가 있다. 감자. 감자가 이렇게 동그랗게 생겼나? 감자가 이 전체가 다 핵심 같아요? 감자도 눈이 있어요. 눈. 여기 싹이 나오는 눈이 있다고. 고구마 있지? 이게 고구마 같이 생겼나? 고구마도 눈이 있어요. 눈. 핵심이 있는 거예요. 컴퓨터 있지? 노트북 컴퓨터. 이게 다 컴퓨터인 줄 알아요? 컴퓨터 하면은 하드디스크 (hard disk)가 있고요. 그 안에는 씨피유(CPU)라고 하는 노란거, 미국의 인텔에서 제일 잘 만드는 고게 눈이에요. 핵심이요. 이게 전체 컴퓨터 가격의 70 프로(percent)예요. 70 프로.

모든 게 핵심이 있어요. 인간들의 지식이 말이야. 우리가 이 땅의 지식이 얼마나 팽배해요? 수도 없는 지식이 많아도 지식의 근본이 뭐냐? 지식의 근본이 바로 이거야. 이거. 만유 회복이에요. 이걸 모르는 인간들은요? 성경을 일단 가치가 없는 걸로 보는 거예요. 이게 지식의 핵심이에요. 여러분들, 여기서 뭐, 많이 배웠다, 못 배웠다, 재능이 있다, 뭐다, 모든 걸 다 떠나서 만유 회복 위에 올바로 서라! 이게 지식의 핵심이에요. 이것이 없는 인간은 가치 없는 거야. 이걸 모르는 인간은 가치 없는 거야. 반대로 이 만유 회복 위에 튼튼히 서면. 따라서. 서면. 나머지는 추가로 더 있으면 좋고 없어도 그만이에요. 있으면 좋고 없어도 그만. 아멘이요? 만유 회복 위에 튼튼히 서기를 바랍니다.

Ⅲ.
천사의 나라를 창조하신 하나님

1. 영적 세계를 창조하시다

1) 창조 행위의 시작 : 하나님의 사랑의 본능

따라서. 태초에. 태초는 영원한 과거를 태초라 그래요. 태초에. 다시 한번. 태초에. 거기에 무슨 일이 있었냐? 나무도 풀도 산도 들도 아무것도 없고 성부 하나님, 성자 하나님, 성령 하나님, 삼위일체 하나님만 계셨어요. 계셨는데 그 삼위일체 하나님이 어느 날 하루 하나님께서 창조 행위를 시작했어요. 창조 행위. 무슨 행위요? 그 하나님이 뭘 만들었어요. 창조 행위를 시작했는데 왜 만들었냐? 하나님이 심심해서 만든 게 아니고. 하나님은 혼자 있어도 심심하다? 안 하다? 안 하다. 영광 받으려고 한 게 아니고. 하나님은 스스로 영광을 만들어서 일으키는 능력이 자기 속에 있다 그랬잖아요? 외부로부터 사람들로부터 영광 안 받아도 하나님은 스스로 이 속에서 자위하는 능력이 있어요. 영광 받으려고 만든 것도 아니고.

하나님의 속성 중에 사랑이 있어요. 사랑. 따라서. <u>사랑.</u> 하나님이 모세에게 나타나서 자신을 설명할 때 "나 여호와는." 하나님이 사람에게 나타나서 처음 자기를 소개할 때, 나머지는 아담으로부터 아브라함한테 쭉 하나님은 그냥 전능자로 나타났는데 하나님이 사람에게 인격적으로 자기를 설명한 것은 모세한테 처음이에요. 모세한테 나타났을 때 이렇게 말한 거예요. "나 여호와는." 따라서. <u>자비로우시며.</u> 하나님은 자기를 자비로운 분이라 그래요. 따라서 합니다. <u>자비로우시며. 은혜로우시며.</u> 하나님은 자기를 은혜로우시다 그래요. 그리고 나는, 나 여호와는 자비로우시며, 은혜로우시며, 노하기를 더디 하신다. 할렐루야.

하나님의 사랑. 이 사랑의 본능으로 하나님이 창조 행위를 시작했는데 그때 하나님이 처음 만든 세상은 우리가 사는 이 세상이 아니라고요. 우리가 사는 이 세상 전에 하나님이 영적 세계를 만드셨어요. 따라서 합니다. 영적 세계. 영적 세계니까 우리의 세상하고 다른 거예요. 빛의 세계예요. 빛의 세계. 그 영적 세계를 창조하셨는데 영적 세계의 중심이 천사들이라는 거예요. 천사들. 뭐라고요? 천사들이 영적 세계 중심이에요.

2) 천천 만만의 셀 수 없는 천사들

그러면 이 천사의 숫자가 몇 명이냐? 지난주에 말씀드리기를 천천이요. 뭐예요? 이것은 이루 셀 수 없는 숫자를 천천이요 만만이라 그래요. 천사의 숫자를 다 셀 수 없어. 성경에 보면요? 전혀 다 셀 수 없는 숫자를 말할 때 몇 가지 표현이 있어요. 하늘의 별과 같다 그래요. 별의 숫자를 셀 수 있어요? 없어요? 없어. 땅의 모래와 같다 그래요. 셀 수 있어요? 없어요? 태평양 바다의 모래알 숫자를 어떻게 다 세겠어요?. 그와 같이 천천이요. 따라서 합니다. 천천이요. 만만이요. 천사의 숫자가 그렇게 많다 이거예요. 이해됐으면 아멘이요? 다 외워야 해요. 우리 성도들은 다 외워야 해. 할렐루야?

3) 인간의 구원사와 관계된 미가엘, 가브리엘

그런데 그중에서 인간의 구원사와 함께 나타난 몇 가지 대표 천사가 있어요. 첫 번째가 뭐냐 하면 미가엘이에요. 미가엘. 따라서 합니다. 미가엘. 또 하나가 뭐냐 하면 가브리엘이에요. 가브리엘. 따라서. 가브리엘. 이 미가엘은 악령과 더불어 싸우는 천사예요. 가브리엘은 이것은 어디서 나타났냐? 예수님 태어날 때 마리아에게 요셉에게 나타난 천사예요. 사람과 하나님 사이를 왕래하면서, 다니엘에게 나타난 천사예요. 소식을 전하는 천사입니다.

세계 역사에 중요한 사건이 있을 때는 이 두 천사가 나타나요. 세계 역사의 중요한 사건이 있을 때는 이 두 천사가 나타나서 하나님의 역사 섭리를 이루어 가요. 우리 사랑제일교회도 이 나라 이 민족을 구원하고 이 시대에 큰일을 하려면 우리 교회에 이 두 천사가 나타나야 해요. 미가엘의 도움이 나타나야 해요. 가브리엘의 도움이 나타나야 해요. 기도하기를 바랍니다. 하나님이 미가엘과 가브리엘을 보내서 우리 교회를 지원해 주도록, 후원해 주도록.

4) 하나님 보좌에서 수종 드는 스랍과 그룹

그다음에 그룹이라고 하는 천사가 있고 스랍이란 천사가 있는데 이 천사들은 하나님의 보좌를 수종 드는 천사니까 하나님 보좌를 떠나지 않아요. 하나님 보좌 안에서 일하는 천사예요. 그러니까 이 세상의 정부에 청와대 보십시오. 대통령. 이게 전부요, 이 조직이 전부 성경에서 나온 거라니까요. 대통령이 일하는 데 부려 먹는 밑의 대통령 일꾼들을 보라고요. 장관들이 있어요. 이 장관들이 바깥에 나가서 일해요. 대통령이 임명한 바깥에서 일하는 사람들입니다. 미가엘과 가브리엘 이건 장관과 같아요. 그다음에 청와대 안에 비서관들이 있어요. 비서관 있죠? 청와대 안에서 대통령을 수종 드는 사람이 있어요. 그건 그룹과 스탭과 같은 거예요. 이해되시면 아멘.

2. 루시엘의 창조

그런데 그중에서 결코 지어지지 않아야 될 천사가 하나 있었는데 그 이름이 루시엘이에요. 루시엘. 누구라고요? 이 루시엘 천사는 하나님이 만들 때부터 특이하게 만들었습니다. 성경을 쭉 더듬어 보면 틀림없어요. 이거 확실해요. 루시엘 천사는 모든 천사의 대표예요. 다시 말해서 천사의 나라. 따라서 합니다. 천사의 나라. 이 세상이 있기 전에 천사의 나라가 있었다니까요. 천사의 나라. 하나님이 천사의 나라를 만들 때에 제일 중심이 뭐냐 하면 루시엘, 루시엘을 중심으로 만들었어요. 루시엘. 하나님이 이 루시엘 천사는 아주 특이하게 만들었습니다. 모든 천사들의 대표요. 대표. 이해되시면 아멘.

다시 말해서 하나님이 첫 번째 세상을 만들 때 중심으로 세운 것이 루시엘입니다. 루시엘. 루시엘을 중심으로. 이게 꼭 짓점이에요. 하나님의 꼭짓점. 루시엘을 중심으로 이 모든 세상이 이루어진 거다 이거예요. 영적 세계가. 아멘이요?

루시엘 천사가 지어질 때 너무너무 하나님이 대접을 잘해줬다고 성경에 쓰여 있어요. 자, 에스겔 28장을 다시 한번 보시겠습니다. 에스겔 28장입니다. 28장. 에스겔 28장 12절 말씀을 다시 한번 보겠습니다. 한목소리로 읽어봐요. 시작.

<에스겔 28:12>

인자야 두로 왕을 위하여 애가를 지어 그에게 이르기를 주 여호와의 말씀에 너는 완전한 인(印)이었고 지혜가 충족하며 온전히 아름다왔도다

여기 보면 인자야! 두로 왕을 위하여 애가를 지어. 이 두로 왕은, 이것은 루시엘의 별명입니다. 별명인데, 그때에 에스겔 시대에 두로라고 하는 지방 도시가, 나라가 하나 있었어요. 나라가. 그런데 두로 왕이 꼭 누구처럼 생겼냐 하면 이 마귀처럼 생긴 거예요. 그래서 하나님이 이 루시엘을 부를 때 빗대서 두로 왕이라고 그래요. 두로 왕. 이것은 이 땅에 있는 두로 왕을 말하는 게 아니라, 마귀를 향하여 하나님이 빗대서 하는 말이에요.

그러니까 인자야! 두로 왕을 위하여 애가를 지어 그에게 이르기를 주 여호와의 말씀에 너는 완전한 인이었고. 하나님이 루시엘 천사를 만들 때에 완전하게 만들었다. 완전하

게. 두 번째는 뭐냐 하면은 여기 보면 지혜롭게. 여호와의 말씀에 완전한 인이었고 지혜가 충족하며. 아주 지혜롭게 만든 거예요. 그래서 루시엘 천사, 이게 타락하여 마귀가 됐는데, 이 루시엘 천사는 타락한 후에도 이 지혜를 그대로 가지고 있어요. 그래서 예수님이 지혜에 대해서 말할 때는 뱀처럼 뭐 하라? 그러니까 마귀의 지혜. 그러니까 만들어질 때부터 지혜로웠는데 이 지혜를 악으로 써먹었단 말이에요. 악으로. 악으로 써먹었어요. 그리고 이 루시엘 천사를 또 아름답게 지었어요. 아름답게.

그리고 루시엘 천사는 13절에 보면, 13절 읽어보면, 시작.

<에스겔 28:13>

네가 옛적에 하나님의 동산 에덴에 있어서 각종 보석 곧 홍보석과 황보석과 금강석과 황옥과 홍마노와 창옥과 청보석과 남보석과 홍옥과 황금으로 단장하였었음이여 네가 지음을 받던 날에 너를 위하여 소고와 비파가 예비되었었도다

네가 옛적에 하나님의 동산 에덴에 있어서. 그러니까 에덴동산을 선물로 줬다는 거예요. 우리가 생각할 때 에덴동산은, 주로 에덴동산 그러면 아담과 하와를 생각해요. 아담과 하와가 지어지기 전에 하나님은 먼저 루시엘 천사한테 에덴

동산을 먼저 줬다는 거예요. 그러니까 대접을 받았어요? 못 받았어요? 극도의 대접을 받은 거예요. 보십시오. 완전하게, 지혜롭게, 아름답게, 에덴동산. 그리고 13절에 보면 여기에 오만 보석을 다 준 거예요. 여자들이 좋아하는 거 다 나왔잖아요? 이게 봐요. 홍보석, 황보석, 뭔 보석을 다 주잖아요? 이 중의 하나만 가져봐. 얼마나 좋은가. 하나님이 이걸 다 주신 거예요. 그리고 여기 보면 소고와 비파를 준비했다. 이건 루시엘이 지어질 때 하나님이 잔치를 베풀었다는 거예요. 잔치. 그리고 14절 읽어봐요. 시작.

<에스겔 28:14>

너는 기름 부음을 받은 덮는 그룹임이여 내가 너를 세우매 네가 하나님의 성산에 있어서 화광석 사이에 왕래하였었도다

너는 기름 부음을 받는 덮는 무엇이며? 그러니까 기름 부음을 받았다는 것은 이것은 성경에 보면 모든 조직체에서 제일 우두머리, 수장에게 기름을 부어요. 이 말이 바로 뭐냐? 루시엘 천사는 천사의 왕이라는 거예요. 천사의 조직 세계의 제일 대장이라는 거예요. 기름을 부었다는 것은. 이해되시면 아멘?

IV.
대표 천사 루시엘의 타락과 심판

1. 루시엘의 반란

그러면 이렇게 하나님 앞에 대접을 받았으면. 다시 한번 따라 해 봐요. 완전하게. 지혜롭게. 아름답게. 에덴동산. 잔치. 기름 부음. 이렇게 하나님이 루시엘 천사를 극도로 대접을 해 줬으면, 이 루시엘 천사가 하나님 은혜에 감사해야 해요? 안 해야 해요? 감사해야지? 그런데 루시엘은 그러지 못했어요.

세상에, 성경에 보면 하나님이 루시엘을 대접해 준 것이 어떤 것인지 성경의 말에 이런 말이 있어요. 이게 여러 가지 성경의 표현에 나타나 있는데 요셉을 바로가 볼 때에 바로가 요셉한테 홀딱 반하여 뭐라 그랬냐? "요셉아, 너같이 준수하고, 아름답고, 너같이 지혜로운 자를 내가 못 봤다. 이제 지금부터 이 애굽의 바로 왕이 은퇴식을 하게 돼. 은퇴식. 지금부터 나는 뒤로 물러난다. 내가 너보다 높음이 이름뿐이다. 앞으로 이 애굽은 다 네 마음대로 해라." 아멘? 그것이 바로 하나님이 마음에 드는 사람에게 하나님이 하시는 일이에요. 루시엘에게 하는 말이 "이제 모든 존재물은 네가 생기기 전에는 아무것도 없었어. 그러니까 모든 것은 이제 네 마음대로 하고, 나는 그냥 너보다 높음이 이름뿐이니라."
이렇게 루시엘을 대접해 줬다는 거예요. 여기까지 이해됐으면 아멘이요? 두 손 들고 아멘.

그러면 이 루시엘은 하나님의 은혜에 수도 없이 감사해야 할 텐데 그러지 못하고 루시엘이, 세상에, 이사야 14장 12절과 같은 일을 한 거예요. 이사야 14장 12절 한번 읽어보시면, 이사야 14장 12절, 이게 루시엘의 반란이란 말이에요. 루시엘의 반란. 루시엘의 반란이요. 14장 12절 다 같이 한목소리로 읽겠습니다. 시작.

<이사야 14:12>
너 아침의 아들 계명성이여 어찌 그리 하늘에서 떨어졌으며 너 열국을 엎은 자여 어찌 그리 땅에 찍혔는고

아침의 아들 계명성은 루시엘의 또 다른 별명입니다. 같은 루시엘인데 이것을 하나님이 부를 때는 여러 가지로 불러요. 이름이 한 50가지 있어요. 성경에. 너 아침에 아들 계명성이여 어찌 그리 하늘에서 떨어졌으며 너 열국을 엎은 자여 어찌 그리 땅에 찍혔는고. 13절 시작.

<이사야 14:13>
네가 네 마음에 이르기를 내가 하늘에 올라 하나님의 뭇별

위에 나의 보좌를 높이리라 내가 북극 집회의 산 위에 좌
정하리라

네가 네 마음에 이르기를 내가 하늘에 올라 하나님의 뭇별
위에 나의 보좌를 뭐하리라? 나의 보좌를 높이리라. 내가 북
극 집회의 산 위에 좌정하리라. 14절 말씀 시작.

<이사야 14:14>
가장 높은 구름에 올라 지극히 높은 자와 비기리라 하도다

가장 높은 구름에 올라 지극히 높은 자와 뭐하리라? 그러
니까 뭐냐? 이 루시엘 천사가 자기를 창조해 주신 하나님이
뭐라고 그러냐? 하나님의 자리 빼고 나머지는 다 가지라 그
랬으면 그걸로 감사해야지요? 그런데 세상에 이 루시엘이
하나님의 자리 위에 올라가서 하나님을 밀어내고 자기의 보
좌를 하나님의 보좌 위에다 베풀어서 한마디로 하나님까지
밀어내고 자기가 하나님 하려고 하다가 이 루시엘이 타락을
하게 됐다는 거예요. 이해됐으면 아멘. 참, 루시엘 나쁜 놈
이야. 그래서 하나님이 이 루시엘을 완전히 심판해요. 심판.
심판하여 이것이 바로 마귀가 된 거예요. 마귀. 이것이 바로
마귀가 됐다. 이해됐으면 아멘.

2. 성경에 나타난 루시엘의 죄의 모형

1) 사울의 죄

성경에 보면 이 루시엘과 같은 타락의 형태가 여러 가지 나오는데, 우리 사랑제일교회 성도들은 절대 루시엘의 길을 가면 안 돼요. 삶 속에서, 가정에서, 교회에서, 직장에서, 우리 삶 전체에 우리는 루시엘의 길을 가면 돼요? 안 돼요? 안 돼요.

성경의 하나님이 모든 죄는 다 용서해요. 인간의 모든 죄는 다 용서해요. 다 용서하는데 하나님이 용서하지 않는 죄가 하나 있어요. 그게 뭐냐? 루시엘의 죄예요. 루시엘의 죄에 참여하면 하나님은 용서 안 해요. 그 루시엘의 죄가 뭐냐하면 하나님을 반역하는 거예요. 반역. 하나님을 반역하는 죄는 오는 세상, 지금 세상에서 다 영원히 용서함을 받지 못합니다. 아멘이에요? 우리는 하나님을 반역하지 맙시다. 하나님을 반역하면 안 돼요.

그리고 하나님이 은혜를 베푼 그 은혜를 반역한 죄는 성경에 이것이 제일 분명하게 나타나 있는 것이 사울의 죄인데, 이 사울이 루시엘의 죄의 첫째 모형입니다. 사울 봐요. 사울과 다윗 왕은요. 내가 수도 없이 말하지만 사울과 다윗의 죄는요? 보면 다윗의 죄가 훨씬 크게 보여요. 다윗은요? 자기의 충성스러운 우리야를 죽였어요. 그리고 마누라를 뺏었어요. 마누라를 뺏기 위하여 죽였어요. 다윗이. 이 다윗이 거룩한 이 다윗이 세상에 자기의 충성스러운 우리야를 죽였다니까, 죽이고 그 마누라 밧세바를 뺏었다니까요? 그러면 다윗은 죽일 놈이죠. 죽일 놈.

그리고 사울은요? 비교해 보면 큰 죄 지은 게 없어요. 사울은. 아말렉과 전쟁을 했다고요. 사울이. 전쟁해서 이제 거기 양이나 소나 나귀나 이렇게 전리품을 뺏었어요. 전쟁 기념 예배를 드리는데, 전쟁 기념 제사를 드리는데 해는 져가고 사울을 세운 이 사무엘이 늦게 도착해요. 사무엘이 그때. 그러니까 사울이 백성들 보고 "야야! 사무엘이 늦게 온다. 뭐 제사는 꼭 사무엘만 해야 하냐? 야! 바쁘니까 우리가 하자." 그래서 제사를 먼저 한 거예요. 그것이 하나님 앞에 영원히 용서받지 못한 죄가 돼 버렸어요.

왜 그러냐? 이 사울은요? 기스의 아들로 사무엘이 선택하여 왕으로 세운 거예요. 이해되시면 아멘? 왕이 되니까, 이스라엘의 왕이 되니까, 왕 되면 그땐 전체를 다 갖는 거거든요? 오늘날 세상과 달라요. 오늘날은 이명박 대통령 돼 봤자 뭐, 이명박 뭐, 인터넷도 못 이기고 못 이겨요. 촛불도 못 이기고 못 이겨. 옛날에 왕들은요? 전체 나라 전체 백성들의 생명도 다 가져요.

그런데 딱 한 사람을 못 가지는 거예요. 사울 위에 누가 있냐 하면 사무엘이 있는 거예요. 사무엘. 따라서. <u>사무엘.</u> 그러니까 사울이 왕이 되어서 온 이스라엘을 다 가진 그것만 감사해야 할 텐데 자기 위에 사무엘이 있는 것. 이 사무엘이 걸리적거리는 거예요. 그 사무엘이 귀찮은 거야. 그러니까 '사무엘을 이걸 어떻게 밀어낼 수 없을까?' 이런 생각을 하게 되는 거예요. 이게 바로 이게 똑같은 거예요. 이게 똑같은 거예요. 그래서 사울의 죄가 영원히 용서 못 받은 거예요. 이게 바로 루시엘의 죄의 모형이란 말이에요. 사랑제일교회 성도들은 그러면 안 돼요.

그러니까 사울이라는 사람은 자기가 어떻게 왕을 해요? 사무엘이 선택해 줬기 때문에 왕이 된 거지요. 아멘. 사무엘이 그에게 기름을 부어서 왕을 만들었단 말이에요. 자기를 왕 시켜주고, 자기를 세워주고, 자기를 이스라엘의 최고로 삼아준. 바로 하나님이 했지만 사무엘을 통하여 했단 말이에요. 아멘이요? 그 사무엘을 대적하는 거라고요.

사무엘이 그날 늦게 갔는데. 제사 드릴 때 왜 늦게 갔냐? 가만히 표정을 보니까 사울이요? 사울은 이스라엘의 기스의 아들로 처음 왕이 될 때는 굉장히 겸손했어요. 겸손하고 그냥 사무엘이 오면요? 그냥 코가 땅에 닿도록 절하고요? "선지자님! 선지자님!" 했는데 왕이 딱 되고 나니까 그때부터 눈빛이 뭐냐 하면 이 사무엘의 권위 그것까지 갖고 싶어 하는 거예요. 그러니까 사무엘이 그걸 벌써 안 거예요. 선지자들은 눈치가 빠르잖아요? 그러니까 일부러 그날 늦게 간 거예요. 사람이 죄를 짓기 원하는 마음을 가지고 있으면 하나님이 죄를 지을 기회를 줘요. 뭔 말인지 못 알아들어? 따라 해 봐요. 죄를 짓기를 원하는 마음이 있으면 하나님은 기회를 준다. 하나님이 기회를 주는 거예요. 눈빛을 보니까 늘 그래요. 눈빛을 보니까. 그래서 사무엘이 일부러 그날 늦게 간 거예요. '어떻게 하나 보자.' 그랬더니 덜컹 걸려드는 거예요. 속에 있는 생각이 나타난 거예요. 그래서 "야! 사무엘이고 뭐 필요 없어. 우리끼리 제사하자." 제사해버린 거예요.

그것과 다윗의 죄를 한번 비교해 보라고요. 다윗은 사람을 죽였지, 밧세바를 뺏었지, 인간의 계명 중에 살인죄와 간음죄를 범했지, 그런데 이 다윗의 죄는 용서를 받아요. 다윗은 오히려 하나님 앞에 더 크게 쓰임 받아서 예수님을 말할 때 다윗의 자손 예수라 그래요. 할렐루야요?

사울은 큰 죄 지은 것 없어요. 사무엘이 늦게 와서 말이야 그냥 제사 먼저 한 거예요. 그런데 사울의 죄는 영원히 용서 못 받아요. 왜 그러냐? 이게 바로 이게 루시엘의 죄에 참여하기 때문이에요. 이 원리를 깊이 깨달으시고, 사랑제일교회 성도들은 루시엘의 죄의 근처에도 가지 말기를 바랍니다. 아멘이요?

2) 한국 교회 장로들의 위험성

지금 우리나라 한국 교회의 장로님들이 말이야 장로님 되기 전까지는 축복을 받아요. 장로 되고 나서 망해버려요. 왜 그러냐? 다 루시엘의 죄에 참여한 거예요. 루시엘의 죄에.

자기를 기름 부어 불러내서 안수해서 장로를 세워 놨으면, 세상에, 한국 교회가 이거 망하려고 그러지. 뭐라 말하느냐? 장로님의 제일 되는 직분의 사명이 뭐냐? 목사님을 견제하고! 야! 이 썩을 놈들아. 이 썩을 놈들아. 장로를 목사님 견제하라고 세운 줄 알아? 이놈들아! 이 천하 나쁜 놈! 그래서 한국 교회 망하는 거야 이거. 전부 이거 사울의 죄에 다 기어 올라갈라 그래. 사랑제일교회 장로들은 절대로 거기에 올라가면 안 돼요. 아멘 안 해? 내려간다. 작대기 들고. 사랑제일교회 장로들은 절대로 기어오르면 안 돼. 다 일어서. 장로들 다 일어서. 다 일어서. 장로들 다 일어서. 야! '야?' 지금 이희만 장로님이 그래. '내가 나이가 몇 살인데 야라 그래?' 야지 그러면. 야! 너희들은 나이가 100살 먹어도 나의 영적 자녀야. 아멘 안 해? 두 손 들고 아멘. 절대로 루시엘의 근처에도 가면 안 돼. 아멘이요?

그런데 교회에 와서 말이야 장로 따기가 얼마나 힘들어요? 고소영이라고 들어봤지요? 고소영? 이명박 대통령. 고려대학교 소망교회. 소망교회를 안 다닌 사람은 한국을 못 잡는다? 그래서 소망교회 장로 따려고. 하이고! 소망교회 장로가요 판검사보다 더 힘들고 그렇게 힘들어요. 사랑제일교회는 더 힘들어요. 그렇게 장로, 장로 하는데, 장로님이 돼 버리면 그날부터 루시엘의 자리에 올라가요. 눈빛이. 그럼 안 돼. 큰일 나는 거야. 아멘. 아멘이요? 우리 장로님들은 절대. 장로님들이 한두 명 여기 루시엘의 자리에 올라간다고 내가 뭐 불편하진 않아요. 나는 그런 거 신경 안 써. 찍 눌러버리면 그만이니까. 그런데 본인이 화가 돼 버려요. 자손 대대 화가 되니까 그런 거예요. 사랑제일교회는 절대로 그러면 안 된단 말이에요. 아멘이요? 우리 장로님들이 영원히 루시엘 근처도 안 가도록 우리 한번 격려의 박수 합시다. 다 앉아요.

이렇게 하면 또 여러분이 자기들끼리 스스로 해석을 다 해요. '요즘 장로님들 중에 몇 사람이 목사님을 거스르는 사람이 있는가 보다. 그러니까 목사님이 저기 원산폭격을 퍼붓지.' 안 그래. 없어. 우리 교회는 없는 거예요. 없는데 우리의 이 설교를 전 세계가 다 들어요. 인터넷으로. 그래서 다른 교회 장로님들 교육하려고 한 거지. 우리 교회 장로님들은 원래부터 자비로우시며 원래부터 야들야들해요. 야들야들해. 또 조금이라도 눈빛이 거슬리면 내가 놔둡니까? 황철구, 개철구 내가 불러 가지고 "일로 나와!" 해서 내 가만 놔둡니까? 그래야 복이 임하지. 할렐루야요?

그러니까 이 루시엘 이놈은요 하나님이 자기한테 베풀어주는 은혜를 잊은 거예요. 은혜를. 세상에! 천사의 왕으로 세워줬지. 지혜롭게 만들어줬지. 에덴동산 다 줬지, 다 줬단 말이에요. 안 준 거 하나도 없어요. 하나님의 자리 하나 빼고는 다 준 거예요. 그렇게 은혜를 베풀어 줬는데 이게 세상에 하나님 앞에 대드는 거예요.

제가 목회 30년 하면서 참 이상해요. 우리 교회도 너무너무 이상해요. 우리 교회에서요? 나를 대적하고요? 나한테 반기를 들고 이렇게 나하고 속 썩인 사람들은요? 다 내 도움을 받은 사람들이에요. 나한테 물질적으로, 저한테 개인적으로, 한마디로 나하고 직거래 한번 한 놈들이 꼭 위험을 일으켜요. 밥이라도 한 끼 먹은 놈들이 꼭 나한테 대들어버려요. 우리 교회 여기 나오신 분들이 지금 온유하게 교회 잘 다니는 사람은 나하고 밥도 한 끼 못 먹은 사람이에요. 이런 사람들은 끝까지 신앙생활 잘해요. 그런데 나하고 직거래한 놈들 있지? 직거래 알아요? 직거래한 것들이 나중에 가면 나한테 반기 들고 나한테 대항하고 꼭 그래요. 돈이라도 한 푼 빌려 쓴 놈들이. 내 그래서 이제 절대 성도들하고 직거래 안 해요. 난 직거래 안 하고 전부 이제 기관 목사님들하고 다 해요. 나하고 직거래할 생각하지 마요. 꼭 나한테 물질적으로 도움 받은 사람들이 꼭 나한테 반기를 들고, 나한테 대항하고 나가요. 그게 이상해요. 참 이상해. 아까 2부 예배 때에 소선옥이 왔는데 내 소선옥한테 그랬어요. "야, 아직까지 나한테 도움받은 중에 나를 배신하지 않는 놈은 지금 소선옥 너 하나밖에 없는데. 네가 언제까지 갈 건가 내가 지금 기도 중에 있다. 고민 중에 있다. 네가 어디까지 언제까지

갈 것인가?" 이상해요. 인간들은. 여러분, 이 고개만 넘으면 복을 받아요.

3. 하나님께 버림받은 사울을 끝까지 섬긴 다윗

1) 다윗을 본받자

그러나 다윗을 보세요. 다윗. 참, 다윗은 보세요. 다윗과 사울을 비교하라고요. 다윗은 하나님이 사울을 버렸어요. 버렸는데도 '하나님이 기름 부은 자를 절대로 나는 손대지 아니하리라.' 끝까지 섬겨요. 끝까지. 하나님이 버렸는데도 섬겨요. 다윗은. 이것이 다윗과 사울의 비교점입니다. 아멘 이요? 대단한 거예요.

그래서 다윗이 대단한 겁니다. 하나님이 버린 사람인데도 하나님이 한동안 썼던 종이라고 끝까지 섬기잖아요? 하나님의 권위에 도전하는 자인데도? 그리고 사울이 누구냐 하면 장인어른 아니에요? 장인어른? 사울이 다윗의 장인어른 이잖아요? 미갈의 아버지. 맞죠? 장인어른인데 부모님이란 말이에요. 부모님인데, 그런데 악령이 들어가서 자기의 사위 자식을 죽이려고, 다윗을 죽이려고 칼을 들고 그렇게 계곡을 산 계곡을 헤매고 있는데, 다윗이 하나님이 사울을 죽일 수 있는 기회를 엔게디 굴속에서 분명히 줬는데도 다윗은 손을 대지 않잖아요? 나중에 다윗의 신하들이 과잉 충성하여 다윗의 마음을 잘못 읽어서 사울을 죽이는 것이 다윗의 뜻인 줄 알고 다윗의 신하가 가서 사울을 죽여버렸어요. 사울을 죽이고 와서 "왕이여! 이제 왕이여, 기뻐하소서! 철천지원수를 내가 해치웠습니다." 그랬더니 다윗이 뭐랬어요? "너 일로 와. 내가 사울을 죽일 줄 몰라서 안 죽인 줄 아냐! 일로 와!" 해서 사울을 죽이고 온 자기 신하를 그냥 목을 잘라버린 거예요. 다윗이. 이게 다윗이에요. 아멘이요? 왜냐하면 이 원리를 알기 때문에요. 다윗이. 아멘이요? 다윗이 대단한 겁니다. 대단한 거야. 하나님이 버린 자도 하나님이 버린 사울에 대해서 절대 손대지 않아요. 오히려 사울을 괴롭히고 손대는 자를 용서하지 않아요.

이걸 요즘 시대에 지금 우리 교회로 말해 봐요. 만일 하나님이 전광훈 목사를 버렸다. 버렸는데도 여러분이 저를 섬길 수 있을까요? 아멘 한 놈도 안 하잖아. 봐요. 이거 보라고. 이거 보라니까. 아이! 하나님이 버린 자를 다윗은 끝까지 섬긴다니까. 다시. 하나님이 목사님을 버릴 리도 없지만, 하나님이 목사님 버려도 나는 목사님을 잘 섬긴다. 아멘. 두 손 들고 아멘 해. 아이고! 전부 다윗보다 더 나은 놈들이네. 실제 상황이 돼 봐야지. 실제 상황이 돼 봐야 뭔 일이 생기지. 아이고! 아버지.

그러니까 이게 왜 다윗의 자손 예수라 그러냐? 예수님을 부를 때는 항상 앞에다 다윗의 자손이라고 불러요. 다윗이 그렇게 영광스러운 사람이 된 거예요. 이러한 다윗의 영적 원리가 있다 이거예요. 이해되시면 아멘?

2) 자기의 근원을 배신한 루시엘의 죄에는 절대 참여하면 안 된다

그러니까 그 후에 나타난 이 루시엘의 죄의 모형이 와스디, 압살롬, 아도니아, 배신자들이에요. 자기의 근원을 배신하는 자들이요. 근원이 아니면 자기 존재가 없어요. 그분이 아니었으면. 그런데도 자기의 근원을 배신하는 거예요. 이 죄는 용서받지를 못하는 거예요. 사랑제일교회 성도들은 절대 배신자 되면 안 돼요. 옆 사람 다 손잡고 해 봐요. 배신자 되지 맙시다. 배신자의 죄는 용서받지 못해. 절대 배신자 되면 안 돼. 아멘이요? 내가 배신을 당할지언정 배신자는 되면 안 돼요. 아멘이요? 할렐루야? 다시 한번 '내가 걷는 이 길' 다시 한번 불러봐요. '내가 걷는 이 길'이요. 아버지! 절대 배신자 되지 맙시다. 우리는 루시엘의 근처도 가면 안 돼요. 절대 루시엘의 죄에 참여하면 안 돼요. 루시엘은 그리하다 망한 거예요. 하나님께 은혜를 받은 자가 은혜를 베푸는 자한테 망한 거예요. 자, '내가 걷는 이 길'이요.

⟨하나님은 실수하지 않으신다네⟩

내가 걷는 이 길이 혹 굽어 도는 수가 있어도
내 심장이 울렁이고 가슴 아파도
내 마음속으로 여전히 기뻐하는 까닭은
하나님은 실수하지 않으심일세

내가 세운 계획이 혹 빗나갈지 모르며
나의 희망 덧없이 스러질 수 있지만
나 여전히 인도하시는 주님을 신뢰하는 까닭은
주께서 내가 가야 할 길을 잘 아심일세

어두운 밤 어둠이 깊어 날이 다시는
밝지 않을 것 같아 보여도

내 신앙 부여잡고 주님께 모든 것 맡기리니
하나님을 내가 믿음일세

지금은 내가 볼 수 없는 것 너무 많아서
너무 멀리 가물가물 어른거려도
운명이여 오라 나 두려워 아니하리
만사를 주님께 내어 맡기리

차츰차츰 안개는 걷히고
하나님 지으신 빛이 뚜렷이 보이리라
가는 길이 온통 어둡게만 보여도
하나님은 실수하지 않으신다네

할렐루야. 사랑제일교회 성도들이여, 내가 중요한 부탁을 하나 드리겠습니다. 우리가 이 땅에 살면서 부지중에 사람이 연약하여 죄를 지을 때가 있어요? 없어요? 우리가 실수할 때가 있어요? 없어요? 실수하세요. 죄도 때에 따라 지세요. 너무 죄를 안 지면 그것도 좀 곤란해요. 사람은 사람다워야지. 사람은 사람답게 죄도 좀 지세요. 그러나 루시엘의 죄는 지지 마세요. 이 죄에는 걸려들지 마세요. 실수할지라도 루시엘의 죄에 대해서는 걸려들지 마세요. 이거는 걸려들면 패가망신하는 거예요. 하나님 앞에 날아가는 거예요. 날아가는 거야. 이해되시면 아멘?

그러니까 하나님의 권위에 도전하고, 하나님께 반역하는 거, 이것이 지금도 마찬가지예요. 지금도 사람들이 지옥 가는 것이 죄 때문에 지옥 가는 게 아니라니까요? 사람들이 지금도 하나님 앞에 버림받는 게 죄 때문에 지옥 가는 게 아니라니까요? 하나님 앞에 반역하기 때문이에요. 반역. 예수 믿지 않는 것도 마찬가지예요. 하나님이 예수 믿으라고 했잖아요? 믿으라고? 너희들이 실수했지만 믿어라. 예수를 인정하라. 예수의 사랑을 인정하라. 잠시 후에 예수의 사랑에 대해서 내가 설명할 텐데. 하나님이 예수의 사랑까지 베풀었는데 그걸 거역한 죄라고요. 그걸 거역한 죄라고. 그래서 지옥 가는 거예요. 그래서 하나님 앞에 버림받는 거예요. 이해되시면 아멘?

4. 완전히 심판당한 천사의 나라

그래서 하나님은 이 루시엘을 처참하게 심판하여 완전히 심판해 버렸어요. 이것이 우리가 사는 이 세상이 창조되기 전에 일어났던 일이니까 우리는 몰라요. 이게 어떻게 일어났는지. 성경에 이것에 대해서 그냥 깊이 말하지도 않아요. 성경에. 그냥 모든 성경 중에 5프로도 안 돼요. 이 부분에 대해서. 그냥 하나님이 "이런 일이 있었다. 이 세상이 지어지기 전에, 이런 일이 과거에 있었다." 하고 성경에. 그냥 성경 다 해봤자 한 100구절 정도도 안 돼요. 이렇게 하나님이 마련해 놓은 거예요. 아멘이요?

V.
두 번째 창조
: 아담의 나라

1. 루시엘보다 더 존귀하게 만드신 아담

수도 없는 세월이 지났어요. 이 사건이 있은 이후. 이 사건이 뭐냐? 세 가지예요. 한번 따라서. 천사의 창조. 따라서 합니다. 타락. 따라서. 심판. 이 세 가지가 있은 이후에 수도 없는 세월이 지났어요. 몇 년 지났는지도 몰라. 시간의 개념이 없을 만큼 지났어요. 수도 없이 지난 거예요.

어느 날 하나님이 드디어 우리가 사는 이 세상이에요. 두 번째 창조를 하나님이 시작했어요. 이게 바로 우리가 사는 이 두 번째 창조의 중심은 천사가 아니라 루시엘이 아니라 아담이에요. 아담. 누구라고요? 지금 우리가 사는 이 세상이 아담의 나라예요. 아담의 나라. 한번 따라서. 아담의 나라. 이것을 하나님이 만드시기 시작해요.

하나님이 아담을 만드실 때 또 하나님께서 아담한테 빠지셔서 얼마나 잘해줬냐? 성경에 보면, 창세기 1장 26절 한번 넘겨보세요. 하나님이 아담을 높여주는 거 보라고요. 하나님은 한 번 사람한테 빠지면 정신을 못 차려요. 정신을 못 차려. 루시엘한테 한번 당해 보셨으면서도 하나님이 이렇게. 26절 시작.

<창세기 1:26-28>

26. 하나님이 가라사대 우리의 형상을 따라 우리의 모양대로 우리가 사람을 만들고 그로 바다의 고기와 공중의 새와 육축과 온 땅과 땅에 기는 모든 것을 다스리게 하자 하시고

27. 하나님이 자기 형상 곧 하나님의 형상대로 사람을 창조하시되 남자와 여자를 창조하시고

28. 하나님이 그들에게 복을 주시며 그들에게 이르시되 생육하고 번성하여 땅에 충만하라, 땅을 정복하라, 바다의 고기와 공중의 새와 땅에 움직이는 모든 생물을 다스리라 하시니라

아멘. 하나님이 아담을 루시엘보다 더 격을 높여서. 한번 따라서 해요. 생육하라. 번성하라. 충만하라. 다스리라. 지배하라. 하나님이 아담을 그토록 높여주신 거예요. 아멘이요?

그러면 아담도 하나님의 은혜에 감사해야 해요? 안 해야 해요? 감사해야 할 텐데 제2의 비극 현상이 일어나는 거예요. 뭐냐? 하나님 앞에 심판받아 마귀가 된 루시엘이요? 마귀와 루시엘은 같은 말이에요. 사단(Satan), 뱀, 용, 꾀는 자다 같은 말이에요. 요놈이 어떤 일을 벌였냐?

2. 루시퍼, 아담을 유괴하다

1) 에덴동산을 지키라고 미리 경고하신 하나님

사단이 아담의 나라에 왔어요. 아담. 하나님의 동산에서 쫓겨난 이놈이 아담의 나라에 침공자로 왔다고요. 침공자로 왔단 말이에요. 와서 아담을 유혹하는 거예요. "아담! 참

으로 하나님이 모든 것을 먹지 말라 했냐?" 유도법에 걸리는 거예요. 유도법에. 아담이 "아니야. 하나님이 모든 걸 맘대로 먹되 동산 중앙에 있는 선악과만 먹지 말라 그랬어."

선악과 이건 하나님의 권위에 대한 상징이란 말이에요. 선악과 자체에 무슨 독약이 있는 게 아니고 하나님의 권위에 대한 상징이란 말이에요. 이해되시면 아멘? 이 선악과가 다른 말로 뭐냐? "모든 것은 네 마음대로 가지되 나를 상징하는 이 선악과 있잖아. 이 권위에 손대지 말라. 그러면 너 선배 봤지? 너 선배. 너 선배 루시엘 봤지? 어떻게 되는가?" 성경에 창세기에 자세히 나와 있지는 않지만, 흔적은 나와 있어요. 뭐냐 하면 하나님이 아담한테 루시엘에 대한 경고를 했어요. "너는 절대로 루시엘 되면 안 된다." 아멘. "피조를 받은 인간은, 피조물은 창조주가 될 수가 없는 거다. 루시엘 봐라. 그래서 날아갔다."

성경에 봐요. 하나님이 아담한테 천지를 창조할 때 에덴동산을 지키라고 하셨는데, 지키란 말은 침공자가 있다는 뜻이에요. 이미 벌써 의식한 거예요. 지키라. 따라서. 지키라. 타락하기 전에요. 아담이 타락하기 전에 이걸 지키라 그랬거든요? 지키라고 했을 때는 노리는 자가 있다는 뜻이니까 성경에 자세히 안 써도 아담한테 하나님이 이 노리는 자, 이 벌써 쫓겨난 이놈, 쫓겨난 이놈에 대해서 하나님이 벌써 설명했단 말이에요. 이해됐으면 아멘이요? 에덴동산을 지키

게 하시고. 따라서. <u>지키게 하시고.</u>

2) 사단의 유도법에 걸린 아담

그런데 왔어요. 오면 아담이 딱 보자마자 "네 놈이 그놈이 구나. 하나님이 미리 말했어. 물러가라!" 한칼에 딱 해치워야 하거든요? 그런데 마귀하고 둘이 이제 말이 이루어진 거예요. 여러분, 마귀하고는 말하면 져요. 말하면요? 말하다 보면 말려 들어가요. 교회 안에서도 시험 든 사람하고 아예 말하지 마요. 말하면 말려 들어가요. 말하다 한마디 갔지? 한마디 왔지? 왔다 갔다 하다 보면 꼬여 들어가 버려요.

마귀가 와서 어떻게 유혹했는가. 한번 볼까요? 자, 창세기 3장을 넘겨보세요. 이렇게 마귀가 아담한테 시비를 건 거라고요. 시비 거는 말에는 말하면 말려 들어가요. 아예 마귀는 그냥 예수님처럼 한 방에 물리쳐야 해요. 한 번 따라서. <u>사단아! 물러가라!</u> 이래야지. 괜히 뭐 그런데 그래서 그러므로 이랬다가는 말려들어요. 창세기 3장 1절 시작.

<창세기 3:1-3>

1. 여호와 하나님의 지으신 들짐승 중에 뱀이 가장 간교하더라 뱀이 여자에게 물어 가로되 하나님이 참으로 너희더러 동산 모든 나무의 실과를 먹지 말라 하시더냐
2. 여자가 뱀에게 말하되 동산 나무의 실과를 우리가 먹을

수 있으나

3. 동산 중앙에 있는 나무의 실과는 하나님의 말씀에 너희
는 먹지도 말고 만지지도 말라 너희가 죽을까 하노라
하셨느니라

죽을까 하노라? 하나님이 그렇게 말하지 않고 창세기 2장
을 넘겨보세요. 2장 15절부터 읽으시면, 15절 시작.

<창세기 2:15-16>

15. 여호와 하나님이 그 사람을 이끌어 에덴동산에 두사
그것을 다스리며 지키게 하시고

16. 여호와 하나님이 그 사람에게 명하여 가라사대 동산
각종 나무의 실과는 네가 임의로 먹되

여호와 하나님이 그 사람을 이끌어 에덴동산에 두사 그것
을 뭐하게 하시며? 다스리며 뭐하게 하시고? 지키게 했다는
것은 노리는 자가 있다는 뜻 아니에요? 맞지요? 이 앞에 사
건이 있었다는 거 아니에요? 만약에 에덴동산을 노리는 자
가 없으면 지킬 필요가 없지요?

그러니까 하나님이 아담과 하와를 만들기 전에 한번 다시
따라서 해요. 천사의 창조, 천사의 타락, 천사의 심판, 이것
이 미리 있었다는 거예요. 미리. 그전에 있었다는 거예요.

이해되시면 아멘이요? 그런 일이 미리 있었다는 거예요.

3) 말을 비트는 것은 사단의 수법
그리고 15절부터 다시 한번 읽으시면 시작.

<창세기 2:15-17>
15. 여호와 하나님이 그 사람을 이끌어 에덴동산에 두사 그것을 다스리며 지키게 하시고
16. 여호와 하나님이 그 사람에게 명하여 가라사대 동산 각종 나무의 실과는 네가 임의로 먹되
17. 선악을 알게 하는 나무의 실과는 먹지 말라 네가 먹는 날에는 정녕 죽으리라 하시니라

죽을까 하노라예요? 정녕 죽으리라예요? 하나님의 말씀은 정녕 죽으리라 그러는데 이 아담은 벌써 마귀하고 말한 사이에 말이 꺾인 거예요. 굴절된 거예요. 사단은요 사람을 굴절시키는 데 왕이에요. 말을 꺾어버린단 말이에요. 죽을까 하노라. 뭐가 죽을까 하노라야? 정녕 죽으리라지. 정녕 죽으리라. 따라서. 정녕 죽으리라. 죽을까 하노라는 안 죽을 수도 있다는 얘기거든? 혹시나 따먹어도? 아니야. 정녕 죽으리라야. 정녕 죽으리라. 이해되시면 아멘? 정녕 죽으리라. 따라서 합니다. 정녕 죽으리라. 그래서, 세상에, 그렇게 된

거예요. 그래서 이 원수 마귀 사단 요놈이 아담 나라에 와서
하는 말이 "아담! 하나님이 정말 먹지 말라고 했냐?" "아니
야. 모든 것을 임의로 먹되." 다시 3장 1절 한번 읽으시면, 3
장 1절 시작.

<창세기 3:1-2>

1. 여호와 하나님의 지으신 들짐승 중에 뱀이 가장 간교하
   더라 뱀이 여자에게 물어 가로되 하나님이 참으로 너희
   더러 동산 모든 나무의 실과를 먹지 말라 하시더냐
2. 여자가 뱀에게 말하되 동산 나무의 실과를 우리가 먹을
   수 있으나

이게 마귀의 말의 수법입니다. 마귀는 이게 문장 구조적으
로 뭔지 모르지만, 오태근 교수님한테 물어봐야 하지만, 봐
요. 마귀가 말을 치고 나오는 각도를 보라고요. "정말 모든
것을 먹지 말라고 했냐?" 이 말은 아무것도 먹지 말라고 하
나님이 말한 것처럼 거짓말로 앞에 이렇게 치고 들어오는
거예요. 하나님이 그러지 않았거든요. 하나님 말씀은 반대
거든요. 모든 걸 임의로 먹으라 그랬죠. 그죠? 할렐루야. 하
나를 먹지 말라고 한 것을 전체를 먹지 말라고 한 것처럼 마
귀는 말을 비트는 거예요. 사단은 비트는 거야.
아이! 그다음에 내가 하고 싶은 말이 많은데 그냥 넘어가

자고. 뭔 말이냐면 우리 교회도 말 비트는 데 선수권자들이 몇 사람이 있어요. 절대 말 비틀지 마. 아멘! 아멘이요? 목사님이 한 말을 가지고도 비틀어요. 목사님이 주일날 설교 말한 거 가지고도 비틀어요. 내가 언제 그렇게 설교했어? 내가 언제 그랬어? 말을 비트는 거는 마귀야. 절대 말 비틀지 마. 옆 사람 다 손잡고 해 봐요. 말을 비틀지 맙시다. 절대 말 비틀면 안 돼. 아멘이요? 할렐루야? 말 비틀면 안 돼. 말을 비틀면 마귀예요. 절대로 말 비틀면 안 돼. 말을 비트는 것 때문에 형제간에 싸우고요?. 말을 비트는데 특별히 여자들이 말 잘 비틀어. 그 말 살살해서 형제간 싸움 붙이고 말이야. 말 비틀지 마. 알았죠? 예? "동서! 그랬어?" 동서남북이냐? "동서! 동서!" 해서 말을 비틀어서 싸움 붙이고 말이야. 형제간에 싸움 붙이고. 그럼 돼? 안 돼? 안 돼. 말 비틀지 마요.

4) 사단과 말을 하면서 걸려든 아담

"참으로 하나님이 동산의 모든 것을 먹지 말라고 했느냐?" 마귀가 말을 비틀어 온 거예요. 아담이 말을 대답할 때 벌써 넘어가는 거예요. 마귀하고는 말을 하면 안 돼요. 말하면 그건 걸려들어요. 교회 안에도 시험 든 놈하고는 아예 말하지 마시오. 시험 든 놈하고 말하면? 예수님 봐요. 베드로한테 "사단아! 물러가라!" 그러지. 예수님이 "그러냐? 그랬어?" 그렇게 말을 안 하잖아요? 예수님은 "사단아! 물러가라!" 그래서 이기지요. 아멘이요? 논리적으로 말하고, 논리적 싸움하다 보면 결국 걸려들어요.

"참으로 모든 걸 먹지 말라고 했냐?" "아니! 모든 걸 먹으라 그랬는데?" 그래서 걸려드는 거예요. "그랬는데 선악과만 먹지 말래. 먹으면 죽을까 한대." 그랬더니 마귀가 "아담, 너 생각해 봐." 마귀의 말도 논리적으로 생각해 보면 마귀 말이 더 일리가 있다니까요. 사실이에요. 논리적으로 생각하면 마귀 말이 더 일리가 있어요. "생각해 봐." "뭔데?" "하나님이 왜 모든 걸 다 먹으라 그러는데 왜 선악과만 먹지 말라고 하겠어? 그 이유는 네가 선악과를 먹으면 네 눈이 밝아 네가 하나님처럼 돼 버려. 네가 상승하여 하나님 돼 봐. 하나님이 두 개 되면 하나님이 꿀리지. 자기 혼자 하나님을 영원히 해 먹으려고 하나님이 못 먹게 하는 거야." 생각해 보니까 맞거든. 생각해 보니까. "아~ 그래서 못 먹게! 맞아. 맞아. 내가 하나님 되면 하나님은 자기도 말이야. 나하고 두 개 되면. 자기가 영원히 혼자만 하나님 해 먹으려고!" 그래서 덜컥 따먹었어요.

3. 죄의 근본은 다 똑같다

1) 모든 죄의 꼭짓점은 하나님처럼 되려고 하는 것

그러니까 죄의 근본은 다 똑같아요. 사단도, 루시엘도 하나님처럼 되려고 하다가 타락했고, 인간인 아담도 하나님처럼 되려고 하다 타락했고, 그래서 모든 죄의 근원은 꼭짓점이 하나님처럼 되려고 하는 거예요. 옛날에 페르시아의 바벨로니아의 그리고 로마의 수 없는 지나간 황제들이 다 마지막 죄는 하나님처럼 신의 경지에 도전하다 다 죽어요. 다 거기 올라가다가.

사람이 이 땅에 살면서 보세요? 배고플 때는 의식주를 위해서 살아요. 의식주. 뭐요? 따라서. 입고. 따라서. 처먹고. 너무 무식해? 쳐서 먹는다 이 말이야. 고춧가루도 치고 고춧가루를 쳐서 먹어. 그다음에 따라서 합니다. 살고. 집을 짓고 살고. 의식주가 해결 안 될 때 이것 때문에 허덕이면서 살아요. 어떻게 먹을까? 무엇을 먹을까? 어떻게 살까? 요것이 해결되면 그때부터 사람은 꼭 누구든지 명예를 추구하게 돼 있어요. 명예. 그래서 국회의원도 하려고 하고, 뭐도 하려고 하고, 꼭 명예를 추구해요. 그다음에 권력을 꼭 추구해요. 인간은 그렇게 가요.

가다가 땅의 걸 다 가지면 인간이 더 공허해요. 땅에 걸 다 가지면 가질수록 이 빈 공간이 더 커진다는 걸 알아야 해요. 아멘이에요? 사람은 가지면 가질수록 공간이 더 커져 버려요.

그러면 그걸 이기기 위해서 인간이 마지막 가는 길이 뭐냐? 자기가 신이 되고 싶은 충동을 느껴서 그래서 로마의 가이사라든지, 바벨론의 느부갓네살 황제든지, 페르시아의 황제든지 모든 사람은 마지막에 살아있는 자기를 보고 신이라 그래요. 신격화시키는 거예요. 북한에 있는 김일성도 마찬가지예요. 김일성이 북한을 완전히 장악했어요. 완전히. 자기가 원하는 모든 생명까지도 자기 마음대로 해요. 북한에 있는 사람은 "죽여!" 그러면 죽는 거예요. 모든 걸 다 가진 뒤에는 꼭 어디 가냐? 신에게. 일본에 있는 천황도 마찬가지예요. 일본 천황을 살아있는 신이라 그래요.

세상만 그런 게 아니라 교회 안에서도 그래요. 교회 안에서 보잘것없는 인간을 하나님이 불러서 은사를 주시고, 약한 자를 들어 강한 자를 부끄럽게 하시고, 천한 자, 비천한 자, 약한 자, 하나님이 그런 사람들이 불쌍해서 불러서 그들에게 은혜 주시고, 사랑을 주시고, 그들에게 능력 주셔서 은사 줘서 해봐요. 나중에 가면요 다 하나님의 경지에 올라가요. 박태선, 문선명, 통일교 전부 자기가 예수라 그래요. 마지막은 그리로 가게 돼 있는 거예요. 이상하지요. 인간은 마지막은 항상 거기에 올라가려고 그러는 거예요.

사랑제일교회 성도들은 아무리 하나님의 축복을 받고, 아무리 은혜를 크게 받고, 능력을 받고, 하나님이 지구상의 모든 걸 다 주셔도 마지막 자리 여기는 절대 올라가면 안 돼요. 이 모자는 항상 돼야 해요. 모자를 벗으려고 하면 안 돼요.

2) 아버지의 권위가 싫어 집을 나간 탕자

이 타락한 모습을 예수님이 이 땅에 오셔서 탕자의 비유로 설명했다고 그랬죠? 탕자의 비유 알잖아요? 누가복음에 나오는 탕자의 비유. 탕자의 비유 봐요. 탕자가 아버지 안에서는. 아버지가 뭐라 하느냐? 이렇게 말했어요. 이렇게. "아들아! 내 것이 다 네 것이로다. 너와 내 거는 가진 것에 대한 이 중간에 선이 없다. 내 것이 다 네 것인데 네가 왜 나를 떠나서 살려고 하느냐?" 탕자가 아버지 집에 살면서 모든 것이 다 자기 거예요. 그런데 자기 위에 아버지라는 게 하나 있어요. 아버지. 이것이 번거로운 거예요. 요 모자를 벗으려고. 요 아버지 없는 세상을 한번 살아보려고. 그래서 탕자가 자기 혼자 나간 거예요.

예수님이 탕자의 비유를 말할 때 아담과 루시엘의 타락의 원리를 염두에 두고 말하는 거예요. 이해되시면 아멘? 사랑제일교회 성도들은 절대로 모자를 벗으면 안 돼요. 아멘.

VI.
사단 공화국에 오신 구원자 예수

1. 사단 공화국이 된 아담의 나라

1) 아담의 타락 : 두 번째 타락

그리하여 결국은 아담도 타락해서 이 두 번째 타락이 일어난 거예요. 두 번째 타락. 아담의 타락은 두 번째 타락이에요. 한번 따라서. 천사의 창조. 타락. 심판. 다시요. 아담의 창조. 타락. 심판. 심판하여 결국은 이 원수 마귀 사단이 아담의 나라에 와서 아담을 유혹하여 종으로 삼고 타락하여 아담이 하나님이 되려고 따먹었다가 하나님이 되는 것은 고사하고 이 원수 마귀 사단이 세상 임금이 된 거예요. 세상 임금. 무슨 임금이요? 아담의 나라에 임금이 됐다고요. 이놈이. 원수 마귀가.

그래서 아담 나라에 태어나는 모든 인간은 여러분과 저를 포함하여 모든 인간은 마귀 왕국에서 태어나요. 지금 이 세상은 마귀 왕국이에요. 어둠의 왕국. 그래서 여기에 사망이 왔지요. 죽음이 왔지요. 죄가 왔지요. 그리고 여기에 저주가 왔어요. 이게 전부 다 이게. 이 아담 나라에 태어난 모든 인간은 다 죽어요. 다 죽어. 죽음이 얼마나 비참한가 생각해

봐요. 다 죽어. 누구든지 다 죽어.

그리고 이 아담의 문화 안에서 우리는 태어나는 거예요. 아담의 문화 안에서. 한번 따라 해 봐요. 죄. 사망. 질병. 저주. 어두움. 이게 전부 이게 아담의 문화 안에서 태어난 거예요. 이게 저주받은 세상이 된 거예요. 저주받은 세상.

2) 사단에게 속아 타락한 아담

그러나 여기에서 한 가지 다른 것은 루시엘의 범죄와 아담의 범죄와 다른 것은 루시엘은 스스로 타락해요. 스스로. 누가 유혹한 사람 없어요. 선악과 따먹으라고 한 적 없어요. 스스로 높아져서 하나님의 권위에 도전한 거예요.

아담은 좀 억울하단 말이에요. 아담은 루시엘이 와서 자꾸 꼬셔서 "먹어라!" 해서 속아서 타락한 거예요. 하나님이 이 루시엘 천사의 사단의 타락에 대해서는 회개할 기회를 안 주는 거예요. 스스로 타락했기 때문에. 그러나 이 아담은 스스로 타락한 것이 아니라 루시엘이 충동하여 타락했기 때문에 억울해요.

2. 예수가 오신 이유

1) 창조주 하나님이 사람으로 오시다

그래서 예수 그리스도가 이 세상을 창조하신 창조의 주인인 예수 그리스도가, 아멘, 예수 그리스도가 이 땅에 오게 된 거예요. 이 땅에. 창조주 하나님이 사람의 옷을 입고 이 땅에 오게 된 거예요. 왜? 아담의 후손으로 태어난 우리에게 "억울하냐?" 이거예요. "마귀한테 속은 게 억울하냐? 새로 선택할 기회를 주겠다." 그것이 바로 예수예요. 그래서 예수님이 이 세상을 창조하신 바로 그 창조주가 사람의 육체의 옷을 입고 이 땅에 온 거예요. 아멘이에요?

그냥 오면 하나님으로 오면 사람들이 다 무서워서 도망가 버려요. 바닷가에 잠수부들이 내려갈 때는 물고기하고 비슷하게 해서 내려가야 물고기들이 친구인 줄 알고 같이 놀지. 저 코엑스에 거기 가봐요. 거기 나도 못 가봤지만. 수족관 가봐요. 63빌딩 수족관 가봐. 거긴 내가 가봤어요. 하루에 몇 번씩 잠수부들이 말이야 탁 잠수복을 입고 뒤에 물고기 꼬리를 달고 푹 들어오면 상어고 뭐고 그런 고기들이 자기하고 비슷한 물고기가 온 줄 알아요. 잠수부들이 내려갈 때는 물고기하고 비슷하게 해서 가는 거예요. 등허리 만져도 몰라요. 같이 놀아요. 그러나 물고기하고 잠수부하고는 같아요? 달라요? 그 속에는 사람이 들은 거예요. 잠수복만 딱 벗으면 그 속엔 사람이 들은 거예요.

예수가 이 땅에 왔는데 사람의 육체 옷을 입고 왔기 때문에 인간과 비슷한 것 같지만 전혀 아닌 거예요. 그 속에는 창조주 하나님이 들은 거예요. 창조주 하나님이 인간의 옷을 입고 이 땅에 오신 거예요. 그분을 우리는 예수라 그래요. 그러니까 예수님의 신비는 내가 말로 설명을 다 할 수 없어요. 이 세상을 말씀으로 창조하신 그분이 창조의 질서 안에 뛰어들었다는 것은 그 자체가 한량없는 하나님의 사랑이에요. 아멘!

2) 마귀에게 잡힌 인간을 풀어주려고 오신 예수

왜 오셨냐고? 예수님이? 선악과 따먹은 인간에게 다시 한번 생각해 보라고요. 다시 한번 선택해 보라고요. "너희들, 선악과 따먹은 거 후회스럽냐? 그러면 이제 선악과 따먹은 거 그거 너희들이 이제는 새로 선택 한번 해보라."

그것이 바로 예수를 붙잡는 길이에요. 예수를 붙잡는 길은 선악과 따먹은 것을 새로 선택하는 길이에요. 아멘이요? 두 손 들고 아멘. 할렐루야!

이 세상은 두 가지 왕국이 이루어져 있을 뿐이에요. 하나는 사단의 왕국. 이 세상은 사단의 왕국입니다. 사단의 왕국. 원수 마귀 사단이 세상 임금이 되어서 여기서 뭐냐. 사망 권세를 가지고. 사망 권세 죄 여기에서 죽음 저주 이걸 가지고 지금 마귀 왕국을 이루어 놨어요. 원수 마귀는 사람을 사망으로 다스려요. 인간은 다 죽는 거예요. 다 죽는 거야. 아담 나라에 태어난 모든 인간은 마귀를 이길 길이 없는 거예요. 마귀를 이길 길이. 뒤에서 보이지 않는 최후의 실력자로서 원수 마귀는 숨어 있어요. 없는 것 같으면서 있으면서 마귀는 뒤에서 이 세상에 지금 영향력을 행사하고 있는 거예요.

여기에 바로 예수 그리스도가 오신 것입니다. 예수가 오신 거예요. 이 나라, 아담의 나라에 아멘? 그래서 예수님을 마지막 아담이라고 그래요. 마지막 아담. 따라서. 마지막 아담. 예수님이 오셨는데 왜 오셨냐? 마귀한테 붙잡힌 인간을 풀어 주시려고. 아멘. 사단에게 잡힌 자를 풀어 주시려고. 그러면 우리 인간들은 빨리 예수님에 대해서 붙잡아야 하는 거예요. 나를 위해서 오신 예수님을 감사하게 생각하고요. '살아계신 주' 손뼉 준비입니다. '살아계신 주'.

〈주 하나님 독생자 예수〉

1. 주 하나님 독생자 예수 날 위하여 오시었네
내 모든 죄 다 사하시고
죽음에서 부활하신 나의 구세주

(후렴) 살아계신 주 나의 참된 소망 걱정 근심 전혀 없네
사랑의 주 내 갈 길 인도하니
내 모든 삶의 기쁨 늘 충만하네

2. 주 안에서 거듭난 생명 도우시는 주의 사랑
참 기쁨과 확신 가지고
예수님의 도우심을 믿으며 살리

3. 그 언젠가 주 뵐 때까지 주를 위해 싸우리라
승리의 길 멀고 험해도
주님께서 나의 앞길 지켜주시리

VII.
사단 공화국에 예수가 세운
하나님 나라의 전초기지
: 교회

아멘! 할렐루야! 여기 동그라미를 내가 왜 그려놨는지 아세요? 동그라미를? 오늘은 내가 여기까지만 설교할 테니까 따라 해봐요. 아이고, 살았다. 여러분 속에 있는 말을 내가 대신했어요. 살기는 뭘 살아? 이 동그라미를 왜 그려놨냐? 오늘은 여기까지만 설교할 테니까. 다음 주일에 꼭 복습하고 와야 해요. 인터넷에 들어가서 다음 주에 또 복습하고 오란 말이에요. 복습하고. 아멘. 복습하고 오는데 여기 보세요.

원수 마귀가 아담의 나라를 차지했어요. 이게 마귀의 나라가 된 거예요. 마귀의 나라. 따라서. 마귀의 나라. 여기까지를 설교했단 말이에요. 지금 우리가 사는 아담의 나라가 마귀의 나라가 된 거예요. 마귀가 와서 아담을 잡은 거예요. 종으로 딱 잡은 거야. 속여서 거짓말로. 그래서 마귀를 거짓의 아비라 그래요. 딱 틀어쥔 거예요. 아담을. 아멘.

그래서 지금 이 땅에 일어나는 모든 부정적 문화는 다 마귀 때문에 일어나는 거예요. 따라서. 죄. 슬픔. 따라서 합니다. 저주. 사망. 질병. 고통. 이게 전부 어둠의 문화야. 이게 전부 사단이 뒤에서 배후에서 지금 영향력을 행사하는 거예요. 그런데 마귀는 눈에 보여요? 안 보여요? 안 보여. 뒤에서부터 모든 이 지구 전체를 사단이 지금 딱 틀어쥐고 있는 거예요. 사단의 왕국이요. 예수님이 이걸 너의 나라라 그랬어. 너의 나라. "어찌하여 너의 나라가 서겠냐?" 그랬어요.

거기에 예수님이 와서 지금 여기서 예수님이 지금 오심으로 인해서 사단의 나라 안에 다른 나라가 하나 생겨요. 이게 바로 교회예요. 교회. 이 교회가 그리스도의 나라예요. 하나님의 나라가 지금 사단의 나라 안에서 게릴라전을 트는 거예요. 게릴라전. 무슨 전이요? 지금 사단의 심장부에 온 거예요. 심장부에 예수님이 와서요? 이 교회가 그래서 교회가 확대돼야 하는 거예요. 교회가 하나님의 나라의 전초기지로 내려온 거예요. 하나님의 나라의 전초기지로 이 교회가 선거예요. 교회. 교회는 예수가 세운 하나님의 나라의 전초기지예요. 이것이 확대되면 될수록 사단의 나라는 밀려 나가는 거예요. 교회가 부흥이 돼야 하는 거예요. 사랑제일교회만 부흥되면 안 돼요. 한국에 있는 모든 교회가 부흥이 돼야 해요. 교회가 부흥되면 될수록 사단의 나라는 무너지는 거예요. 사단의 나라는 밀려 나가는 거예요. 밀려. 아멘이요?

교회 오면은 일단 우리는 하나님의 나라로 이미그레이션 (immigration), 국적이 바뀌는 거예요. 국적이. 아멘. 그럼 우리는 하나님의 통치하에 들어가게 돼요. 통치하에 들어가면 사단의 통치하에서와 반대 현상이에요. 사망이 생명으로, 저주가 축복으로. 교회 다니면 무조건 축복받는 거예요. 하나님의 통치하에 들어오는 즉시 축복이 일어나는 거예요. 그때부터 우리는 마귀를 이기는 거예요. 한번 따라서. 죄를 이기자. 저주를 이기자. 질병도 이기자. 슬픔도 이기자. 무의미도 이기자. 회의도 이기자. 회의, 무의미 이런 것들이 다 사단의 문화란 말이에요. 다 사단의 문화. 우리는 교회 생활 잘하고, 예수님 십자가를 꼭 붙잡고, 꼭 붙잡고, 길지 않은 세상, 한 30년 사는 세상, 결코 살 것 없어요. 인생 살 거 없어. 내가 살아보니까 살 것 없어. 내가 다 살아봤잖아요? 내 나이 90 아니에요? 지금? 머리가 다 희었잖아요? 한번 보라고요. 인생 살 것도 없어요. 속지 말고 속지 말고 예수님 꼭 붙잡고 예수님 꼭 붙잡고 이제는 갈등할 시간도 없어요. 예수님 꼭 붙잡고 우리는 그리스도 안에서 예수 안에서. 아멘.

오늘 여기까지 설교했어요. 설교했으니까 한번 따라서. 마귀를 이기자. 마귀를 이기려면 이 앞의 배경에 대한 이런 것을 확실히 알아야 마귀를 이기고 그래야 주님이 우리한테 너는 청년이 됐다 그래요. '청년들아, 흉악한 자를 이기었음이라.'

두 손 높이 드시고 "주님, 나도 이제 마귀를 이기게 하여 주시옵소서. 사단의 정체를 확실히 알고, 이 세상의 근본 된 지식을 확실히 알고, 진리 위에 튼튼히 서게 하여 주시옵소서." 주여! 삼창하며 기도하겠습니다. 주여. 아버지. 주여. 아버지여. 예수님. 주여.

"살아계신 아버지 하나님, 이와 같은 귀한 말씀을 주심을 감사합니다. 우리는 이 세상이 어떻게 생겼고, 어디서 왔으며, 도대체 어디로 흘러가고 있는지, 전혀 알 수 없는 세상에서 우리는 살 수밖에 없었습니다. 하나님의 말씀의 빛이 임하여 주셔서 근본 된 진리 위에 서게 됨을 감사합니다. 모든 성도들이 다 승리자 되게 하여 주세요. 예수님 이름으로 기도하옵나이다. 아멘."

03

예수의 십자가,
사단을 얽어맨 하나님의 지혜

설교 일시 2008년 8월 31일(주일) 오전 11시

대   상 사랑제일교회 주일 3부 예배

성   경 요한일서 2:12-14

12 자녀들아 내가 너희에게 쓰는 것은 너희 죄가 그의 이름으로 말미암아 사함을 얻음이요

13 아비들아 내가 너희에게 쓰는 것은 너희가 태초부터 계신 이를 앎이요 청년들아 내가 너희에게 쓰는 것은 너희가 악한 자를 이기었음이니라

14 아이들아 내가 너희에게 쓴 것은 너희가 아버지를 알았음이요 아비들아 내가 너희에게 쓴 것은 너희가 태초부터 계신 이를 알았음이요 청년들아 내가 너희에게 쓴 것은 너희가 강하고 하나님의 말씀이 너희 속에 거하시고 너희가 흉악한 자를 이기었음이라

Ⅰ.
영적 신앙의 세 시기

1. 아이의 신앙, 청년의 신앙, 장년의 신앙

아멘 할렐루야. 사도 요한은 자기의 교인들을 부를 때 3가지로 나누어서 불렀습니다. 아이들아! 하고 하신 말씀이 너희가 예수 그리스도의 이름으로 죄용서를 받았다 그랬어요. 그다음에 또 뭐라고 불렀냐? 청년들아! 그다음에 또 장년들 다 큰 사람을 뭐라 그러냐? 아비들아! 그랬습니다.

부를 때마다 주제가 달라서 아이들아 할 때는 예수 그리스도의 이름으로 죄 용서함을 받았다 그리스도의 이름으로 죄 용서함을 받는 원리를 아는 것까지 그걸 아는 걸 초신자라고 해요. 그것은 아이의 신앙 그래도 그 사람은 예수 그리스도의 이름을 알았으므로 거듭난 거예요. 그러므로 당연히 그 사람은 구원받는 거예요 하나님의 자녀가 되고 생명책에 이름이 기록이 되는 거예요. 할렐루야.

그런가 하면 청년들아 하고 부를 때는 주제가 달라서 악한 자를 이겼음이라. 악한 자가 누구요? 마귀를 이기는 원리 사단을 이기는 자를 청년의 신앙이라 그래요. 우리 사랑제일교회 성도들은 다 아이들아 하는 여기에만 머물러 있으면 안 되고 우리는 다 청년들 신앙이 되어서 마귀를 이기자! 아멘!

그다음에 또 아비들아 할 때는 주제가 달라서 아비들아 내가 너희에게 이것을 쓴 거 그것은 태초부터 계신 자를 알았음이라 그랬으니까. 뭐냐 하면 주님의 마음을 아는 자 예수님 마음을 아는 자를 장성한 그리스도인이라고 그래요. 우리 사랑제일교회 성도들은 다 그리스도의 분량까지 커나갑시다. 그러려면 주님의 속마음까지 알아야 해요. 주님의 속에 깊은 주님의 속마음까지 알아야 그래야 우리가 장성한 그리스도의 사람이 된다는 거예요. 할렐루야.

2. 만유 회복은 마귀의 뿌리를 알려 준다

그러면 이제 우리는 청년들아 악한 자를 이겼음이라 마귀를 이기자는 이 말씀을 상고하겠는데 만유 회복에 대한 말씀을 상고하고 있습니다. 이 만유 회복은 우리 교회의 교과서예요. 만유 회복을 알아야 마귀를 이길 수 있어요.

마귀가 왜 생겼는지 그 뿌리가 뭔지 마귀의 의도가 뭔지 이것을 우리가 잘 간파하여 우리 사랑제일교회 모든 성도들은 사단을 이깁시다. 우리 옆에 좌우에 다 같이 자, 마귀를 이깁시다. 할렐루야.

3. 만유 회복을 배우는 이유는 전도하기 위함이다

그럼 만유 회복에 대한 말씀을 상고하겠습니다. 시간을 3개로 나눈다. 시간을 3개로 나누면 지금의 시간을 현재라 그래요. 그러면 앞으로 다가올 시간도 있을 거 아니에요? 다가올 시간을 미래. 지나간 시간도 있을 거 아니에요? 지나간 시간이 뭐예요? 과거. 그러면 지금부터 현재로부터 과거로 한번 가보자 이거죠.

1년 100년 1000년 10000년 100만 년 1천만 년 1억 년 10조 100조 천 해 경 등등 계속 가보자 이거예요. 사람의 힘으로 세기가 힘드니까 컴퓨터에 넣어서 한번 돌려서 계속 과거로 한번 가보자 이거예요. 영원한 과거로 가면 무엇이 나올까? 그것을 성경은 이렇게 말하고 있어요. 그것을 성경은 태초라고 불러요. 만유 회복에 대한 말씀은 우리 모든 성도들이 듣고 은혜만 받으면 안 돼요. 이제 우리가 여름철도 다 갔으니까 더위 다 갔거든요? 찬 바람이 싹 불어오니까 날씨가 너무너무 좋은 시절이 왔어요. 아멘. 우리 교회는 후반기 강력한 사역을 해서 12월 "기쁘다 구주 오셨네" 할 때까지 우리가 한번 10만 명의 영혼을 구원합시다. 10만 명 영혼 구원. 한번 해보자! 그걸 못해? 그거? 아이고! 참! 10만 명 영혼 성령의 불이 떨어지면 돼요. 옆 사람 다 손잡고 <u>우리 한번 해봅시다.</u> 그래서 이 만유 회복에 대한 말씀을 달달 외워서 다 나처럼 가르칠 수 있어야 해요. 노트 하나 펴놓고 공책 펴놓고 볼펜 가지고 만유 회복을 쫙 설명할 수 있어야 한다고요. 새로 오는 성도들에게. 아멘이요?

Ⅱ.
첫 번째 창조
: 천사의 나라

1. 태초의 일을 알려주시는 하나님

그러면 영원한 과거로 계속 가면 그 영원한 과거를 성경은 태초라고 한다! 태초에 무슨 일이 생겼느냐? 이것은 우리가 알 수가 없어요.

왜냐하면 영원한 과거는 고사하고 우리의 개인의 과거도 우리는 잘 몰라요. 여러분 각자의 개인의 과거 중에 제일 근본 된 과거가 뭐예요? 여러분이 어디서 태어났는지 여러분은 모르는 거야. 안방에서 태어났는지 산부인과에서 태어났는지 여러분이 모르는 거야. 황 장로한테 물어보면 황 장로가 알 것 같아요? 황 장로, 어디서 태어났어? 구들방이요? 산

부인과요? 구들방이요? 구들방이 아니라 저기 다리 밑에서 주워 왔어. 그것도 모르고 사서. 아이고, 참나! 할머니한테 안 들었어요? 다리 밑에서 주워 왔다고?

저도 할머니가 있었는데 할머니가 내 중학교 3학년 때 할머니가 돌아가셨어요. 할머니가 맨날 우리 집에 오면. 우리 아버지가 둘째 아들이에요. 둘째 아들이니까 할머니가 우리 집엔 안 살아요. 큰집에 살지. 가끔 1년에 한 번씩 우리 집에 오면 맨날 날 울려요. 뭐냐 하면 "칠성아!" 내가 칠성이란 말이야. "너는 이 집 아들이 아니야. 너는 다리 밑에서 주워 왔어. 625 전쟁 때 다리 밑에서 울어서 그래서 주워왔다." 평소에는 그 말이 말이야, 별로 관계없는데 어느 날 엄마가 때릴 때는 그 말이 진리 같아. 엄마가 때릴 때는 가만히 생각해보면 '진짜 주워왔나?' 그런 생각이 들더라고. 왜냐하면 자기 자식을 이렇게 심하게 때릴 수가 있냐 이거야. 자기 자식을. 의심이 갈 때가 있더라고요.

그런데 여러분이 각자 태어난 장소가 있거든요. 있는데 여기 나이 30살 이상은 다, 40살 이상은 전부 다 구들방에서 태어났고. 30살은 아슬아슬하고 30살 이하는 다 산부인과에서 태어났고.

그런데 자기가 어디서 태어났는지 자기의 실력으로는 몰라요. 여러분이 어디서 태어났는지를 그냥 서슴없이 말한다는 건 여러분의 실력이 아니에요. 누군가가 여러분에게 가르쳐 준 거야. 그렇지요? 생일 있죠? 생일? 여러분 생일 다 있지만 자기의 생일을 자기가 모른다고요. 어떻게 알아 그걸 자기가? 누군가 옆에서 가르쳐 쳐준 거예요. 네 생일날은 이날이라고. 이와 같이 우리가, 개인적인 과거도 모르는 우리가 영원한 과거를 그걸 어떻게 아냐 말이에요. 사람이 영원한 과거를.

그런데 영원한 과거를 아시는 분이 한 분이 계세요. 그분이 누구냐 하면 하나님이에요. 하나님은 왜 아시느냐? 그때 그 자리에 계셨기 때문에. 그때 그 자리에 계신 분만 그걸 알 수 있어요. 여러분과 나의 개인적 과거, 생일이나 태어난 장소를 안다는 것은 내가 태어날 그때 그 자리에 있었던 사람만 아는 거예요. 그와 같이 이 우주의 영원한 과거는 아무도 아는 사람이 없어요. 아시는 분은 딱 한 분이신데 삼위일체 하나님만 아셔요. 왜? 그때 그 자리에 계셨기 때문에. 그분의 증언에 의하면 삼위일체 하나님이 뭐라고 가르쳤느냐?

2. 천사의 나라를 창조하시다

1) 태초에는 삼위일체 하나님만 계셨다

영원한 과거에 나무도 들도 풀도 산도 해도 태양도 별도 아무것도 없을 때 심지어 공기도 없어요. 공기도 창조물이에요. 공기도 없어요. 아무것도 없을 때 뭐만 있었냐? 삼위일체 하나님만 계셨어요. 성부 하나님 성자 하나님 성령 하나님 삼위일체 하나님만 계셨다! 할렐루야! 아무것도 없었을 때예요. 하나님만 계신 시대가 있었단 말이에요. 삼위일체 하나님만 계셨다는 말이에요.

모든 것은 다 피조물이에요. 하늘과 땅과 바다와 그 가운데 모든 것. 이게 시편의 어투입니다. 시편을 읽으면 이 말이 계속 거듭돼요. 하늘과 땅과 그 가운데 모든 것. 이게 시편의 노래의 흐름이에요. 하늘과 땅과 그 가운데 모든 것. 이 모든 것은 다 피조물이에요. 삼위일체 하나님 빼고는 나머지는 다 하나님이 만든 것이에요.

2) 첫째 세상은 천사를 중심으로

그 하나님이 계셨는데, 어느 날 삼위일체 하나님이 창조 행위를 시작했어요. 창조를 시작하셨는데 그 창조가 우리가 사는 이 세상이 아니고. 지금 우리가 사는 이 세상이 아니고. 전 세상 그게 뭐냐 하면 영적 세계를 먼저 만든 거예요. 영적 세계. 영적 세계를 하나님이 먼저 만들었다는 거예요. 영적 세계를. 이해되시면 아멘.

그 영적 세계는 주로 중심이 뭐냐 하면 천사들이 중심이 돼요. 천사의 숫자가 몇 명인가 하고 성경에 말하기를 하도 많아서 다 셀 수도 없어요. 그래서 천사를 뭐라고 하느냐? 천천이요 만만이라 그래요. 다 셀 수 없는 숫자를 천천이요 만만이라고 합니다. 이루 말할 수 없지요. 천사 숫자가 저 바닷가의 모래보다 더 많고 하늘의 별들 숫자보다 더 많아요.

이 천사 숫자가 엄청나게 많은데 그중에서 대표적인 천사가 몇 명 있어요. 인간의 구원과의 관계성이 있는 이 몇 가지 천사가 있는데 첫째가 미가엘이에요. 이건 하나님의 군대 장관으로서 악령과 더불어 싸우는 천사예요. 악령과 더불어 싸우는 것을 담당하는 천사다 이 말이에요. 이해되시면 아멘. 따라서 합시다. 가브리엘. 이 가브리엘은 하나님과 사람 사이를 왕래하면서 소식을 전하는 천사예요. 직무가다 달라요. 그다음에는 그룹이라고 있고 그다음에 스랍이라고 있는데 이 천사들은 하나님의 보좌를 수종을 드는 천사다 이거예요.

3) 대표 천사 루시엘의 쿠데타와 심판

그런데 그중에서 결코 지어지지 않았으면 좋았을 정말 이거 창조되지 않았으면 좋았을 천사가 있어요. 이름이 루시엘이에요. 이 루시엘 천사는 다른 모든 천사와 달라서 하나님이 천사의 왕으로 지었어요. 모든 천사의 대장이에요.

그것을 성경은 여러 가지로 말하고 있는데 이 루시엘 천사는요? 천사 중에 왕인데 왜 그러냐 하면 나중에 이 루시엘 천사가 하나님과 대적하여 하나님과 겨루어 하나님의 보좌를 밀어내고 자기가 그 보좌를 차지해서 하나님의 보좌를 찬탈하려고 했어요. 이게 쿠데타였단 말이에요. 하나님의 나라에서 쿠데타 하여 자기가 하나님 하려다 쫓겨났는데 만약에 루시엘보다 더 위의 천사가 있었다면, 더 위의 천사가 있으면, 루시엘이 하나님과 겨루어서 싸울 생각을 못 하지요? 일단 자기 위에를 먼저 처단해야지. 맞죠? 그래요? 안 그래요? 예를 들어서 우리 집사님들이 나하고 직접은 못 싸우지. 나하고 싸워서 이기기 전에 황 장로랑 싸워 이겨야지. 황 장로님을 밟고 올라와야 할 거 아니에요? 나한테는 바로 못 덤벼요. 죽으려고. 그러니까는 이 루시엘이 모든 천사 세계의 왕이에요.

그리고 또 한 가지는 잘 보십시오. 이 루시엘이 얼마나 세냐면 피조를 받은 이 창조물이 자기를 지은 창조주한테 한 번 대들어 볼 만한 마음을 먹을 수 있을 만큼 컸다는 거예요. 그런 착각을 할 수 있을 만큼 컸다는 것은 대단한 거라는 거예요. 이해돼요? 이 루시엘이 그렇게 지어진 거예요. 이 루시엘은 하나님이 창조할 때부터 대접을 너무너무 잘해줘서 에스겔 28장을 또 한 번 성경을 넘겨보시면. 자, 달달 외워야 합니다. 이 루시엘 창조의 설명이 나옵니다. 이런 대접을 받은 게 없어요.

<에스겔 28:12>

인자야 두로 왕을 위하여 애가를 지어 그에게 이르기를 주 여호와의 말씀에 너는 완전한 인이었고 지혜가 충족하며 온전히 아름다왔도다

여기 보면, 이 루시엘의 별명이 두로왕인데 루시엘은 별명을 약 한 50가지를 가지고 있다 그랬어요. 타락 전에 루시엘 타락한 후에 루시퍼라 그래요. 타락한 후에는 루시퍼 그다음에 사단 뱀 용 꾀는 자 대적자 미혹의 영 여기 두로왕 등 50가지의 이름을 가졌는데 이 두로 왕이 지음을 받을 때 너는 완전하게 지어졌다, 그리고 너는 지혜가 충족하다, 지혜의 왕으로 이 루시엘은 타락한 후에도 그 지혜를 그대로 가지고 있었어요. 예수님도 지혜에 대해서 말할 때는 지혜는 뱀에게 배우라 사단같이 지혜로우라 뱀같이 지혜로워라 예수님도 지혜를 말할 때는 마귀의 예를 드는 거예요. 그 지혜를 타락한 후에도 지금도 그대로 가지고 있다는 거예요.

그다음에 13절을 보면 뭐라고 쓰였는가.

<에스겔 28:13>

네가 옛적에 하나님의 동산 에덴에 있어서 각종 보석 곧 홍보석과 황보석과 금강석과 황옥과 홍마노와 창옥과 청보석과 남보석과 홍옥과 황금으로 단장하였었음이여 네가

지음을 받던 날에 너를 위하여 소고와 비파가 예비되었었
도다

이거 보십시오. 에덴동산을 아담과 하와가 선물로 받기 전
에 먼저 이 루시엘 천사가 에덴동산을 먼저 선물로 받은 거
예요. 대단한 거란 말이에요. 그리고 여기 보면 여자들이 좋
아하는 보석을 하나님이 다 줬어요. 여기 보면 각종 보석 홍
보석 황보석 금강석 황옥 홍마노 청보석 남보석 홍옥 황금.
보지도 못했지요? 호박이라는 보석도 있어요. 그리고 여기
에 보면 네가 지음을 받던 날에 소고와 비파를 준비했다. 하
나님이 루시엘을 지을 때 잔치까지 베풀었어요.

<에스겔 28:14>
너는 기름 부음을 받은 덮는 그룹임이여 내가 너를 세우매
네가 하나님의 성산에 있어서 화광석 사이에 왕래하였었
도다

기름 부음을 받은 덮는 그룹이라고 했어요. 이것은 뭐냐.
천사 세계의 왕이라는 거예요. 이렇게 루시엘을 하나님이
그토록 높여준 거예요. 하나님이 루시엘을 높이는 여러 가
지 흔적이 성경에 나와요. 바로가 요셉을 볼 때 바로가 요셉
한테 그랬어요. "요셉아, 너같이 지혜롭고 너같이 아름다운

자를 못 봤다. 내가 지금부터 애굽 전체를 다 너에게 맡기노니 내가 너보다 높음이 자리뿐이다. 자리뿐." 하나님이 루시엘한테 "다 가져. 다 가져. 내 이름 빼고는 다 가져." 내 보좌 하나 빼고는 나머지는 다 가지라는 거예요. 그러면은 루시엘이 이렇게 하나님께 은혜를 받았으면, 총애를 받았으면, 하나님을 사랑하며 섬겨야 해요? 대들어야 해요?

그런데 모든 악의 근원이 여기서 나왔습니다. 이제 시작하는 겁니다. 모든 이 우주 가운데 비극의 시작이 여기서부터 출발 된 겁니다. 이사야 14장 12절을 한번 펴보시면.

<이사야 14:12-14>

12. 너 아침의 아들 계명성이여 어찌 그리 하늘에서 떨어졌으며 너 열국을 엎은 자여 어찌 그리 땅에 찍혔는고

13. 네가 네 마음에 이르기를 내가 하늘에 올라 하나님의 뭇별 위에 나의 보좌를 높이리라 내가 북극 집회의 산 위에 좌정하리라

14. 가장 높은 구름에 올라 지극히 높은 자와 비기리라 하도다

지극히 높은 자가 누구요? 하나님이요. 그러니까 이 원수 마귀 사단이 루시엘이 이 짓을 하다가 자기의 보좌를 하나님 보좌보다 더 높여서 하나님을 밀어내고 자기가 하나님

하려고 하다가 하나님 앞에 심판을 받았어요. 그다음 말씀 읽어보시면 시작.

<이사야 14:15>
그러나 이제 네가 음부 곧 구덩이의 맨밑에 빠치우리로다

이게 하나님 앞에 심판받은 거예요. 이게 바로 마귀가 된 거예요. 마귀. 그래서 하나님이 이걸 처절하게 심판했습니다.

Ⅲ.
루시퍼, 세상 임금이 되다

1. 쫓겨난 루시퍼, 아담을 유괴하다

1) 두 번째 창조 : 아담의 나라

심판하여 그 후에 수도 없는 세월이 지났어요. 그러니까 천사의 창조 천사의 타락 천사의 심판 이 3가지 창조 타락 심판 이것은 이 세상이 지어지기 전에 수도 없이 오래전입니다. 수도 없이 우리의 날짜 계산 달력으로 계산할 수 없는

수도 없는 아주 오래오래 전에 일어났던 일입니다. 이 세상이 창조되기 전에 있었던 일이라는 거예요. 이해되시면 아멘. 천사의 창조 천사의 타락 천사의 심판은 우리가 사는 이 세상이 지어지기 전에 일어났던 일이에요.

수도 없이 세월이 지난 어느 날 하나님이 제2의 창조를 시작했어요. 이것이 바로 우리가 사는 이 세상입니다. 제2의 창조는 천사가 중심이 아니고 루시엘의 중심이 아닙니다. 제2의 창조는 누구냐? 아담이 중심이에요.

우리가 사는 이 세상을 드디어 하나님이 창조했다고요. 하나님께서 이 아담을 창조하실 때 하나님이 또 아담에게 얼마나 퍼부었느냐? 창세기 1장 26절에 보면 생육하라 번성하라 충만하라 다스리라 다 가져라. 그리고 에덴동산도 주면서 하나님이 아담에게 루시엘보다가 더 격을 높였어요. 루시엘은 하나님이 부리는 종으로, 종 중에서 대표자지만, 종으로 지었어요. 그러나 이 아담은 하나님의 자녀로 지었어요. 퍼부어 준 거야. 퍼부어 준 거예요. 다 주신 거예요. 하나님이 아담에게요. 하나님이 아담에게 "나는 그냥 형식적인 하나님 할 테니 나머지는 너 다 가져라." 할렐루야? 아멘?

2) 루시엘, 아담을 유괴하다

이렇게 하나님의 총애를 받고 하나님의 사랑을 받았으면 아담도 하나님을 잘 섬겨야 해요? 대들어야 해요? 그런데 비극이 일어났어요. 바로 전 세상에서 쫓겨났던 이 루시엘이 마귀가 되어서 사단이 되어서 아담의 나라에 날아왔어요. "아담~" "왜~?" 그러니까 "뭐 해~?" "나 놀아~" "뭐 하고 놀아~?" "땅 따 먹기 해~" 땅 따 먹기는 뭐, 온 세상이 자기 건데 뭐.

그때 루시엘 천사 요놈이 아담을 유혹하기 시작한 거예요. 왜냐하면 이 세상 우주 모든 만물을 창조하여 하나님이 다 루시엘한테 주셨잖아요? 그런데 루시엘이 교만하여, 교만이 이게 죄의 근원입니다. 교만하여 성경에 루시엘의 타락의 죄를 교만이라 그래요. 교만해 가지고 하나님 앞에 다 심판받아서 마귀가 되니까, 그 후에 하나님이 아담을 창조하여 아담에게 하나님 모든 걸 다 주시니까 이 루시엘이 시기 질투가 나거든요. 시기 질투가 나서 아담 나라에 와서 아담을 유괴한 거란 말이에요.

유괴해서 "아담, 정말 하나님이 모든 걸 먹지 말라 그랬냐?" "아니야! 다 먹으라고 그러는데 하나님이 선악과만 먹지 말래. 선악과 먹는 날에는 너처럼 된대. 너 루시엘처럼 된대."

그때 루시엘이 아담을 유혹했습니다. "아담, 절대 그렇지 않아. 네가 선악과를 먹는 날에는 눈이 밝아져. 너, 눈이 밝아져 너도 하나님처럼 돼. 그래서 하나님이 먹지 말라고 한 거야. 먹으면 네가 하나님 돼 봐. 그러면 하나님이 2개 돼 버리지. 그럼 하나님이 꿀리지. 자기 혼자 하나님 못 해. 너도 하나님 돼. 그래서 하나님이 자기 혼자 하나님 하려고 먹지 말라 그러는 거야."

아담이 가만히 들어보니 그 말이 일리가 있단 말이에요. 다른 거 다 먹으라는데 왜 이것만 먹지 말라고 그러냐 이거예요. 마귀의 말도 때때로는 들어보면 일리가 있을 때가 있어요. 여러분도 마귀 말을 절대 듣지 마시오. 마귀의 말도 어떨 때는 일리가 있어요. 시험 들 때도 꼭 말을 들어보면 꼭 그럴 거 같아요. 꼭 그럴 것 같다고. 마귀 말도 때때로는. 그러나 마귀 말은 일리가 있든 말든 들으면 안 돼요. 마귀 말은 무조건 물리쳐야 해요. 할렐루야.

2. 아담의 나라의 세상 임금이 된 루시퍼

그래서 따먹었네? 아담이 따먹고 나니까 하나님처럼 되는 거는 고사하고 아이고! 참나! 결국은 이 원수 마귀한테 속아서 아담이 심판을 받게 돼요. 심판을 받게 되어서 아담이요? 완전히 사단이 아담을 사로잡고 이 원수 마귀가 아담 나라에 지금 우리가 사는 이 세상이에요. 이 아담 나라에, 마귀가 여기에 뭐가 됐냐면 마귀가 여기 나라에서 임금이 된 거예요. 임금. 세상 임금이라 그래요 그걸. 성경은 세상 임금이라 그래요.

쫓겨난 마귀가 아담 나라에 와서 아담을 쳐서 종으로 사로
잡고 이 쫓겨난 마귀가 아담의 나라에 와서 인간의 나라에
와서 세상 임금이 됐단 말이에요. 요한복음 14장을 다시 한
번 넘겨 봅니다. 자, 요한복음 14장입니다. 30절 시작.

<요한복음 14:30>
이후에는 내가 너희와 말을 많이 하지 아니하리니 이 세상
임금이 오겠음이라 그러나 저는 내게 관계할 것이 없으니

이 세상 임금, 이게 마귀를 가리켜서 하는 말이에요. 마귀
가 아담나라에서 세상 임금이 된 거예요. 세상 임금. 원수
마귀가 아담을 쳐부수고 세상 임금이 됐다 이 말이에요. 12
장 넘기십시오. 12장. 요한복음 12장 31절 시작.

<요한복음 12:31>
이제 이 세상의 심판이 이르렀으니 이 세상 임금이 쫓겨나
리라

이 세상 임금이 바로 마귀요. 마귀 사단이 아담 나라를 정
복한 거예요. 이 세상을 정복했다는 거예요. 정복했다는 거
예요. 16장 11절 읽으시면.

<요한복음 16:11>

심판에 대하여라 함은 이 세상 임금이 심판을 받았음이니라

성경은 여러 곳에 마귀를 아담 나라의 임금이라 그래요. 원수 마귀 사단이. 그래서 우리가 사는 이 세상이 마귀의 수중에 들어간 거예요. 사단의 통치안에 들어간 거예요. 지금 우리가 사는 이 세상이 사단이 지배하는, 지금 이 세상이 사단 왕국이란 말이에요. 마귀 왕국. 그래서 이 원수 마귀 사단이 이 세상을 다스려요. 지금, 현재 이 세상을 원수 마귀가. 그래서 이 아담의 나라가 완전히 시궁창이 된 거야. 망가진 거예요. 사단이 왕이 되어서.

3. 사단 공화국으로 변한 아담의 나라

그러니까 이 아담 나라에 뭐가 들어왔냐? 죄가 들어온 거예요. 마귀 때문에 죄가 들어온 거예요.

마귀 때문에 그다음에 사망이 들어왔어요. 따라서 사망. 사람은 다 죽잖아요? 지금 이 세상에 있는 모든 인간은 사단의 왕국 안에서 사는 거예요. 이걸 벗어날 길이 없는 거예요. 죽는 거라고요. 우리가 지금 먹고살기 바빠서 죽음에 대한 실존을 깊이 생각하지 않고 있다가 현실에 딱 누가 죽어버리면 그때 충격을 받아서 막 울지요. 울 일이 아니고 이미

죽음은 정해진 거라고요. 어린애 하나가 딱 태어나면 이미 죽음을 전제하고 태어나요. 이게 이미 기정사실인데 우리가 그냥 먹고살기 바빠서 그냥 정신없이 살다 보니까 죽음을 잊어먹고 살아요. 죽음을 잊어먹고 살지만 이미 죽음은 이미 전제된 거예요.

옆 사람 한번 쳐다봐요. 얼굴 한번 쳐다봐요. 한번 말해 봐요. "너도 죽어." 해 봐요. 안 죽을 것 같지만 죽어요. 해 봐요. 앞뒤로 해봐요. 앞뒤로. "잠에서 깨." 해 봐요. "죽어." 죽는 거예요. 사망의 그늘이 너와 내 앞에 언젠가 다가오리~. 죽어요. 돈 많아도 죽어. 이뻐도 죽어. 앙칼져도 죽어. 더 빨리 죽어. 다 죽어. 다 죽어. 이 아담 왕국에는 아담의 그 문화를 벗어날 길이 없는 거예요.

저주. 저주의 그늘이 이 세상을 덮고 있어요. 인생은 이 땅에 태어남과 동시에 고생입니다. 태어날 때 엄마의 그 좁은 문을 밀고 나오기가 얼마나 힘들어요. 생각해 봐요. 그래서 태어나서 우는 거예요. "아우~ 죽도록 힘들었네." 엄마의 자궁의 좁은 문을 밀고 나오기가 힘들어요. 그래서 어떤 사람은 나오다가 머리가 찌그러졌어요. 안 나와서 의사 선생님이 집게로 잡아당겨서요. 실제로 머리가 찌그러져요. 요즘은 머리가 안 나온다 그러면 막 공기로 빨아 내버려요. 빨아 내버려. 그래서 인간은 이 세상에서 사는 자체가 저주라고요. 저주의 그늘을 벗어날 길이 없어요.

질병 어두움 이러한 죄 사망 질병 저주 어두움 고통 슬픔. 이것이 이 세상이라니까요. 마귀의 문화가 세상을 덮어놨어요. 우리가 사는 세상이 마귀 왕국이라고. 마귀 왕국을 벗어날 길이 없는 거예요. 인생은 다 그렇게 사는 거예요. 이 세상 자체가 그래요. 그래서 갇혔단 말이에요. 이 전체 소유권이 사단에게로 넘어갔어요.

IV.
마귀 왕국에 갇힌 인간을
구하러 오신 예수

1. 루시엘의 타락과 아담의 타락은 다르다

이런 상태에 처한 인생들을 하나님이 불쌍히 여기셨어요. 원수 마귀 사단은 스스로 타락했어요. 원수 마귀 사단은 스스로 타락했기 때문에 마귀는 회개할 기회를 하나님이 주시지 않는 거예요. 회개도 사람 맘대로 못 해요. 회개도 하나님이 힘을 줘야 회개가 돼요. 회개를 누가 마음대로 할까요? 회개는 사람 마음대로 안 돼요. 회개도 하나님의 은혜가 임해야 회개가 된다고요. 누구든지 다 깨닫고 싶으면 다 깨닫지. 그러나 못 깨달아요. 주님이 깨달을 은혜를 줘야 깨닫는 거예요. 그래서 사단은 회개할 힘이 없어요. 하나님이 회개할 힘을 안 주기 때문에요.

그러나 아담은 타락한 것이 조금 억울하단 말이에요. 왜 억울하냐? 스스로 타락한 게 아니라 마귀의 유혹에 마귀의 거짓말에 속아서 타락했기 때문에 하나님이 아담에게는 다시 한번 생각할 선택할 기회를 주기 위하여 예수 그리스도가 오신 거예요. 이 세상을 창조하신 예수님은 사람이 아니에요. 예수님은 사람이 아니야. 예수님은 태초부터 계셨던 그분이에요. 하나님이 사람의 육체의 옷을 입고 마리아의 배를 빌려서 이 세상에 예수님이 오시게 되었어요.

2. 다시 한번 선택할 때는 예수를 붙잡아라!

왜 오셨냐? 예수님이 오신 의미는 이거예요. "너희들이 마귀한테 속은 것에 대해서 억울하냐? 그러면 내가 다시 한번 기회를 줄게 예수 그리스도를 붙잡아라." 그래서 예수 그리스도를 붙잡으면 선악과 따먹은 것에 대해서 다시 한번 선택의 기회를 준다 이거예요. 아멘이요?

아담과 하와가 선악과 따먹어서 우리가 마귀의 종이 되고 사망과 죄와 병과 슬픔과 저주가 이 문화가 임했는데 그중에 제일 무서운 게 사망이에요. 죽음이란 말이에요. 누가 죽음 앞에 담대하겠냐고요? 이 세상에 다 죽음이 와 버리면 총체적 비극이에요. 그걸로 끝나는 거예요. 죽음이 와 버리면요.

3. 마지막 아담 예수

그런 상태에서 예수 그리스도가 이 땅에 왜 오셨느냐? 아담의 선악과 따먹음으로 인해서 이 땅에 온 원죄 모든 어둠을 이기기 위하여 예수 그리스도가 이 땅에 오신 것입니다. 그래서 우리는 예수님을 꼭 붙잡으면 원수 마귀를 이기는 거예요. 이 원리를 아는 것을 청년의 신앙이라고 그래요. '청년들아, 내가 이것을 쓴 것은 흉악한 자를 이기었음이라.' 마귀의 정체를 올바로 깨닫고, 여러분, 다 마귀를 이깁시다. 할렐루야. 무슨 말인지 이해됐으면 아멘.

그러니까 예수님이 이 땅에 왜 오셨는지 그 원인을 아셔야 해요. 예수님의 별명이 뭐예요? 200가진데, 그 하나가 마지막 아담이란 말이에요. 마지막 아담.

예수님을 왜 마지막 아담이라 그러냐? 아담이 실수해 놓고 저질러 놓은 총체적인 모든 것을 다 해결하기 위해서 오신 분이 예수님이에요. 그래서 예수님을 마지막 아담이라고 부르는 거예요. 예수님은 마지막 아담이에요. 믿습니까? 그래서 예수님이 이 땅에 오신 거예요.

4. 예수, 십자가의 틀로 사단을 잡다

예수님이 이 땅에 오셔서 십자가에 못 박혀 아담의 나라의 중심에 와서 예수님이 십자가에 죽으신 거예요. 사단의 왕국 마귀의 나라의 중심에 와서 예수님이 십자가에 죽은 거예요. 이 십자가가 뭔지 아세요? 아담의 왕국인데 사단이 사로잡았으니까, 예수 십자가, 이게 뭐냐 하면요? 이게 아담의 나라에 마귀 나라의 핵심부에 와서 십자가에서 죽었는데 이것이 사단을 잡는 틀이에요. 틀. 이게 하나님한테 걸려든 거예요.

예수님이 마귀보다 더 지혜롭잖아요? 예수님의 십자가를 그래서 지혜라 그러는 거예요. 고린도전서 1장에 보면 십자가는 하나님의 지혜라 그래요. 사단을 잡는, 마귀를 잡는 틀이에요. 사단이 걸려든 거예요. 예수한테 걸려든 거야.

마귀가 예수를 십자가에 못 박는 것이 자기가 승리한 줄 알았지만 이게 바로 자기 눈을 자기가 찌른 거예요. 예수가 십자가에 못 박힘으로 인해서. 마귀는 재미있게 막 박았어요. 꽝꽝. 죽는 줄 모르고 십자가에 못 박음으로 인해서 예수 그리스도의 십자가가 이게 뭐냐? 사단을 잡는 틀이라니까요? 사단이 여기에 걸려든 거예요.

그래서 예수님이 이 땅에 와서 십자가를 지심으로 여러분과 나를 위하여 십자가에서 대신 피를 흘리시고 저주를 대신 받으시고 예수님이 여러분과 나를 위해서 대신 죽으셨기 때문에 대속의 은혜로 우리를 풀어줄 수 있는 권세를 가지신 거예요. 예수님이 아담 나라에 오신 것은 우리를 풀어줄 수 있는 권세를 가지려고요. 이제 예수님이 원하는 사람은 다 풀어야 해요. 예수님이 모든 값을 지불 했기 때문에요. 하나님이 하나님 자신에게 지불 했어요. 마귀에게 지불 했어요. 모든 피조물을 향하여 하나님이 공개적으로 지불 했기 때문에 예수 그리스도의 십자가는 능력이에요. 능력. 할렐루야. 그래서 예수 십자가를 교회 교회마다 다 십자가 달아놓은 거예요. 왜 달아났냐? 이것이 사단 왕국에서 하나님의 지혜란 말이에요. 할렐루야.

우리가 그 이름을, 예수의 십자가 이름을 부르기만 해도 마귀는 겁을 내요. 두려워서 마귀는 벌벌 떠는 거예요.

V.
세 번째 세상
: 메시야의 나라

1. 메시야의 나라가 있다

그래서 예수님이 우리를 데리고 이제 어디로 갈라 그러느냐? 이제 세 번째 세상 이거는 완전한 세상이에요. 메시야의 나라 성경은 이렇게 말하고 있는 거예요. 메시야의 나라 이것을 알아야 해요. 동그라미 3개를 알아야 해요.

첫째 세상은 천사를 중심으로 둘째 세상은 아담을 중심으로 셋째 세상은 메시야를 중심으로. 요것을 알아야 마귀를 이기는 거예요. 안 그러면 마귀한테 못 이겨요. 아담이 마귀한테 속아서 넘어간 것처럼 이 세상에서 밥 먹고 살다가 보면 그냥 세월이 다 지나가요. 못 이기는 건 못 이기는 거예요. 오늘 여러분은 진리에 눈을 뜨십시오. 주여! 열어주세요. 눈이 활짝 열리기를 바랍니다. 할렐루야. 아유! 그런데 보면 못 이겨요. 못 이겨. 마귀를 못 이기는 거예요.

여러분, 오늘 이 말씀을 잘 깨달으셔야 해요. 우리가 갈 세상은 부활의 나라란 말이에요. 메시야의 나라가 부활의 나라예요. 우리가 죽어서 부활해요. 주님처럼 부활해서 가는 나라라고요. 부활의 나라가 있는 거예요. 우리가 부활해서 갈 나라가 있는 거예요. 부활을 믿어요? 안 믿어도 할 수 없어요. 아멘 안 해도 하나님은 이걸 만들어 놓은 하나님의 원리기 때문에 누구도 하나님이 이 계획을 취소할 수 없어요. 하나님은 이렇게, 이렇게 순서별로 가게 하셨어요.

이제 아담의 나라가 종말이 오면. 아담의 나라가 종말이 와요. 이제 곧 오려고 자꾸 그래요. 날씨도 자꾸 더워지는 것을 보니까 곧 오려고 해요. 종말이. 아담의 나라를 하나님이 정리할 날이 가까워졌어요. 이제 드디어 아담의 단원이 두 번째 단원이 막이 내릴 날이 가까워졌어요. 지금 뭐, 자연 기후 현상 뭐, 지진, 할 것 없이 이제 이 아담의 나라가 두 번째 나라가 정리될 때가 가까워졌어요. 정리되면은 이제 나타날 나라는 부활의 나라예요. 주님이 다스릴 그 나라가 되면은 사막이 꽃동산 되리. 할렐루야. 아휴! 너무너무 좋다. 너무너무 좋아요.

이 동그라미 3개만 알면 다 아는 거예요. 그러니까 이거 100년밖에 안 사는 이 세상에서 지지고 볶고 살 필요가 있어요? 없어요? 아니 태어나서 아담의 나라에서 살 날이 이게 100년이잖아요? 100년 동안 살면서 지지고 볶고 그냥 싸우고 그냥 서로 머리를 잡아 뜯고 머리 잡아 뜯을 때도 손가락으로 감아서 잡아 뜯고 그럴 필요가 있냐고요. 한번 생각을 해 봐요. 그럴 필요가 있냐고. 아이고! 아버지! 여기서 뭐 40

평 사네, 10평 사네, 뭐, 아이고! 아버지!

이게 다 뭐냐 하면 해수욕장 왔다 가는 거예요. 해수욕장 가서, 여러분, 그 3일 노는 걸 가지고 거기서 무슨 말이야 막 두꺼비집 크게 지었다 적게 지었다 그거 가지고 부부 싸움하는 사람 봤어요? 3일 지나면 "후후~ 집에 가자~" 그리고 가는 거지. 이게 바로 그거예요. 뭐 40평 아파트 사네 할 것 없어 그냥 "후후~ 집에 가자~" 그러면 가는 거예요. 예수님이 오시면 아멘.

지금 처음 오시는 분들은 기상천외한 얘기를 들어서 "저게 무슨 말이야?" 무슨 말이긴 무슨 말이야? 그 말이야. 이것을 아는 사람을 기독교인이라고 해요.

여러분들은 교회 아니고는 어디 가도 이런 소리 못 들어요. 어디 뭐, 천사의 나라? 이게 어디서 있어? 어딨어? 누가 가르쳐 줘요, 이런걸? 여러분의 어릴 때 생일을 누가 가르쳐줘요? 부모님 외에는 못 가르쳐 줘요. 그러니까 전능자 하나님 이 세상을 창조하신 그분 외에는 이걸 가르쳐 줄 사람이 없어요. 아무도. 우리는 그분 앞에 왔기 때문에 알게 되는 거예요.

2. 메시야의 나라는 부활의 나라이다

첫째 세상은 천사를 중심으로 둘째 세상은 아담을 중심으로 셋째 세상은 메시야를 중심으로. 모든 세상은 메시야의 나라에서 끝이 나요. 메시야의 나라는 부활의 나라예요. 신령한 나라.

내가 이번 주에 제주도에 갔다 왔거든요. 제주도에. 우리 에녹이가 방학을 마쳐서 내일모레 미국으로 가요. 공부하러 가는데 우리 한나가 "아빠! 아빠는 목사님이고 우리는 목사님 자식으로 태어나서 우리 가족끼리 한 번도 못 있어 봤잖아? 아빠! 그러면 되겠어? 아빠로서 직무유기예요. 직무유기!" 이 딸내미를 못 이겨요. 하도 떠들어서 "어떻게 하라고?" "가야지. 가야지. 에녹이를 혼자, 남자는 여자하고 달라, 미국의 허허벌판에 갖다 놔봐. 마약을 못 이겨. 가족에 대한 멤버십(membership)이 없으면 가족에 대한 끈끈함이 없으면 마약 못 이겨. 아빠 맘대로 해." "어떻게 하라고?" "에녹이랑 같이 살을 비비면서 살고 해서 가족에 대한 어떤 끈끈함을 만들어놔야 미국 가서 마약을 이기지." 하도 우리 딸내미가 떠들어서 "가자!" 그랬더니. 나는 그래서 어디 뭐 여기 어디 도봉산에 잠깐 갔다 오자고 그러는 줄 알고 "가자!" 그랬더니 3일 동안 제주도에다가 막 인터넷으로 다 잡아놔서 갔어요. 갔더니 우리 한나가 딸인데도 여잔데도 성격이 꼭 나 닮아서 아주 창조적이고 적극적이고 진취적이며 미래지향적이에요. 남자들도 하기 어려운 스킨스쿠버, 바닷속에 50m 내려가는 거 있잖아요? 잠수복 입고 뒤에 산소탱크 달고? 그걸 예약을 해 놓은 거예요.

그래서 갔어요. 솔직히 내가 무서워서 못 들어가겠더라고. 그걸 교육을 철저히 받았는데 30분 딱 설명해 주고 입에다가 산소 줄 매고 내려가라는 거예요. 애들 앞에서 사실 "겁난다." 소리를 못 해서 할 수 없이 내가 시키는 대로 내려가 봤어요. 그래서 이제 한나도 내려오고. 우리 집사람은 내려오는 데 2시간 걸렸어요. 저 사람은 겁이 많아서 못 내려와요. 50m 바닷속으로 내려가는데 수압이 세서 이 귀가요? 여기 스쿠버 다이빙 해 본 사람 있어요? 손 들어 봐요. 귀 막는 원리 알죠? 코를 잡고 푹푹 그래서 귀를 밀어내야 하는 거예요. 그걸 배우지 않는 사람은 못 내려가는 거예요. 귀가 아파서 못 내려가는 거예요. 코를 막고 푹푹 코 풀 때처럼 푹푹 하면 고막을 바깥으로 밀어내면 물을 밀어내는 거예요. 그걸 인제 한참 연습해서 갔는데.

나는 잠수함을 타고 제주도 밑에 내려가 봤어요. 그게 유네스코(UNESCO)에 등록된 세계 유일한 장소입니다. 산호밭이 세계 유일한 것이 제주도에 있어요. 유네스코에 등록된 거예요. 그런데 잠수함을 타고는 내가 내려가 봐서 알아요. 잠수함 얘기는 많이 들어봤지요? 내가 총동원 주일 할 때 맨날 하잖아요? 너무너무 아름다워요. 산호가.

이번엔 내가 내려가서 산호를 만져 봤어요. 50m 내려갔다니까요. 바닷속으로 50m 내려갔는데 산호를 손으로 만져봤어요. 내가 물어볼게요. 산호가 동물이요? 식물이요? 이 산호가요. 바닷속에 있을 때는 식물처럼 야들야들하고 막 만지면 변화가 되고 그래요. 꽃처럼 바닷속에서. 산호를 딱 건져서 갖다 놓으면 뭐가 돼요? 이게 완전히 돌처럼 굳어져요. 집집마다 산호 있잖아요? 산호가 딱딱해요. 물속에 있을 때는 그게 식물처럼 보들보들하단 말이에요 이해가 돼요?

나는 그 산호를 보면서 내가 제주도 갔다 와서 자랑하는 게 아니고 이걸 메시야 나라를 설명하려고 하는 거예요. 메시야 나라. 나 혼자 상상해 보는 거예요. 메시야의 나라는 부활의 나라, 신령한 나라예요. 사람의 몸만 부활하고 신령한 게 아니라 모든 식물도 신령한 식물로 바뀌는 거예요. 하늘나라 가도 생명 나무가 있는 거예요. 아멘.

그러니까 산호를 생각해 봐요. 난 산호를 생각하면서 산호 생각할 때마다 그 생각하는 거예요. 산호가 바닷속에 있을 때는 야들야들해요. 건져놓으면 딱딱해져요. 지금 이 아담의 나라에 이 모든 창조물 피조물 이런 것들이 메시야의 나라에 가면 산호가 바뀌듯이 우리가 부활해요. 우리 몸이 부활한단 말이에요.

지금 우리가 가지고 있는 이 몸은 육의 몸이에요. 육의 몸이 원래 본체가 아니에요. 이것이 메시야의 나라 딱 가면 바닷물이 덮는 것처럼 신령한 하나님의 성령이 덮어버리면 우리의 이 육신이 이것이 전부 다 산호가 바뀌는 것처럼 싹 바뀌어서 신령한 몸으로 뒤집어져요. 신령한 몸으로 바뀐다는 거예요. 나 혼자 그렇게 상상해 봐요. 상상해 본단 말이야. 이 설명이 어떻게 다 되겠어요? 내 설명이 부족하지.

그러나 성경은 말하기를 부활의 나라라고 그래요. 주님이 다스릴 그 나라가 되면은 사막이 꽃동산 되리. 여기까지를 안 믿는 사람은 기독교인이 아니에요. 그 사람 교회 30년 다녀도 50년 다녀도 너는 기독교인 아니야. 여기까지를 믿는 것을 기독교인이라고 그래요. 여러분 믿어져요? 이것을 믿습니까?

너는 기독교인이다. 해봐요. 시작. <u>너는 구원받았다.</u> 이걸 안 믿어지는 사람이 있어요? 안 믿은 사람은 구원 못 받은 거예요. 이게 구원받은 성도는 믿어지는 거예요. 아멘. 눈을 감아도 눈을 떠도 이 동그라미 3개가 가슴에 꽉 찍히기를 바랍니다. 천사의 나라, 아담의 나라, 메시야 나라. 아멘.

3. 메시야의 나라를 알면 세상을 이길 수 있다

이래야 우리가 이 세상을 이길 수가 있어요. 안 그러면 이 세상에 너무 붙잡혀서 아무것도 아닌 걸 가지고 사람이 말이야 별거 아닌 걸로 전철에서 구두 밟았다고 그냥 싸우고 나오고. 그걸 뭐, 전철에서 구두를 딱 밟았다, 여자가 뾰족한 걸로 밟으면 아프긴 좀 아프지만, 딱 밟았다고 해도 웃어요. 웃어. "메시야의 나라에서 보자." 웃으면서 "메시야의 나라 가서 보자."

이 메시야의 나라에 눈을 못 뜬 사람은 절대 이 세상을 못 이겨요. 여유가 없어요. 저런 거 가지고 호작호작 대고 싸우고 난리예요. 막 집에서도 못 이겨요. 맨날 집에서 부부 싸움하고 하는 게 이게 다 메시야의 나라에 눈을 못 떠서 그래요. 메시야의 나라에 눈떴으면, 예를 들어서, 남편이 그래 고스톱 치고 집을 날리고 왔다고 하자. 괜찮아. 그것도 괜찮아. 머지않아 다 그냥 후~하고 집에 갈 텐데 그냥 뭐 괜찮은 거예요. 아멘이요?

일산에 가면 김문호 목사님 있잖아요? 우리 교회 자주 오시는 청교도 목사님? 김문호 목사님 사모님이 이사랑 사모님인데 이름이 이사랑이라고 바꿨는가 본데 그 사모님이 여자인데도 말이야 참 통이 넓고. 그 김문호 목사님이 목사가 빨리 된 사람이 아니에요. 세상 할 거 다 해 보고 목사 된 사람이에요. 40살 넘어서. 그 사업하고 뭐하고 그래서 김문호 목사님이 세상에서 나쁜 짓이 아니라 그냥 막 예를 들어서 고스톱 쳐서 집도 날리고 막, 3일 동안 잠도 안 자고 한대요. 그게 집 다 팔아먹고 들어오면 보통 옛날 같으면 막 난리 날 거 아니에요? 김문호 목사님 사모님은 이러더래요. "잘했어! 집은 또 사면 되는 거야!" 여자가 되려면 그 정도 돼야 해요. "잘했어. 괜찮아. 잘했어. 괜찮아." 메시야의 나라에 눈이 열린 사람은 다 그냥 "잘했어. 잘했다."

VI.
사단 공화국의 통치 원리

1. 숨어서 세상을 조종하는 사단

그러면 이제 오늘 핵심 말씀을 항상 똑같은 설교하는 것 같아도 하나는 다른 거 있어요. 매주마다. 그 하나만 다른 걸 잡고 가면 되는 거예요. "목사님은 말이야 설교할 게 없어서 맨날 동그라미 3개 그려 놔 놓고." 여러분, 이게 할 게 없어서 그런지 알아요? 어? 여러분도 어디 하루 밥을 한 번만 먹어? 매일 먹잖아? 똑같은 밥? 다 마찬가지예요. 이게 앞으로 이게 성탄절 올 때까지 계속 이거 할 거니까. 다시. <u>첫째 세상은 천사를 중심으로 둘째 세상은 아담을 중심으로 셋째 세상은 메시야를 중심으로.</u>

그러면 이제 아담 나라에 마귀가 와서 이 마귀 왕국을 만들어서 아담 나라를 다스리는데 3가지의 원리를 가지고 다스린다는 거를 오늘 내가 설명했습니다. 3가지 원리. 사단이 이 아담의 나라를 자기의 왕국으로 다스리고 있다고요. 다스리고 있는데 3가지 내지는 4가지 원리로 사단이 임금 노릇을 하는데 첫째는 이 원수 마귀가 숨어 있으면서 자기가 모든 사람 위에 왕으로 군림하고 있다고 했는데 그 사실은 육신으로는 보이지 않기 때문에 모르면서 우리는 마귀에게 종살이하고 있는 거예요.

이게 마치 뭐와 같으냐 하면 전 세계 경제를 전 세계 돈을 누가 가지고 있냐면 유대인이 가지고 있어요. 그런데 보통 세상 사람들이 자기가 유대인들 손에 걸려들었는지 모르고 살아요. 지금 모든 세계 경제를 이 유대인들, 미국에 있는 유대인들, 그 사람들이 통제하고 있는 거예요. 그 사람들이 마음대로 "일본에 IMF 한번 먹여버려!" 그러면 1달 내로 일본에 IMF 와버리는 거예요. 유대인들이 딱 마음만 먹어버리면요.

그런데 우리는 사실 그걸 몰라요. 그런데 유대인들이 뒤에서부터 경제망을 쫙 만들어서 다 걸려들어 있는 거예요. 그 한 예가 뭐냐 하면 여러분, 가지고 있는 카드 있어요? 없어요? 거기에 비자(VISA) 카드, 비씨(BC) 카드 이게 전부 다 미국의 돈을 딱 틀어쥐고 있는 거예요. 비씨 카드 있는 사람이 전부 유대인들한테 걸려들어 있는 거예요.

이미 유대인들이 그걸 가지고 조정하는 거예요. 비씨 카드 이게 전 세계를 다 잡고 있는 거예요. 그런데 사실 우리는 유대인들이 쳐놓은 그물망에 걸려있는지를 우리가 피부적으로 알아요? 몰라요? 모르고 우린 사는 거예요. 모르고 살지만, 유대인들은 "잘 써라. 잘 써라. 전 세계 사람들이 BC 카드 잘 써라. 잘 써라. 다 우리가 쳐놓은 그물에 걸려라."

하는 거예요.

이처럼 원수 마귀 사단이 이 세상에 아담 나라를 통제하면서 아담 나라에서 사단이 딱 틀어쥐고 있는데 우리는 마귀가 쳐놓은 그물에 걸린 지를 모르는 거예요.

2. 사단의 통치 원리

1) 문화

그 첫 번째가 문화예요. 이 원수 마귀 사단은 문화를 가지고 사람을 틀어쥐는 거예요. 사람이 문화를 떠나서 살 수가 없잖아요?

이 세상에 있는 모든 문화는 2가지예요. 하나는 히브리(Hebrew) 문화고 하나는 헬라 문화인데 이것은 세상적인 표현으로 그렇고, 따지고 보면 이렇게 되는 거예요. 예수의 문화, 마귀의 문화.

우리는 예수의 문화로 뛰어야 해요. 우리는 지금 여러분, 주일날 교회에 나온 것은 예수의 문화예요? 사단의 문화예요? 우리는 예수의 비씨 카드로 뛰어야 해요. 예수의 비씨 카드에 놀아야지 사단의 비자 카드로 놀면 안 돼요.

그 사단이 만들어 놓은 이 문화에 사람은 뛰고 있는 거예요. 그런데도 자기는 마귀의 그물에서 뛰는지를 모르는 거예요. 인간은 모른단 말이에요. 이 인간이 그 사실을 모른단 말이에요. 그러나 만유 회복의 말씀을 듣고 동그라미 3개를 아는 사람은 문화를 구분할 줄 아는 거예요.

내가 지금 어디에 누구 말을 듣고 어디로 가고 있는가? 이 건 사단의 문화인가? 이것은 예수의 문화인가?

사랑제일교회 성도들은 사단의 문화를 이겨야 해요. 문화 라고 다 좋은 게 아니에요. 이 문화 뒤에 마귀가 있단 말이에요. 이걸 세상 풍속이라 그래요. 성경의 언어로 세상 풍속. 세상 풍속을 마귀가 딱 틀어쥐고 있어요. 마귀가 가지고 흔들면 사람은 펄쩍펄쩍 뛰는 거예요. 그냥 그것도 모르고 뛰는 거예요.

우리는 이 땅에 하나님의 문화를 이루어봅시다. 대한민국 을 예수의 문화로 이루어보자! 할렐루야! 아멘! 할 말이 많지만, 하여튼 지나가고.

그런데 성령을 받으면, 사람이 성령을 받으면 문화에 대해 서 구분이 돼요. 문화에 대해서 저항이 일어나버려요. 사단 의 문화에 대해서 거슬림이 일어나요. 싫은 거야. 그냥 싫은 거야.

교회 나오면 누가 담배를 끊으라 끊으라고 해서 끊는 게 아니에요. 그냥 싫은 거예요. 그냥 담배 피우는 문화가 싫은 거예요. 성령 받으면 예수 믿으면 구원받으면 누가 막 끊어라 끊으라 해서 율법적으로 그런 게 아니라 그냥 저항이 일어나는 거예요. 할렐루야.

2) 종교

그다음에 종교 뒤에 사단이 딱 틀어쥐고 있어요. 종교를 가지고 카드를 가지고 흔들면 그 종교에 다 놀아나는 거예요. 모든 민족이 종교를 다 가지고 있는 거예요. 인도에 수백 개의 종교가 있지? 다 있어요. 남미도 있고 다 있어. 그 종교를 가지고 사단이 뒤에서 종교의 영을 가지고 뒤에서 흔드는 거예요.

그래서 우리 하나님 백성들은 절대 다른 종교를 가지고 다른 종교에 거기에 뛰어들면 안 돼요. 거기에 뛰어놀면 안 되는 거예요.

3) 정치제도

그다음에 이게 정치제도란 말이에요? 정치제도? 나라마다 법이 있잖아요? 이 법이 이게 다 사단이 쥐고 있는 거예요.

3. 마귀를 마셔버린 사단 왕국의 사람들

그러니까 우리는 이 마귀 사단의 나라에 우리가 살면서 예수 그리스도를 우리가 꼭 붙잡고 예수를 붙잡는 사람만이 이 사단이 쳐놓은 그물에서 벗어날 수 있습니다. 문화 종교 못 나와요. 예수 못 만난 사람은 절대로 미신으로부터 못 나와요. 무슨 일만 있으면 자꾸 사람이 점치고 싶어지고 어디

가서 물어보고 싶어지고 손금이라도 보고 싶어지고 컴퓨터 점이라도 한번 치고 싶어지고. 그런 것이 일어나 못 이겨요. 미신을 못 이기는 거예요.

예수 만나면 이겨요. 예수 만나면 어려움이 오면 컴퓨터 점 보는 것이 아니라 예수 만나면 교회 와서 기도해요. 주님을 향하여 부르짖어요.

예수 없는 사람은 뭐 사업한다, 뭐 한다, 하면 이 마음의 공백을 못 이겨서 고사 지내고 싶은 거예요. 돼지 있죠? 입 벌린 거? 아~? 눈 뜬 거? 돼지 대가리 잘라 놔 놓고 말이야. 동태 있지? 입 벌린 거 동태? 그걸 못 이기는 거예요. 그렇게 하고 싶어져요. 사단이 우리의 핏속까지 다 마귀가 이미 물들여 놔서요. 마귀를 마셔버렸어요. 사람이. 그냥 마귀가 멀리서부터 이렇게 우리를 대하는 게 아니라 그냥 마귀를 마셨다니까요? 아담 나라에 태어난 사람은 원죄를 통하여 마귀를 그냥 마셔버렸어요. 마귀로 다 채색됐다고요.

VII.
"주여!" 부르기
: 마귀를 이기는 첫 출발점

예수의 피로만 깨끗하게 할 수 있어요. 예수의 피가 임해야 해요. 예수의 피가 임해야 마귀로 채색돼 있는 우리의 피까지 다 씻어낼 수 있어요. 전부 마귀한테 물든 이걸 전부 예수의 피로 다 씻어내야 해요.

예수의 피로 다 물리쳐야 해요. 아멘. 이 원리를 우리가 잘 깨달아야 마귀도 이기고 그다음에 마귀로 인해서 생겨나는 모든 영향력도 이기요. 마귀를 이기자!

성경에 보면 마귀를 이기라는 말도 있지만 세상을 이기란 말도 있어요. 이 세상이란 단어는, 마귀는 본체를 말하는 것이고, 세상은 마귀로 인해서 생겨나는, 파생되어 나오는 영향력을 말합니다. 영향력도 이기고 마귀의 본체도 이기고 우리는 다 이겨야 해요.

이기려면 이제 지금부터 우리가 공부를 잘해야 하는 거예요. 아멘이오? 예수님이 우리를 이기게 해 주시기 위하여 십자가에 죽으셨어요. 십자가에 죽으셨는데 우리가 마귀를 이기는 제일 첫 단추, 제일 쉬운 것이, 제일 시작이, 바깥으로 나타나는, 이 속으로 이루어지는 거 말고 바깥으로 나타나는 마귀를 이기는 제일 출발점이 입으로 "주여!"를 부르는 거예요.

이것이 아주 내가 이제 다음 주부터 가르치려고 그래요. 마귀를 이기는 것에 대해서요. 아멘이요? 주여! 여러분의 입으로 주여!를 부르는 것이, 이게 적은 일이 아니에요.

여러분이 "주여!" 그럴 때 이 주위에 있는 마귀의 파장이 어둠의 파장이 확 확 확 물러가요. 여러분 입에서 "주여!" 부를 때요. 목사님 보라고요. 목사님은 습관처럼 "주 예수! 아버지!" 이걸 내가 늘 하잖아요? "주 예수! 아버지!" "주 예수! 아버지!" 습관처럼 하잖아요?

이 원수 마귀가 왜 주의 이름을 입에서 부르는 것만 해도 마귀에게 영향을 줄 수 있느냐? 마귀가 가까이 오는 것이 왜 팍팍 물러가는가? 그 원리에 대해서 내가 다음 주부터 가르쳐줄 테니까.

우리는 어차피 사단의 왕국 안에서 태어난 거예요. 우리는 아담의 후손으로 우리의 핏속까지 마귀가 들어와 있어요. 우리의 핏속까지 원죄로 인하여 전적 부패예요. 우리는 이 속에 마귀를 마셨다고요. 마귀로 채색됐다고요. 이 사단을 마시면서 태어난 거예요.

이런 상태에 있는 인간이 어떻게 사단이 물러가고 어둠이 떠나가고! 그다음에 점점 바깥으로 일어나는 현실적인 문제 저주 가난 질병 이것은 한참 바깥의 문제예요. 본질적인 안의 문제부터 이겨서 그다음에 죄 질병 이건 현상적 문제예요. 현상적 문제까지 우리는 이겨야 하는 거예요.

아멘. 두 손 들고 아멘. 그 첫 출발점이 바깥으로 일어나는 첫 출발점이 이 속으로는 성령의 역사고 바깥으로 나타나는 첫 출발점이 "주여!"라는 거예요.

두 손 높이 들어봐요. 자 "주여!"를 한번 불러요. "주여!"를 부르는 것이 마귀를 이기는 거예요. 주의 이름을 부르는 자는 구원을 얻으리로다. 에노스 때에 비로소 여호와 이름을 불렀더라. 할렐루야. 이 "주여!"를 부르는 것이 사단을 이기고 마귀를 물리치는 거예요.

두 손 높이 들어봐요. "주여! 나도 아담 나라에 태어나서 마귀 왕국에 태어났지만 마귀를 이기고 십자가 꼭 붙잡고 승리자 되기를 원합니다. 메시야 나라의 주인공이 되게 하여 주시옵소서." "주여!" 삼창하며 다 같이 기도하겠습니다.

04

사단의 회유를 이기신 예수

설교 일시   2008년 9월 7일(주일) 오전 11시

대   상   사랑제일교회 주일 3부 예배

성   경   누가복음 4:1-7

1 예수께서 성령의 충만함을 입어 요단강에서 돌아오사 광야에서 사십일 동안 성령에게 이끌리시며

2 마귀에게 시험을 받으시더라 이 모든 날에 아무것도 잡수시지 아니하시니 날 수가 다하매 주리신 지라

3 마귀가 가로되 네가 만일 하나님의 아들이어든 이 돌들에게 명하여 떡덩이가 되게 하라

4 예수께서 대답하시되 기록하기를 사람이 떡으로만 살 것이 아니라 하였느니라

5 마귀가 또 예수를 이끌고 올라가서 순식간에 천하만국을 보이며

6 가로되 이 모든 권세와 영광을 내가 네게 주리라 이것은 내게 넘겨준 것이므로 나의 원하는 자에게 주노라

7 그러므로 네가 만일 내게 절하면 다 네 것이 되리라

I.
만유 회복 신앙 위에 튼튼히 서자

할렐루야 〈나 같은 죄인 살리신〉 하겠습니다. 405장을 하겠습니다.

찬송가 405장 〈나 같은 죄인 살리신〉

1. 나 같은 죄인 살리신 주 은혜 놀라와
   잃었던 생명 찾았고 광명을 얻었네

2. 큰 죄악에서 건지신 주 은혜 고마와
   나 처음 믿은 그 시간 귀하고 귀하다

3. 이제껏 내가 산 것도 주님의 은혜라
   또 나를 장차 본향에 인도해 주시리

4. 거기서 우리 영원히 주님의 은혜로
   해처럼 밝게 살면서 주 찬양 하리라

아멘. 할렐루야. 자, 만유 회복입니다. 만유 회복. 한번 따라서 합니다. 만유 회복. 오늘은 말씀을 바로 들어갈 뿐 아니라 우리가 성경을 잘 찾아서 우리 모든 성도가 하나님 말씀 위에 굳게 서기를 바랍니다.

세상이 바뀌고 예를 들어서 그럴 리도 없지만, 또 북한에 전쟁이 일어나서 우리가 다 공산국가가 된다 그러면 이제 우리는 신앙이 개인 신앙, 1대1 신앙이 되는 거예요. 지금 북한에서도 지하 교회가 있거든요. 일제시대 때 그때 예수 믿은 사람들이 지금도 숨어서 이 개인 신앙을 한단 말이에요. 개인 신앙. 할렐루야. 그 사람들이 지금도 옛날 일제시대 때 있었던 성경책 그러니까 뭐 우리 한글 아니지. 옛날 한글 삼각형 뭐, 점, 옛날 한글 있잖아요? 아래 아 뭐 그런 거 있잖아요? 그런 걸로 써진 성경책을 아직도 들고 북한에서 저 산에 나무하러 간다고 하고 산속에 가서 예배드리고 내려오고 그런 신앙이 있단 말이에요.

그전에도 제가 말씀드렸습니다마는 미국 시민권을 가진 한국 목사님이 평양을 갔다 그러잖아요. 갔는데, 호텔에 있는데 청소하는 어떤 청년이 목사님한테 와서 악수하자 그러는 거예요. 호텔 직원이. 그래서 목사님이 이제 악수하기 위해 손을 내밀었더니 손을 딱 잡고 악수하는데 손가락으로 십자가를 그리더라는 거예요. 목사님한테. 이해가 안 돼요? 그래서 목사님이 '아~ 이 사람이 북한의 바로 지하 교회 성도구나.' 그러니까 그렇게 공산주의가 예수를 뿌리 뽑으려고 해도 교회를 못 없애는 거예요. 옛날부터 숨어서 자꾸 전도하고, 후손들한테 자꾸 가르치고 해서. 그래서 목사님이 알아차리고 아무도 없을 때 그 청년을 다시 화장실로 불렀어요. 호텔 방 같은 데는 다 전부 도청 장치가 돼 있으니까 안 되고. 불러서 어제 나한테 손에다 이렇게 십자가 그은 게 뭔 뜻이냐고 물었대요. 미국 시민권 가진 목사님이 물었더니 "목사님이시지요?" 그러더라는 거예요. "그렇다." 그러니까 호텔 들어올 때 호텔 직원이니까 미국에서 온 목사님인 줄 알았다는 거예요. 그래서 "왜 나한테 이렇게 십자가를 그렸냐?" 그래서 "목사님한테 내가 물어볼 게 있다. 물어볼 것이." "그게 뭐냐?" 그랬더니 화장실에 들어가서 비밀로 이야기하는데 참 눈물 나는 얘기를 들었다는 거예요. "첫째는 예수님이 언제 오십니까? 미국에서 온 목사님들은 알 수 있잖아요. 예수님이 언제 재림하십니까?" 그거를 물어보고 그래서 "그거는 우리도 모른다. 성경에 보면 하나님만 아는 비밀이라고 돼 있다." "미국이 가지고 있는 성경책에도 그게 없냐?" "없다. 그거는." "두 번째로는 내가 지금 북한에서 예수 믿고 십일조를 떼어놨는데 이걸 어디다 갖다 바쳐야 하겠습니까? 십일조를 어디다 갖다 바쳐야 하는 겁니까?" 그런 속에서도 십일조를 알았는데 여기 안 하는 놈들 손 들어. 이걸 어디다 십일조를 바쳐야 하냐고 묻더라는 거예요.

그래서 그런 공산주의 사회에서도 신앙을 지키는 사람도 있는데 제가 왜 이 말씀을 드리냐 하면은 우리 교회는 앞으로 그럴 리도 없지만, 한국이 다 공산화되고 다 뒤집어져도 산속에 가둬 놔도 여러분이 1대1로 혼자서 이 말씀을 가지고 신앙을 지킬 수 있어야 합니다.

그래서 하나님 말씀을 여러분이 또박또박 잘 읽고 말씀에 줄도 잘 치고 어떠한 상황이든 여러분을 선교사로 보내 놔도 중국이나 공산권에 선교사를 보내 놔도 다 여러분들이 사역할 수 있도록 하나님 말씀에 튼튼히 서기를 바랍니다.

II.
성경 본문으로 읽는 만유 회복

1. 천사의 나라

1) 천사의 창조

오늘은 바로 가겠습니다. 매주일마다 원체 들었으니까요. "시간을 세 개로 나누면" 안 하고 바로 합니다. 바로요. 한번 따라서 합니다. <u>첫째 세상은 천사를 중심으로.</u> 첫째 세상은 누구를 중심으로? 따라서 합니다. <u>둘째 세상은 아담을 중심으로.</u> 따라서 합니다. <u>셋째 세상은 메시야를 중심으로.</u> 누구를 중심으로?

성경 찾기를 지금부터 쫙~ 할 테니 차곡차곡 성경이 내 것이 되기를 바랍니다. 창세기 1장 1절입니다. 창세기 1장 1절. 성경 자기 성경을 자기가 찾으시고 줄을 잘잘 그으시고요. 창세기 1장 1절은 모든 성경의 처음입니다. 오늘 처음 교회 나오신 분들도 찾을 수 있어요. 창세기 1장 1절 다 찾으셨지요? 한목소리로 읽겠습니다. 시작.

<창세기 1:1>
태초에 하나님이 천지를 창조하시니라

아멘. 태초에 하나님이 천지를 뭐하시니라? 그래서 이 세상의 모든 것들은 하나님 빼고 나머지는 다 피조물이에요. 피조물. 하늘에 있는 천사들도 피조물이에요. 하나님이 창조하셨다. 그런데 첫 번째 창조가 한번 따라서 합니다. 첫째 세상은 천사를 중심으로. 둘째 세상은 아담을 중심으로. 셋째 세상은 메시야를 중심으로. 할렐루야.

하나님께서 이 첫째 세상을 만드실 때, 자, 에스겔 28장입니다. 에스겔 28장 12절 말씀. 시작.

<에스겔 28:12-13>
12. 인자야 두로 왕을 위하여 애가를 지어 그에게 이르기를 주 여호와의 말씀에 너는 완전한 인이었고 지혜가

충족하며 온전히 아름다웠도다

13. 네가 옛적에 하나님의 동산 에덴에 있어서 각종 보석 곧 홍보석과 황보석과 금강석과 황옥과 홍마노와 창옥과 청보석과 남보석과 홍옥과 황금으로 단장하였었음이여 네가 지음을 받던 날에 너를 위하여 소고와 비파가 예비되었었도다

아멘. 따라서 합니다. <u>천사의 창조.</u> 하나님이 천사들을 만들었다는 거예요. 시편 103편입니다. 시편 103편. 여기 보면 천사도 하나님이 창조했다는 걸 알 수 있어요. 시편 103편 21절부터 읽겠습니다. 시작.

<시편 103:21-22>

21. 여호와를 봉사하여 그 뜻을 행하는 너희 모든 천군이여 여호와를 송축하라

22. 여호와의 지으심을 받고 그 다스리시는 모든 곳에 있는 너희여 여호와를 송축하라 내 영혼아 여호와를 송축하라

아멘. 여기 22절에 보면 여호와의 지으심을 받고. 그러니까 천사도 지어진, 하나님이 만든 피조물이라는 거예요. 할렐루야.

그러면 천사들이 얼마나 숫자가 많은가? 다니엘서를 다시 넘겨보시면. 오늘은 성경 찾기만 하다 마칠 생각이에요. 다니엘 7장입니다. 7장 제9절부터 읽으시면. 시작.

<다니엘 7:9-10>

9. 내가 보았는데 왕좌가 놓이고 옛적부터 항상 계신 이가 좌정하셨는데 그 옷은 희기가 눈 같고 그 머리털은 깨끗한 양의 털 같고 그 보좌는 불꽃이요 그 바퀴는 붙는 불이며

10. 불이 강처럼 흘러 그 앞에서 나오며 그에게 수종하는 자는 천천이요 그 앞에 시위한 자는 만만이며 심판을 베푸는데 책들이 펴 놓였더라

아멘. 따라서 합니다. <u>천천이요 만만이요.</u> 천사들은 숫자가 천천이요 만만이에요. 히브리서를 다 넘기세요. 히브리서. 히브리서를 다 찾으시면, 성경 못 찾으시는 분들은 옆에서 찾아주세요. 같이 찾아서 다정하게 읽어주시고. 히브리서 제12장 22절 읽겠습니다. 22절 시작.

<히브리서 12:22>

그러나 너희가 이른 곳은 시온산과 살아계신 하나님의 도성인 하늘의 예루살렘과 천만 천사와

아멘. 따라서 합니다. <u>천만 천사와.</u> 이와 같은 천사들이 많이 있었다 이거예요. 할렐루야? 하나님이 피조한 천사들이 많이 있었다는 거예요.

2) 천사의 타락

그럼 지금부터 천사의 타락에 대한 말씀을 한번 쫙 정리해 보겠어요. 천사들이 타락한 말씀. 이사야 14장. 이러한 천사들이 타락이 시작된 거예요. 타락이. 천사의 타락. 이사야 14장 12절 말씀. 이사야 14장 12절입니다. 시작.

<이사야 14:12-14>

12. 너 아침의 아들 계명성이여 어찌 그리 하늘에서 떨어졌으며 너 열국을 엎은 자여 어찌 그리 땅에 찍혔는고
13. 네가 네 마음에 이르기를 내가 하늘에 올라 하나님의 뭇별 위에 나의 보좌를 높이리라 내가 북극 집회의 산 위에 좌정하리라
14. 가장 높은 구름에 올라 지극히 높은 자와 비기리라 하도다

이게 바로 천사의 타락에 관한 말씀이에요. 말씀을 잘 꿰기를 바랍니다. 말씀을 여러분이 잘 정리해야 합니다.

3) 천사의 심판

베드로후서를 다 넘기시면. 신약 성경 베드로후서 제2장. 베드로후서 2장입니다. 베드로후서 2장 4절 말씀. 시작.

<베드로후서 2:4>
하나님이 범죄 한 천사들을 용서치 아니하시고 지옥에 던져 어두운 구덩이에 두어 심판 때까지 지키게 하셨으며

여기 보면 하나님이 범죄 한 무엇을? 천사가 범죄 했다고 성경에 쓰여 있잖아요? 범죄 한 천사를 하나님이 용서하지 아니하시고 지옥에 던져. 지옥은 두 사람이 지옥 가요. 하나는 예수 믿지 않고 죄의 문제를 해결하지 않는 인간의 영혼이 지옥 가고, 또 하나는 범죄 한 천사들이 지옥을 가는 거예요. 마귀와 그 사자들을 위하여 예비한 지옥이라고 그랬어요. 지옥은. 그다음 유다서를 넘기십시오. 유다서. 유다서 1장 6절 말씀. 유다서 1장 6절입니다. 시작.

<유다서 1:6>
또 자기 지위를 지키지 아니하고 자기 처소를 떠난 천사들을 큰 날의 심판까지 영원한 결박으로 흑암에 가두셨으며

여기 보면 또 자기 지위를 지키지 아니하고. 천사들이 자기의 지위를 지키지 않고 하나님의 지위에 도전한 거예요. 지위를 떠나고 처소를 떠난 천사를 하나님이 큰 날의 심판까지 영원한 결박으로 흑암에 가두었다! 아까는 지옥이라 그러더니 여기는 흑암이라 그랬어요. 같은 얘기입니다. 천사들의 타락입니다. 디모데전서를 다 넘기시면, 디모데전서 제3장입니다. 디모데전서 3장 제6절 시작.

<디모데전서 3:6>
새로 입교한 자도 말찌니 교만하여져서 마귀를 정죄하는 정죄에 빠질까 함이요

새로 입교한 자도 말지니. 이것은 교회에 직분을 세울 때 새로 입교한 자 처음 교회에 나온 자 새 신자한테는 바로 높은 직분을 주지 말라는 거예요. 교회 다닌 지 1년밖에 안 된 사람한테 장로님을 시킨다든지 이렇게 하지 마요. 이렇게 하면 이 사람이 감당을 못해서 교만해지고 우쭐해요. 돈 몇 푼 있다고 교회 나온 지 얼마 안 된 사람을 목사님들이 돈 몇 푼 활용하려고 장로를 시켜요. "장로 하세요. 다음 달에." 이러면 그 사람 영혼을 망친다는 거예요. 교만하여져서. 뭐 하여져서? 교만하여져서. 여기 보면 마귀를 정죄하는 그 정죄에 빠진다 그랬어요. 마귀처럼 되는 거예요. 마귀가 지은 그

죄를 같이 지을 수도 있다는 거예요. 그러니까 교만하여져서. 교만한다. 교만. 마귀의 죄의 근원이 교만이에요. 마귀의 죄의 출발점이 교만인 거예요. 그래서 성경에는 아주 교만 죄를 좋아하지 않습니다. 교만은 패망의 선봉이라고 그래요. 우리 모든 성도들은 교만하지 맙시다. 교만하면 안 되는 거예요.

지금 읽은 이 성경, 여기까지 읽은 성경 이외에도 성경이 몇 절 더 있지만은 대략 성경의 내용이 바로 요 내용인데 이것이 바로 여기에 관한 거예요. 따라서. 천사의 창조. 천사의 창조입니다. 따라서. 타락. 타락입니다. 따라서. 심판. 이 세 가지가 여기서 다 지나간 거예요.

이것은 이 세상이 지어지기 전에 이 땅이 창조되기 전에 이루어진 일이니까 우리는 이게 사실은 잘 몰라요. 성경도 여기에 대해서는 많이 기록하고 있지 않아요. 성경을 하나님이 우리에게 주신 것은 성경은 구원의 책이에요. 우리 인간들이 구원받는 길을 하나님이 가르쳐주기 위한 데 초점이 맞춰져 있어요. 천사의 창조, 타락, 심판에 관한 내용은 성경에 그렇게 많지 않아요. 지금 여러분이 읽은 이 성경이 거의 다라고 봐야 해요. 거의 다. 성경 구절을 이렇게 간단하게 지나가는데. 다시 한번 따라서. 천사의 창조, 타락, 심판.

2. 아담의 나라

1) 아담의 창조

한세상이 지나갔어요. 수억 년, 수십억 년, 수만억 년 계산할 수도 없는 세월이 지나갔어요. 그러던 어느 날 하나님이 새로운 창조를 시작했는데 이번에 이 창조가 우리가 사는 세상이에요. 바로 중심이 아담의 창조예요. 우리의 세상이라고요. 다시 첫째 세상은 천사를 중심으로. 둘째 세상은 따라서 합니다. 아담을 중심으로. 지금 우리가 사는 이 세상이에요.

하나님이 또 새로운 세상을 창조하셨는데, 그 중심은 이제 천사가 아니라 아담이에요. 이 아담을 하나님이 만들 때 얼마나 또 존귀하게 만들었는지 창세기 1장 26절 보시면, 이제 아담에 관한 말씀을 한번 또 쭉 한번 읽어보겠습니다. 창세기 제1장 26절입니다. 시작.

<창세기 1:26>

하나님이 가라사대 우리의 형상을 따라 우리의 모양대로 우리가 사람을 만들고 그로 바다의 고기와 공중의 새와 육축과 온 땅과 땅에 기는 모든 것을 다스리게 하자 하시고

아멘. 하나님께서 아담과 하와를 만들 때 이렇게 만든 거

예요. 이렇게. 아멘이에요? 2장. 창세기 2장 7절부터입니다. 창세기 2장 7절 시작.

<창세기 2:7-10>

7. 여호와 하나님이 흙으로 사람을 지으시고 생기를 그 코에 불어 넣으시니 사람이 생령이 된지라

8. 하나님이 동방의 에덴에 동산을 창설하시고 그 지으신 사람을 거기 두시고

9. 여호와 하나님이 그 땅에서 보기에 아름답고 먹기에 좋은 나무가 나게 하시니 동산 가운데에는 생명나무와 선악을 알게 하는 나무도 있더라

10. 강이 에덴에서 발원하여 동산을 적시고 거기서부터 갈라져 네 근원이 되었으니

15절 읽으시면 시작.

<창세기 2:15-17>

15. 여호와 하나님이 그 사람을 이끌어 에덴동산에 두사 그것을 다스리며 지키게 하시고

16. 여호와 하나님이 그 사람에게 명하여 가라사대 동산 각종 나무의 실과는 네가 임의로 먹되

17. 선악을 알게 하는 나무의 실과는 먹지 말라 네가 먹는

날에는 정녕 죽으리라 하시니라

자, 15절에 보면 여호와 하나님이 그 사람을 이끌어 에덴동산에 두사 그것을 뭐하게 하시고? 다스리며 뭐하게 하시고? 하나님이 아담과 하와를 만들어서 아담과 하와에게 하나님이 생육하라. 한번 따라서. 생육하라. 번성하라. 충만하라. 다스리라. 지키라.

여기 보면 하나님이 아담에게 지키라 그랬어요. 지키라. 뭐 하라요? 지키라고 그럴 때는 보십시오. 그때에는 존재물이 처음에는 스스로 계신 하나님이 계셨고. 삼위일체 하나님이. 할렐루야. 그다음에는 있어봤자 뭐가 있나 하면 천사들이 있었을 뿐이에요. 그런데 지키라. 에덴동산을 지키라는 것은 틀림없이 공격자가 있다는 거예요.

그러니까 앞에 이 천사의 세상을 하나님이 설명한 거예요. 아담에게. 요 말 한마디에 여기에 포함된 뉘앙스(nuance)가 네가 에덴동산을 지키라고 하는 것은 아담을 무너뜨리고 노리는 자가 있다는 거예요. 그러니까 지키라 그러는 거예요.

그럼 지키라 그럴 때는 틀림없이 대적이 있는 건데 그때 있는 대적이라 그래봤자 첫째는 하나님이 계셨고. 하나님이 아담을 만들어 놓고 아담을 공격할 리는 없지요? 그러니까 지킴의 대상이 아니지. 맞죠? 타락하지 않는 천사들이 또 있었고. 타락하지 않은 천사들은 아담을 수종 들지 아담을 공격할 리는 없지요.

그러면 결국 지키라 그럴 때는 결국은 여기 타락한 이 루시엘 밖에 없는 거예요. 루시엘. 누구라고요? 이놈이 노리고 있었다는 거예요. 하나님이 벌써 경종 탄을 울린 거야. 경종 탄을. 이해되시면 아멘.

그런데 이제 여기서 심판받아서 천사의 나라에서 쫓겨난 천사의 왕인 이 루시엘이 이름을 바꿔요. 이게 마귀예요. 마귀. 이게 마귀고 이게 사단이란 말이에요. 사단. 뭐라고요? 이게 루시퍼란 말이에요. 루시퍼.

이놈이 아담 나라에 왔어요. 와서 아담을 유괴한 거예요. 유괴. 왜 유괴했냐? 하나님이 처음에 루시엘을 만들 때 시시하게 만들었다? 아주 영광스럽게 만들었다? 만들었는데 그 자기한테 준 모든 영광을 하나님이 다 심판하고 하나님이 아담을 만들어서 그 모든 총애가 아담에게 가니까 이 루시엘이 시기 질투가 날까요? 안 날까요? 나지요?

여러분 집에서 애들 키울 때도 봐요. 첫째 애를 딱 낳으면 온 가족의 관심사가 애한테 집중돼요. 할머니, 할아버지, 삼촌, 고모 할 것 없이 이웃집 아저씨, 아줌마 할 것 없이 온통 다 그냥 그 애 하나 탄생하면 집안에 온통 그냥 이쁘다고. 출근하고 퇴근하면서 온 가정이 걔 하나인데. 그런데 동생이 딱 태어나면 그때부터 이동이에요. 이동. 눈길이 이동하면 그때부터 얘가 이제 마귀가 되는 거예요. 그래서 엄마 아빠 아무도 없을 때 동생 눈을 막 찔러버려요. "이 철천지원수! 네가 왜 태어나서. 왜 태어나 가지고." 그래서 여러분, 언니 오빠한테 여기 눈 찔린 사람 많습니다. 여기에. 엄마가 시장 갔다 오면 눈을 찔러 가지고요. 그래서 애들 있을 때 절대 애들 혼자 놔두면 안 돼요. 애들이 벌써 알아요. "이놈이 왜 태어나서."

지금 김바울 집사님 아들 중에 제일 큰아들이 김모세잖아요? 모세가 날마다 하는 말이 엘리야가 왜 태어나 가지고 우리 목사님을 왜 뺏어갔냐고 해서 엄마한테 하는 말이 밤마다 박지은한테 확인한대요. "엄마, 나도 엘리야처럼 어릴 때 목사님이 저렇게 좋아했어?" "좋아했지. 너도 그럴 때 좋아했어." "안 믿어져. 안 믿어져. 엘리야가 안 태어났으면 그 모든 사랑을 내가 받을 텐데." 그런데요. 모세가. 그 모세보다 더 불쌍한 게 중간에 낀 영은이요. 얘는 존재도 없어요. 존재도 없어. 그러니까 2층에 올라와도 그놈들은 올라오면 난 쳐다보지도 않거든요. 엘리야 올라오면 "우리 대장님 왔다. 우리 대장님 왔다." 내가 업고 방을 돌아다니고. 돌아다니는 코스가 있어요. 냉장고 한번 열어보고 맨날 한 번씩 열어봐야 해요. 그래서 여기에 아이스크림이 있나 없나 다 뒤져보고 우리 장롱도 한번 다 열어봐야 해요. 왜냐하면 사탕을 내가 가끔 이빨 썩을까 봐 장롱에 감춰 놓거든. "여기 가자!" 해서 다 열어봐요.

그러니까 이 루시엘 이놈이 하나님의 총애가 이동하니까 원수 마귀 사단이 아담 나라에 와서 아담을 유괴하여 아담을 속여서 거짓말하여 "아담! 하나님이 정말 모든 걸 먹지 말라 그랬냐?" "아니야. 다 먹으라 그랬지만 선악을 알게 하는 나무는 먹지 말라고 하셨어." 이것은 무슨 나무 열매에 독약이 있는 게 아니라 하나님의 주권이에요. "너는 너의 선배 루시엘을 봐라. 루시엘이 그렇게 나의 총애를 받고 모든 걸 다 받아도 스스로 높아져 구름 위에 올라 하나님의 보좌를 노린다. 이것은 심판의 길로 가는 거다. 그러므로 너는 절대 선악과에 손대지 말라 그랬다." 그러니까 원수 마귀 사단이 아담에게 거짓말을 하여 "그렇지 않다. 네가 선악과를 먹으면 너도 눈이 밝아 하나님처럼 된다." 하여 아담이 그걸 따먹어요.

2) 아담의 타락

창세기 3장입니다. 자, 타락장입니다. 이제 아담 타락장. 창세기 3장 다 찾으셨으면 아멘. 1절부터 읽으시면 시작.

<창세기 3:1-12>

1. 여호와 하나님의 지으신 들짐승 중에 뱀이 가장 간교하더라 뱀이 여자에게 물어 가로되 하나님이 참으로 너희더러 동산 모든 나무의 실과를 먹지 말라 하시더냐

2. 여자가 뱀에게 말하되 동산 나무의 실과를 우리가 먹을
   수 있으나

3. 동산 중앙에 있는 나무의 실과는 하나님 말씀에 너희
   는 먹지도 말고 만지지도 말라 너희가 죽을까 하노라
   하셨느니라

4. 뱀이 여자에게 이르되 너희가 결코 죽지 아니하리라

5. 너희가 그것을 먹는 날에는 너희 눈이 밝아 하나님과
   같이 되어 선악을 알 줄을 하나님이 아심이니라

6. 여자가 그 나무를 본즉 먹음직도 하고 보암직도 하고
   지혜롭게 할 만큼 탐스럽기도 한 나무인지라 여자가 그
   실과를 따먹고 자기와 함께한 남편에게도 주매 그도 먹
   은지라

7. 이에 그들의 눈이 밝아 자기들의 몸이 벗은 줄을 알고
   무화과나무 잎을 엮어 치마를 하였더라

8. 그들이 날이 서늘할 때에 동산에 거니시는 여호와 하나
   님의 음성을 듣고 아담과 그 아내가 여호와 하나님의
   낯을 피하여 동산 나무 사이에 숨은지라

9. 여호와 하나님이 아담을 부르시며 그에게 이르시되 네
   가 어디 있느냐

10. 가로되 내가 동산에서 하나님의 소리를 듣고 내가 벗
    었으므로 두려워하여 숨었나이다

11. 가라사대 누가 너의 벗었음을 네게 고하였느냐 내가

너더러 먹지 말라 명한 그 나무 실과를 네가 먹었느냐
12. 아담이 가로되 하나님이 주셔서 나와 함께하게 하신 여
자 그가 그 나무 실과를 내게 주므로 내가 먹었나이다

아멘. 이게 바로 아담의 타락에 대한 과정이에요. 이렇게
아담이 타락하여 결국은 어떤 일이 일어났느냐? 원수 마귀
사단이 아담을, 하나님의 주인집 아들인 아담을 유괴했어
요. 유괴. 뭐 했다고요? 애들이 유치원 갔다 오는 사이에 사
장님한테 혼나서 쫓겨난 회사 직원이 자기 사장님을 크게
골탕 먹이려고 그 사장님 자녀를 유괴한 것처럼 마귀가 지
금 아담을 유괴했단 말이에요. 유괴.

3) 죄 덩어리로 태어나는 인간들

유괴했는데 그래서 어떻게 됐냐? 이 원수 마귀가 아담을
까부수고 아담을 사로잡아서 성경은 뭐라고 말하냐면 마귀
가 이 마귀 쫓겨난 마귀가 천사의 나라에서 쫓겨난 마귀가
아담 나라의 세상 임금이 됐어요. 세상 임금. 무슨 임금이
요? 이게 세상 임금이 된 거예요. 그래서 예수님이 이 마귀
의 위치를 말해준 거예요. 성경에. 요한복음 제12장을 넘기
시면 이게 이 세상, 아담의 나라에 와서 이놈이 불법으로 세
상 임금이 된 거예요. 자, 요한복음 12장 31절. 시작.

<요한복음 12:31>

이제 이 세상의 심판이 이르렀으니 이 세상 임금이 쫓겨나
리라

이 세상 누구라고요? 이 마귀가 아담 나라에 와서 임금이
된 거예요. 임금. 아담을 사로잡고. 14장을 넘기시면, 요한
복음 14장을 넘기시면 30절. 시작.

<요한복음 14:30>

이후에는 내가 너희와 말을 많이 하지 아니하리니 이 세상
임금이 오겠음이라 그러나 저는 내게 관계할 것이 없으니

그와 같이 예수님이 마귀를 부를 때 세상 임금이라 그랬어
요. 그러니까 원수 마귀 사단이 아담의 나라에 와서 아담을
범죄 하게 하고 아담을 사로잡아서 이 아담 나라에서 왕이
된 거예요. 임금. 세상 임금이 된 거예요. 뭐가 됐다고요? 이
사탄이? 그래서 지금 우리가 사는 이 세상은 어떤 면에서는
이 세상이 뭐냐? 이게 마귀 왕국이에요. 마귀 왕국. 무슨 왕
국이요? 지금 이 세상은 이게 마귀 왕국이에요. 사단이 지배하
는 마귀 왕국이에요. 그래서 지금 우리가 사는 이 세상 이게
아담의 나라가 다 무너지고, 사단이 아담의 나라를 완전히
틀어쥔 거예요.

그래서 이 땅이 어떻게 됐어요? 따라서. 죄. 죽음. 사망. 따라서 합니다. 저주. 슬픔. 질병. 이 모든 것들이 다 이게 사단의 문화라고요. 그래서 이 세상에 태어나는 모든 인간들은 이미 벌써 사단의 왕국에서 태어나니까 마귀화 되어서 태어나요. 마귀화 되어서. 그러니까 이게 신학자 칼빈이 말한 대로 전적 부패예요. 전적 부패. 전적 타락. 이게 전적 부패, 전적 타락이에요. 인간은 아예 마귀의 나라에서, 그러니까 인간이 다 마귀한테 점령이 돼서 이미 벌써 원죄 가운데서 그냥 악해요. 인간은 악한 거예요. 인간은 태어날 때부터 악한 인간으로 태어나요. 사단에게 삼킨 바가 되어서요. 이해되시면 아멘.

이걸 내가 한 달 전인가 두 달 전에 말씀드리기를 마치 비유하자면 연탄과 같다 그랬어요. 연탄. 연탄을 물로 씻으면 하얘져요? 새카매요? 아무리 씻어도 새카맣지요? 본질 자체가 인간은 다 사단이 완전히 인간을 점령하여 인간은 생각이 악하고 말이 악하고 그래서 인간 둘만 붙여 놔도 인간은 항상 거기는 죄와 싸움이 일어나는 거예요. 아무리 사랑하고 아무리 선한 사람도 둘이 붙여 놓으면 거기는 또 갈등이 생겨요. 인간은 죄 덩어리로 태어나요. 사단화 되었어요. 이해되시면 아멘. 이게 이 세상이에요. 이 세상. 우리가 사는 이 세상이 그런 세상이라는 거예요.

3. 예수, 세상에 왜 오셨나?

우리는 이 세상을 성경적 눈으로 잘 봐야 해요. 세상 임금 마귀가, 사단이 이 세상을 지금 점령하고 있어요. 원수 마귀가. 이런 상태에서 예수 그리스도가 예수님이 이 땅에 오시게 된 거예요.

예수님이 오셨는데 예수님이 왜 오셨느냐? 첫째 세상 천사의 타락은 스스로 범죄 했다! 스스로. 스스로 범죄 했기 때문에 하나님이 회개의 기회를 안 줘요. 회개도 사람의 힘으로 회개하는 게 아니에요. 회개도 하나님이 회개할 힘을 줘야 회개해요. 회개가 사람 마음대로 될 줄 알아요? 절대 사람 마음대로 되지 않습니다. 회개는 성령님이 빛을 비춰 줘야 해요. 그래야 회개하지. 회개가 사람 힘으로 되는 게 아니에요.

그러니까 결국은 이렇게 죄로 똘똘 뭉쳐지고 사단화 된, 사단과 마귀와 하나, 한 통 속이 된 인간들은 스스로 구원받을 힘도 없어요. 그래서 구원은 모든 구원은 하나님 쪽에서 시작되는 거예요. 나 쪽에서 구원이 시작되는 것이 아니라 하나님 쪽에서 구원은. 한번 따라서. 구원은 하나님 쪽에서 시작이 된다. 여러분이 교회를 여러분이 나오신 것 같지만 여러분이 나온 게 아니라 여러분이 나오기 전에 배후에 하나님은 벌써 사람을 통하여 주위의 환경을 통하여 하나님이

요렇게 저렇게 하여 하나님 쪽에서 하나님의 부르심이 있었 단 말이에요. 하나님 쪽에서 하나님이 여러분과 저를 이렇 게 먼저 하나님 쪽에서 움직임이 있기 때문에 구원이 일어 나는 거예요.

그래서 아담은 범죄 했으나 이것은 좀 억울하단 말이에요. 마귀의 유혹으로 인해서 사단 때문에 범죄 했기 때문에 우 리 아담은 하나님이 다시 한번 회개의 기회를 주시기 위하 여 예수 그리스도가 이 땅에 오시게 된 거예요.

예수님이 이 땅에 오셨을 때 그때 정말로 예수님에 대한 혜택을 볼 주인공들인 우리 아담의 후손인 주체인 인간들은 예수가 이 땅에 왜 왔는지를 모르는 거예요. 왜? 원수 마귀 가 사람들의 눈을 다 찔러 놨어요. 귀를 다 가려 놨어요.

그래서 인간은 이 마귀 왕국에 태어난 인간은 자기가 이 땅에 태어났으면서도 배후를 몰라요. 배후를. 따라서 합니 다. 어디서 와서 무엇 때문에 살고 어디로 가는지. 이것이 철학의 3대 질문 아니에요? 한번 따라서. 어디서 와서. 사람 의 근본은 어디서부터 출발 되었느냐? 어디서 와서? 모르는 거예요.

인간은 우주 대폭발을 가지고 설명해도 안 되는 거예요. 인간의 존재 근원이 원숭이로부터 생겼다? 안 되는 거야. 어 색한 거야. 설명이. 인간이 어디서 와서 무엇 때문에 살고 왜 사는지 모르는 거예요. 사람들이 왜 사는지 몰라요. 그러니까 또 죽은 후에 어떻게 되는지 모르는 거예요. 마귀가 인간의 귀와 눈을 다 가려놓아서 인간은 어두움 가운데 태어나서 어두움 가운데 살다가 그냥 어두움 가운데 죽는 거예요. 오늘 교회 이 자리에 오신 우리들은 축복받았어요.

Ⅲ.
마귀, 만유를 미끼로 예수를 유혹하다

1. 공의의 하나님

이런 가운데 태어난 인간들은 예수 그리스도가 이 땅에 왔을 때 예수가 누군지를 눈치채지 못했어요. 그러나 몰라도 될 이 세상 임금 마귀가 예수님을 알아보는 거예요. 마귀는 영이기 때문에. 예수님도 영이시니까. 그러니까 영끼리는 아는 거예요. 이 세상 사람은 모르는 거예요.

여러분, 예수가 누구냐? 예수님은 이 세상을 창조하신 분이요. 창조하신 분이 마리아의 몸을 빌려서 사람의 형상으로 오신 거예요. 아멘.

이렇게 말하면 어떤 분은 또 이렇게 물어요. "아이, 그럼 뭐, 예수님이 창조주시라면, 말씀 한마디로 천지를 창조한 창조주시라면, 뭘 그렇게 마리아의 뱃속에 빌려서 힘들게 그렇게 오시냐고. 그럴 필요 없이 남산에 그냥 느닷없이 나타나서 '모든 인간아! 구원받아라!' 그렇게 쉽게 해버리면 되지, 뭘 그렇게 하냐?" 그렇게 묻는 사람이 있다면 그게 어린아이 같은 말이에요. 어린아이 같은 말.

왜 그러냐 하면 쉽게 여러분, 이렇게 설명 한번 들어보세요. 만약에 여러분 자녀들이! 예수님은 공의의 하나님이에요. 공의의. 하나님의 속성은 공의가 있는 거예요. 공의가 있는데, 여러분 자녀들이 골목길에서 놀다가 야구하고 뭐 하다가 남의 집 창문이나 자동차를 다 깨뜨렸다? 그래서 주인이 와서 "네 이놈!" 해서 붙잡았어요. "너. 아빠 핸드폰 번호 몇 번이야? 오라 해!" 그래서 전화했어요. "당신의 아들이 여기 와서 이런 거 해서 와서 빨리 애 찾아가시오. 고쳐내고." 왔어요. 왔으면 "여보시오. 애들이 장난할 수 있는 거지. 이 새끼야!" 그러면서 애를 데리고 가야 해요? 물어줘야 해요? 여기 다 도둑놈만 있는가 봐. 다시. 물어줘야 해요? 그냥 데려가야 해요? 물어줘야지? 양심껏? 그죠? 맞죠? 대통령이라고 그냥 가면 돼요? 안 돼요? 대통령이 힘이 있고 한다고 "내가 이 나라의 대통령인데 이 새끼가 떠들어. 야!" 이러면 돼요? 안 돼요? 물어줘야지?

하나님이 힘이 없어서가 아니라 하나님은 공의의 하나님이에요. 하나님이 인간이 범죄 한 그 죄에 대하여 하나님 자신이 그걸 감당하려고 예수 그리스도가 이 땅에 오셔서 예수님이 십자가에 못 박혀 죽게 된 거예요. 예수님이. 할렐루야!

2. 마귀의 흥정

이렇게 되었을 때 마귀가, 원수 마귀 사단이 예수님이 이 땅에 오는 것을 알아챘어요. 사람들은 몰라요. 예수님이 왜 온 걸 모르는 거예요. 그러나 안 알아도 될 마귀가 알아냈어요. 그래서 지금 읽은 이 성경 누가복음 4장 한번 넘겨보세요. 자, 마귀가 뭐라고 말하는가? 예수님 오신 거에 대하여 반응이 나타났어요. 마귀의 반응이 나타났어요. 마귀가 예수님에 대하여 한 말을 들어봐요. 4장 1절부터 한번 읽으시면, 1절부터 시작.

<누가복음 4:1-7>
1. 예수께서 성령의 충만함을 입어 요단강에서 돌아오사 광야에서 사십일 동안 성령에게 이끌리시며
2. 마귀에게 시험을 받으시더라 이 모든 날에 아무것도 잡수시지 아니하시니 날 수가 다하매 주리신지라
3. 마귀가 가로되 네가 만일 하나님의 아들이어든 이 돌들에게 명하여 떡덩이가 되게 하라

4. 예수께서 대답하시되 기록하기를 사람이 떡으로만 살
   것이 아니라 하였느니라

5. 마귀가 또 예수를 이끌고 올라가서 순식간에 천하만국
   을 보이며

6. 가로되 이 모든 권세와 영광을 내가 네게 주리라 이것
   은 내게 넘겨준 것이므로 나의 원하는 자에게 주노라

7. 그러므로 네가 만일 내게 절하면 다 네 것이 되리라

자, 여기서 한번 보세요. 5절 한번 보세요. 5절. 마귀가 또
예수를 이끌고 올라가서 순식간에 뭘 보였다고요? 순식간에
천하만국을. 예수 그리스도, 우리 예수님이 이 땅에 오시니
까 예수님이 오니까 마귀가 예수님께 나타나서 "예수야!" 하
고 순식간에 천하만국을 보였는데 천하만국은 뭐냐? 이 세
상의 모든 하늘과 땅과 바다와 저 모든, 하나님 빼고 모든 것
을 다 천하만국이라 그래요. 천하만국. 그러니까 우주고 뭐
고 이것을 순식간에 보였다는 것은 이건 예수님하고 마귀는
영이니까 이걸 순식간에 볼 수 있는 거예요. 우리는 이 세상
못 보잖아요? 미국 못 보잖아요.
  순식간에 1초 사이에 동시에 딱 보이면서 마귀가 예수님
을 이끌고 천하만국. 따라서. 천하만국. 우주 전체 모든 것
을, 천하만국을 일시에 보여주면서 원수 마귀가 예수님에게
협상을 제안하는 거예요. 협상. "예수야." 마귀가 예수님께

그러는 거예요. "예수야. 네가 이 세상에 온 것에 대해서 실제로 예수 네가 이 세상에 온 것에 대하여 아무도 모르고 있다. 사람들은 눈치를 못 채고 있다. 그런데 네가 이 세상에 왜 왔는지를 나는 안다. 왜 왔냐 하면은 내가 아담을 유혹하여 아담을 유괴하여." 따라서. 유혹하여. "아담을 유혹하여 아담을 넘어뜨리고 아담에게 모든 것을 빼앗아 내가 이 세상의 임금이 되었는데 이것을 네가 구원하려고 온 줄 내가 아는데. 가만 보니까 네가 그걸 하기 위하여 십자가에 못 박혀 죽으려고 해. 그런데 너 창조주 하나님이 돼서 말이야. 능력도 있는 하나님이 돼서 뭐 그렇게 말이야 십자가에 못 박혀 힘들게 그렇게 할 필요 있냐? 그럴 것 없이 너 지금부터 나한테 절 한 번만 하면 내가 이 모든 걸 다 너에게 돌려주겠다." 그랬어요. 한번 다시 6절을 보세요. 6절. 이 6절이 아주 의미심장합니다. 6절의 의미요. 6절을 한번 읽어보시면 시작.

<누가복음 4:6>
가로되 이 모든 권세와 영광을 내가 네게 주리라 이것은 내게 넘겨준 것이므로 나의 원하는 자에게 주노라

여기 보면 가로되. 따라서. 가로되. 이 모든 뭐요? 권세와 뭐라고요? 순식간에 천하만국의 모든 권세와 영광을 내가

너에게 돌려준다.

다시 돌려주는데 그다음 주리라 해놓고 이것은 내게 뭐 한 것이므로? 마귀가 이것은 나에게 넘겨준 것이므로 내가 원하는 자에게 돌려줄 수 있다. 나에게 넘겨줬다는 것은 마귀가 나에게 넘겨줬다는 것은 이거 언제 마귀에게 넘어갔냐? 아담과 하와가 뭐 따먹을 때? 선악과. 선악과 따먹을 때 이 선악과 따먹은 것이, 이게 단순한 사건이 아니라니까요.

하나님 빼고 다를 천하만국이라 그랬잖아요? 천하만국. 지금 마귀가요? 영어로 딜(deal)을 하는 거예요. 딜. 협상하자는 거예요. 예수한테 협상하자는 거야. 지금 천하만국, 천하만국을 일시에 보이면서 "예수야. 이것은 하나님이 나에게 넘겨준 것이다." 언제 넘어갔냐? 아담과 하와가 뭐 따먹을 때? 원래는 이것은 누구 것이었어요? 아담 거란 말이에요. 아담. 지금 둘째 세상은 아담을 중심으로잖아요? 아멘? 한번 따라서. 둘째 세상은 아담을 중심으로. 다시요. 따라서. 첫째 세상은 천사를 중심으로. 둘째 세상은 아담을 중심으로. 아담을 중심으로 만들었다고요.

그런데 하나님이 아담을 만드실 때 제가 지난주에도 그렇고, 지지난 주에도 계속 말하기를 하나님이 아담에게 뭐라 그랬어요? 하나님 빼고 나머지는 다 가지라 그러는 거예요. 그것을 뭐라 그러냐? 천하만국이라 그래요. 천하만국. 따라서. 천하만국. 중심 자체가 아담이에요. 중심 자체가. 모든 그래서 인간은 만물의 영장이란 말이에요. 아멘이에요? 심지어 북한에 있는 김일성까지도 주체는 인간이라고 그래요. 주체사상. 주체는 인간이라고 그럽니다.

그런데 원수 마귀가 다시 성경 읽으면 자꾸 여러 번 읽어보면 그 냄새를 맡을 수 있어요. 다시. 6절 다시 보세요. 마귀가 예수님께 건방진 말을 하는 거예요. 이 건방진 말을 한 걸 들어보란 말이에요. 6절 시작.

<누가복음 4:6>
가로되 이 모든 권세와 영광을 내가 네게 주리라 이것은 내게 넘겨준 것이므로 나의 원하는 자에게 주노라

이것은 내게 뭐한 것이므로? 넘겨줬다 그랬어요. 언제 넘어갔어요? 언제? 선악과 따먹을 때. 누구의 것이었는데? 원래 하나님이 아담에게 준 거예요. 아담에게 준 것이 뭐예요? 천하만국. 따라서. 천하만국. 천하만국의 이 모든 영광을 하나님이 아담에게 준 거예요. 그런데 아담에게 준 건데 아담이 선악과 따먹는 순간에 넘어가게 된 거예요. 이해되시면 아멘. 베드로후서. 베드로후서를 다 넘기시면, 베드로후서 제2장 19절부터 읽으시면, 19절 시작.

<베드로후서 2:19>

저희에게 자유를 준다 하여도 자기는 멸망의 종들이니 누구든지 진 자는 이긴 자의 종이 됨이니라

한번 따라서. 누구든지 진 자는 이긴 자의 뭐가 됨이니라? 원수 마귀 사단한테 아담이 졌단 말이에요? 졌어. 져서 하나님이 아담에게 준 모든 것을 다 넘겨준 거예요. 넘겨준 거. 그걸 지금 마귀가 당당하게 자기 권리를 주장하면서 "내가 이 세상 임금이 되었는데 이것을 이제 내가 다시 돌려줄 수 있다." 그런 얘기예요.

다시 한번 누가복음 4장을 보시면, 요 성경 구절을 잘 여러분이 기억하기를 바랍니다. 다시 누가복음 제4장입니다. 4장 5절부터 다시 한번 보시면, 5절 시작.

<누가복음 4:5-6>

5. 마귀가 또 예수를 이끌고 올라가서 순식간에 천하만국을 보이며

6. 가로되 이 모든 권세와 영광을 내가 네게 주리라 이것은 내게 넘겨준 것이므로 나의 원하는 자에게 주노라

따라서 합니다. 순식간에. 뭘 보였다? 천하만국을 보이면서 가로되 이 모든 권세와 영광을 내가 너에게 주리라. 누구

에게 주리라? 이게 지금 누가 하는 말이요? 누가? 마귀가 예수에게 다시 돌려준다. 해놓고 뒤에 설명이 뭐라 그러냐면 이것은 내게 넘겨준 것이므로 나의 원하는 자에게 돌려줄 수 있다. 마귀가 다시 돌려주겠다 이거예요.

이걸 풀어서 말하면 이런 뜻이에요. 예수님과 마귀와의 대화란 말이에요 이게. 예수님과 마귀하고 둘이 대화하는 중이에요. 예수님이 이 땅에 오셨어요. 마귀 왕국에, 이 세상에 왔단 말이에요. 이 세상은 마귀 왕국이라 그랬어요. 예수님이 왔는데 인간은 눈치를 챘다? 못 챘다? 인간은 영적 소경이에요. 이 세상이 왜 생겼고, 무엇 때문에 존재하고, 이 세상이 어떻게 흘러가는지를 인간은 몰라요. 그런데 마귀는 아는 거예요.

마귀가 예수님께 이렇게 제안해요. "예수야. 이 세상에 모든 피조물은 네가 이 세상에 왜 왔는지를 모르고 있고 네 존재도 누군지를 모르고 있다. 그러나 나는 안다. 네가 누군지. 너는 이 세상을 창조한 바로 하나님이다. 하나님." 따라서. 하나님. "그런데 네가 인간의 몸을 빌려 마리아 뱃속에 들어가서 인간의 창조의 과정 모든 자연의 원리를 그대로 순응하여 사람으로 네가 태어났는데. 그런데 네가 온 목적은 보니까 아담이 범죄 하여 무너진 그 아담 왕국, 아담의 나라, 이 모든 것을 다 회복하여 다시 이것을 사람에게 돌려주기 위하여 네가 지금 십자가에 죽으려고 온 것을 내가 안다. 그런데 뭘 그렇게 어렵게 하나? 십자가에 죽어? 야, 힘들지 않냐? 그 과정? 그럴 거 없어. 그러지 말고 너 나한테 절 한 번만 하면 내가 이 모든 걸 다시 토하여 낼게. 다 아담이 죄 짓기 전 상태로 돌려줄게."

3. 제3의 선악과를 이기신 예수

사실이에요? 거짓말이에요? 이게 또 제3의 선악과예요. 제3의 선악과. 예수님은 거기에 속지 않았단 말이죠. 아멘.

첫 번째 아담은 거기에 속아버렸어. 선악과 따먹으면 네가 하나님 된다. 속았는데 예수님은 속지 않은 거예요. 아멘이에요? 왜? 거짓말하니까.

그래서 예수님이 그랬어요. "사단아, 물러가라. 내가 네 말처럼 이 세상에 아담이 팔아먹고 아담이 잃어버린 모든 것을 인간들에게 원상회복." 따라서. 원상회복. "원상회복을 시키려고 온 것은 사실이지만, 내가 너에게 절을 하면서 구걸하여 찾지는 않겠다. 나는 당당히 인간이 죄진 모든 죗값을 내가 대신 십자가에서 피를 흘려 내가 고난 당하고 당당하게." 아멘. "내가 당당하게. 원수 마귀 너한테 절하면서 찾지 않겠다. 나는 인간의 모든 죗값을 내가 다 치르고 당당하게 합법적으로 이 일을 이루리라." 예수님이 그 속임에 넘어간 것이 아니란 말이에요. 이해되시면 아멘이요?

원수 마귀 사단이 얼마나 건방지냐 하면 예수님께 나타나

가지고 예수님한테 협상을 제안할 만큼이에요. "이 모든 것은 하나님이 내게 넘겨준 것이므로."

그때 예수님이 마귀한테 반론을 가하지 않았어요. 예수님이 마귀한테 "마귀야. 거짓말하지 마. 언제 이 세상 모든 게 너한테 언제 넘어갔어? 넘어간 적 없어." 이렇게 주님이 안 따졌다고요. 주님이 묵시적 동조를 한 거예요. 맞다 이거예요. "너 하는 말이 맞아. 아담과 하와가 선악과 따먹을 때 모든 이 세상의 주권이 너한테로." 하나님이 허용 작정이에요. 허용 작정. "하나님이 너한테 넘겨준 것은 사실이지마는." 아멘? "그러나 너한테 절하면서 찾지 않겠다. 나는 당당히 십자가에 못 박혀 죽어서." 할렐루야! 죽어서 찾겠다는 거예요. 예수님이. 이해되시면 아멘?

IV.
예수
: 사단 공화국에서 벗어나는 유일한 길

1. 바깥에서 오신, 사단 공화국에 물들지 않은 예수

다시 한번 성경을 읽겠어요. 다시. 눈동자가 흐린 사람은 이 성경을 읽으면서 총명을 찾기를 바랍니다. 누가복음 제4장 5절, 6절. 다시 한번 읽겠어요. 성경은 같은 성경을 자꾸 읽으면 지각이 살아나요. 지각이. 다시 한번요. 시작.

> **<누가복음 4:5-6>**
> 5. 마귀가 또 예수를 이끌고 올라가서 순식간에 천하만국을 보이며
> 6. 가로되 이 모든 권세와 영광을 내가 네게 주리라 이것은 내게 넘겨준 것이므로 나의 원하는 자에게 주노라

이것은 나에게 뭐 한 것이므로? 그러니까 이 땅에 있는 모든 부정적인 문화는 이건 다 사단의 문화예요. 사단이 아담 왕국을 제패해서 이 사단이 세상 임금이 돼서 우리가 사는 이 세상을 한번 보라고요. 다 한번 보라고요. 한번 따라서.

죄. 이거는 마귀 사단 때문인 거예요. 사단. 따라서 합니다. 죽음. 인간이 죽잖아요. 한번 따라서. 사망. 사망이나 죽음이나 같아요. 다 죽잖아요. 이게 자꾸 사단 왕국에서 이루어지는, 사단의 문화 안에서 이루어지는 사건이에요. 한번 따라서 합니다. 질병. 고통. 따라서 합니다. 갈등. 이 모든 것이 지금 여기는 우리는 사단의 문화를 먹고 마시며 살고있는 거예요.

이 상태에서 인간이 살 수 있는 유일한 길은 다른 길이 없어요. 이 땅에 빛으로 오신. 이 아담 왕국에서 사단 왕국에서 태어나지 않고. 사단 왕국에서 아담 왕국에서 이루어진 모든 인간은 다 사단에게 이미 감염이 되어 있는 거예요. 직간접적으로 죄에 다 감염돼있는 거예요. 죄에. 이해되시면 아멘? 딱 한 분. 아담 바깥에서, 이 세상이 아닌, 타락하지 않는, 오염되지 않는, 바이러스에 오염되지 않는 바깥에서 오신 한 분. 예수 그리스도만이 예수님만이 죄가 없는 분이에요. 예수님만이 사단에게 오염이 안 된 분이에요.

그러니까 우리가 살 수 있는 길은 바로 바깥에서 오신 오염되지 않은 깨끗한 거룩하신 예수 그리스도를 붙잡는 길 외에는 우리에겐 아무 소망이 없는 거예요. 그래서 예수님이 이 땅에 오신 것이죠. 이해되시면 아멘? 튼튼히 서기를 바랍니다.

2. 십자가는 은혜

오셔서 예수님이 십자가에 못 박혀 죽으셨어요. 십자가에 못 박혀 죽으셔서 누구든지 아담 왕국에 태어나서 이런 숙명 가운데 있는 인간, 어디서 와서 무엇 때문에 살며 어디로 가는지 모르는 인간, 죄 죽음 사망 저주 이런 상태에 빠진 인간들이 누구든지 예수 그리스도를 붙잡기만 하면 우리는 새로운 삶과 새로운 소망이 생겨나요. 믿습니까? 이해되시면 아멘? 두 손 들고 아멘. 할렐루야. 예수님이 이 땅에 오셔서 십자가에 못 박혀 죽으셨는데 누구든지 이것을 받아들이기만 하면 돼요. 봐요. 예수님의 이것은 은혜란 말이에요. 은혜.

여러분, 우리가 이 세상에 태어난 거도 자기의 의지와 결단과 자기의 노력으로 태어났어요? 은혜예요? 나와 내 의지와 관계없이 우리는 눈에 보이지 않는 다른 제3의 의지에 의해 우린 이 땅에 태어난 거예요. 이 세상이 지금 운행되는 거, 봄 여름 가을 겨울이 오고 우주의 지구의 공전과 자전 이 모든 것들이 인간의 의지예요? 하나님의 의지예요? 내 의지가 아니라 제3의 의지가 이걸 끌고 가고 있는 거예요. 우리는 이 세상에 내가 존재하게 된 거도 내 의지로 존재하게 된 것이 아니에요.

그와 같이 우리가 구원도 내 의지로 구원받는 것이 아니고 예수님이 이 땅에 오셔서 십자가에 못 박혀 죽으면서 인간들에게 하는 말이 이런 말이에요. "야, 인간들아, 봐라. 사람들아, 내가 너희들을 사랑한다. 너희의 조상 아담이 실수하여 마귀에게 다 팔아먹었다. 그때 너희들은 그 자리에 없었어. 너희들이 좀 억울하지 않냐? 아담이 대표성으로." 무엇으로? 아담은 모든 인류의 대표성이에요. 대표성. 무엇으로? 대표성이란 게 뭐겠어요?

어제그저께 우리나라하고 바레인인가 하고 축구 했어요? 안 했어요? 누가 이겼어요? 세상 돌아가는지도 몰라요? 누가 이겼어요? 우리가 1대0으로 이겼잖아요. 우리가 북경 올림픽 할 때 우리나라 대표 선수가 어떨 때는 질 때 있어요? 없어요? 그러면 내가 진 거예요? 대표 선수가 진 거예요? 대표 선수가 졌는데도 한국이 졌다 그래요. 그리고 나도 졌다, 우리가 졌다 그래요. 왜냐하면 우리나라 대표 선수는 모든 한국을 대표하기 때문이에요. 그놈이 졌지 언제 내가 졌냐고? 그런데 그놈이 진 것 때문에 우리는 화나서 우리가 졌다 그래요. 대한민국이 졌다 그래요.

그와 같이 아담이 그와 같은 대표성이란 말이에요. 아담 한 사람이 진 것은 다 진 거예요. 아담 계열의 사람은 다 진 거예요. 이해되시면 아멘?

그래서 예수님이 우리에게 하는 말이 그런 거예요. "너희들의 대표 선수인 아담이 죄를 지어서 너희들이 아담이 죄 진 그 모든 영향력이 너희에게 그대로 간 거야." 따라서 합니다. 죄. 사망. 심판.

황 장로님 아들 황시몬이 군대 갔어요. 군대 갔는데 나도 기도하고 다 했는데 제일 악조건 부대를 가버렸어요. 거기 안 가게 해달라고 그렇게 기도했는데 나하고 똑같은 코스로 들어갔어요. 내가 전차 부대에 있었는데 황시몬이 전차 부대에 갔어요. 그것도 수색 중대. 수색 중대는 전투 일어나면 적 가운데로 들어가는 거예요. 적 가운데로 치고 들어가서 교란 작전하는 게 수색 부대예요. 그러니까 보통 일이 아니에요. 이게 보통 일이 아니야. 온 교회가 이게 통성 기도할 일이에요. 들어갔는데 어제그저께 전화가 왔는데. 황시몬이. 하이고! 내가 눈물이 핑 돌더라니까. 이거 얘가 좀 약하잖아. 황시몬이. 또 안경까지 끼고. 그게 말이요 야간 훈련하면 안경까지 끼고 보이겠냐고. 수색 훈련은 절반이 야간 훈련을 하는데. 그래서 너 죽었다 했지. 너 죽었다. 하나님이 왜 거기다가 갖다 두셨는지. 죽었다. 이거 또 연단을 받아야 하는데.

군대에 있으면 각 소대별로 중대별로 분대별로 경기를 많이 해요. 경기하면 대표 선수가 나가요. 우리 중대가 대표 선수로 나가. 축구 선수도 나가고, 뭐 나가고, 뭐 팔씨름 선수도 나가고, 별 걸 군대 가면 별 걸 다 해요. 별 거 다 하는데, 대표 선수가 나가서 지면 그놈 한 놈만 진 거 아니에요? 그런데 소대장이 딱 돌아와서 이래요. 우리 소대 대표가 가서 졌는데 이래요. "전부 다 기상! 다 일어서 전부 완전 무장하여 연병장에 모이는데 완료 5분 전!" 딱 그래요. 그래서 그 놈 한 놈 지고 왔는데 온 중대 전체를 다 기합 주는 거예요. 억울하잖아요. 생각해 봐. 아니 왜? 지면 그놈이 졌지. 왜? 그래서 군대는 자기 소대에서 출전한 선수가 안 지기 위해서 남의 선수를 물고 뜯어서라도 이겨야 해요. 그럼 만약 이기면 어떻게 되나? 이기면 초코파이 세 개 줘요. 초코파이를 선수만 줘요? 전체 다 줘요? 이게 대표성이란 말이야. 대표. 그 영향력이 다 온단 말이에요. 이제 알아들었지요?

아담 한 사람이 모든 인류의 대표성을 가지고 있는 거예요. 아담이 범죄 함으로 인해서 마귀한테 짐으로 인해서 진 모든 그 부정적인 영향이 우리에게 다 온 거예요. 아멘.

3. 예수 믿으면 소속이 바뀐다

그래서 예수님이 이제 오셔서 우리에게 하는 말이 그런 거예요. "너희들이 실제로 죄를 처음에 끌어들인 사람도 아니고, 최초의 범죄자도 아니고, 아담이 범죄 했는데 너희들이 그 후손으로 그 계열로 아담의 문화에 태어났으니까 너희들이 좀 억울하지 않냐? 그래서 내가 다시 한번 너희에게 선택할 기회를 주기 위해서 내가 인간의 육체 옷을 입고 마리아의 배를 빌려서 이 땅에 왔다." 이 분이 예수예요. "억울하면 아담이 선악과 따먹은 것이 억울하면 지금부터 내가 너희들이 죄진 그 죄를 내가 대신 다 책임을 질 테니까 지금부터 나를 믿기만 하라."

이제 다시 배를 갈아타라는 거예요. 이제 소속을 바꾸라는 거예요. 아멘이에요? 예수를 붙잡으라는 거예요. 붙잡으라! 그래서 예수님이 우리에게 누구든지 뭐 예수 믿는 걸 누가 뭐 하라 그래요? 뭐 하늘에 가서 별을 따오라고 해요? 달을 따오라고 해요? 예수님이 십자가에 죽은 것을 믿기만 하라는 거예요.

그 믿는 것이 이제 7개라고요. 7개. 이것을 인정만 하라는 거예요. 인정. 인정하라. 따라서. <u>인정하라.</u>

뭐냐 하면 그리스도의 이게 복음의 7대 연합이란 말이에요. 따라서. <u>탄생.</u> 예수가 이렇게 하나님으로서 사람의 육체의 옷을 입고 온 것을 이것을 너희들이 알라는 거예요. 이걸 받아들이라는 거예요.

따라서. <u>고난.</u> 예수가 이 땅에 와서 고난 당한 것이 예수님 때문에 당한 게 아니라 누구 때문에? 우리 때문에. 나 때문에. 나 때문에 고난 당했다는 것을 인정하라는 거예요. 인정만 해달라는 거예요. 인정. 받아들여 달라는 거예요.

세 번째 따라서. <u>죽음.</u> 예수가 십자가에 죽은 것은 예수님 때문에 죽은 것이 아니라, 바로 여러분과 나 때문에, 우리 때문에 죽었다는 것을 받아들이라는 거예요. 우리 때문에 죽었다는 걸 인정하라는 거예요. 그것만 인정을 하면 은혜에요. 은혜. 나머지는 은혜란 말이에요. 인정하라 이거예요.

그다음에 따라서. 부활. 예수가 죽었다가 3일 만에 부활한 것을 너희들이 알라는 거예요.

따라서 합니다. 승천. 승천하여 지금 주님의 하나님 보좌 우편에서 우리를 위하여 현재도 여러분과 나를 위해서 기도하고 있다는 걸 알라는 거예요.

그리고 예수님은 언젠가 다시 이 땅에 재림하여 오신다. 재림. 따라서. 재림. 재림할 때 예수님이 이 땅에 와서 재림하실 때 아담 안에서 예수 믿고 죽은 자, 아담의 자손으로 태어난 우리 중에 예수 그리스도를 믿는다는 것은 뭐냐? 내가 진 모든 죄를 예수님께로 넘긴다는 뜻이에요. 예수님에게. 그러니까 사람이 지옥 가는 일은 불의한 일을 저질러서 지옥 가는 게 아니고, 인간이 지옥 가는 것은 그거 5원짜리도 안 되는 자존심 때문에 지옥 가요. 뭐 때문에? 이 말을 하기 싫어서 지옥 가는 거예요. 뭐냐 하면 "예수님, 내가 진 이 모든 죄를 예수님이 대신 좀 맡아주세요. 나는 예수님의 신세를 지기를 원합니다." 이 말 한마디를 하기 싫어서 지옥을 가는 거예요. 이 말 한마디를. 그 말 한마디만 해달라는데 인간은 예수님에게 그 말을 하지 않는단 말이에요.

그러니까 예수님이 이 땅에 오시면 예수 믿고 구원받은 인간들, 이 영혼들을 데리고 와서 예수님이 부활한 것처럼 부활을 시켜서 이제 제3의 창조에요. 따라서. 메시야의 나라. 이게 바로 천년 왕국이란 말이야. 천년 왕국. 할렐루야. 부활의 나라. 이것이 바로 하나님이 아담에게 주었을 때 무너지기 전에의 세상으로 우리 예수님이 우리를 복구시켜 주겠다는 거예요. 복구시켜 주겠다. 이해되시면 아멘.

그런데 이러한 것을 우리 사람들이 못 믿어요. 왜 못 믿냐? 내가 방학 때 한 달 전에 전국의 청년대학부 청교도 청년대학부에서 설교할 때 내가 이 말씀을 가르쳐줬어요. 말씀드린 대로 천사의 나라부터 메시야의 나라까지가 이것이 하나님의 세계에선 이것이 한 사이클이에요. 이게 한 계절이라고. 한 계절. 뭐라고요?

천사의 나라부터 메시야의 나라까지가 한 계절인데 보십시오. 지금 이 땅에 계절이 몇 개 있어요? 한번 따라서. 봄 여름 가을 겨울. 그런데 인간은 이 땅에 태어나서 100년을 살아요. 100년 살면 봄 여름 가을 겨울을 몇 번 겪어요? 100번 겪어요. 맞죠? 그러니까 한번 겪어보면 내년에 가면 알아요. 여름이 오면 아~ 작년에 보니까 한번 지나 보니까 작년 보니까 아~. 한번 따라 해 봐. 아~. 한번 겪어보면 여름 지나면 다음에 뭐가 와요? 가을이 온다는 걸 작년에 겪어봐서 알아요. 그건 왜냐면 경험을 해봤기 때문에 아는 거예요. 아멘. 그러나 하나님의 계절은 1년이 아니고 천사의 나라부터 메시야의 나라까지가 이게 하나님의 한 계절이에요. 이 하나님의 한 계절을 살아본 인간이 있어요? 없어요? 없단 말이에요.

잘 들어봐요. 하루살이 있지? 하루살이는 몇 년 살아요? 하루살이는 하루밖에 안 사는데 하루살이가 겨울을 알아요? 몰라요? 하루살이는 하루에 태어났다 하루에 죽는데 어떻게 겨울을 알아요? 그러니까 하루살이는 아무리 말해도 안 믿어요. 하루살이한테 "야! 겨울에 눈 온다. 눈 온다." 그래도 하루살이에게는 개념이 없는 거예요. 겨울에 대한 개념이 없는 거예요. 왜? 전체 시간이 하루밖에 없으니까.

인간이 사는 이 100년이 하루살이하고 같은 거예요. 100년이. 하나님의 계절은 100년이 아니에요. 천사의 나라부터 메시야의 나라까지가 하나님의 계절이에요. 그러니까 인간이 못 믿는 거예요. 하루살이가 겨울 못 믿는 것처럼 한 사이클을 인간이 못 살아봤기 때문에. 하루살이가 1년을 살아봤냐? 못 살아봤지. 못 살아보니까 겨울을 안 믿는 거예요. 겨울이 오는 것을. 여러분이 생각할 때 '이야! 이 세상이 어떻게 다 심판받아 없어지고 어떻게 새로운 세상이 이루어질까? 어떻게 부활이 이루어져서 부활한 몸으로 어떻게 메시야의 나라에 들어갈까?' 하루살이들은 모르는 거예요. 그것을. 상상할 수 없는 거예요. 그러나 하루살이가 십만 명이 데모를 해도 겨울은 오는 거예요. 아멘이요? 이 땅에 있는 모든 인간이 다 부인해도 하나님의 계절은 오는 거예요.

이게 하나님의 한 계절의 한 사이클이니까. 메시야의 나라는 오는 거예요. 안 올 거 같지? 여러분? 생각하면 '에이, 뭘! 사람이 죽었다 어떻게 부활을 해서 예수가 이 땅에 와서 뭐.' 따라서 합니다. <u>첫째 세상은 천사를 중심으로. 둘째 세상은 아담을 중심으로. 셋째 세상은 메시야를 중심으로.</u> "주님이 다스릴 그 나라가 되면은." 이 주님이 다스릴 메시야의 나라가 우리 생각 같으면 안 올 것 같아요. 그런 일이 안 일어날 것 같아요. 그런데 요즘은 가만히 생각해 보면 인간적으로 생각해도 올 것 같기도 해요. 왜냐? 지진이 일어나고 지구가 지금 취했어요. 지구가 술에 취했어. 지금 지구가 서서히 지금 뭔가 지구가 지금 움직이기 시작했어요. 요즘 가만히 생각해 보면 뭐가 올 거 같기도 하고? 그런 거와 관계없이 하나님의 말씀은 분명히 메시야의 나라가 온다고 말씀하기 때문에 이것을 받아들이는 것이에요. 아멘.

V.
성경
: 구원의 방법인 예수를 설명하기 위해 나타난 책

1. 예수의 7대 구속 사역을 인정하자

한번 따라 합니다. <u>탄생.</u> 성경은 예수 그리스도의 일곱 가지를 설명하기 위해서 성경이 나타난 거예요. 성경은 구원의 책이요. 구원의 방법으로 예수를 설명하기 위한 것이에요. 성경이 두꺼워도 성경은 예수 하나 설명하기 위한 거예요. 예수를 어떻게 설명하냐? 예수를 이렇게 7개로 나눠서 설명해요. 한번 따라서. <u>예수의 탄생.</u> 예수의 탄생은 아담의 왕국에서 태어난 우리와 다르다는 거예요. 예수는 바깥에서 오신 분이에요. 예수는 바깥에서 하나님으로서 오신 분이다. 이것을 알라는 거예요. 따라서 합니다. <u>고난.</u> 예수가 고난 당하는 것과 내가 빚쟁이한테 고난 당하는 건 다른 거예요. 우리가 빚쟁이한테 고난 당하는 것은 내 죗값으로 고난 당해요. 예수가 고난 당한 것은 예수 고난이 아니고 내 고난을 대신 당해주기 위하여 예수가 왔다는 거예요. 이걸 그냥 받아들이라는 거예요. 받아들이라는 거예요. 어떻게 하라고? 받아들이라는 거예요. 받아들이면 네 것이 된다는 거예요. 아멘. 세 번째 따라서. 죽음. 예수의 죽음과 보통 사람이 죽은 건 달라요. 우리는 왜 죽어? 내 죗값으로 죽는 거예요. 예수는 자기 죗값으로 죽은 것이 아니고 여러분과 나의 죗값으로 대신 죽은 거예요. 예수의 죽음과 우리의 죽음은 다른 거예요. 이것을 알라는 거예요. 이것을. 아멘?

내가 그래서 다음다음 주에 이 말씀이 어느 정도 정리되면 이제 성찬식을 내가 하려는 거예요. 성찬식을. 아멘이요? 이 일곱 가지를 온전히 받아들이고 이 일곱 가지를 온전히 인정하고 나는 이 말씀 위에 서겠다 하는 그것의 신앙 고백으로 의식적으로 하는 것을 성찬식이라고 그래요. 포도주와 떡을 나눠 먹는 것은 그게 뭐냐? 내 속에 그것을 믿는다는 것을 바깥으로 선포하는 거란 말이에요. 지금 성찬식을 내가 하려고 준비를 하고 있는 거예요. 아멘이요?

따라서 합니다. 부활. 예수가 부활한 것을 나는 2000년 전에 부활한 것을 본 적도 없지만 그것을 믿는 거예요. 따라서. 승천. 예수님이 지금 하나님 나라의 보좌 우편에 올라가서 우리를 위하여 현재 기도하고 있는데 예수 그리스도의 중보 기도가 없으면 지구 존재 자체가 불가능해 버려요. 이 모든 예수 믿는 사람이나 안 믿는 사람들까지도 주님의 중보 기도의 혜택을 보고 있는 거예요. 설명하려면 복잡해요. 하여튼 그렇단 말이에요. 따라서. 재림. 언젠가는 주님이 다시 돌아온단 말이에요. 돌아오는 것이 인간의 이성으로 생각하면 그럴 가능성이 있다? 없다? 없어요. 그런데 하나님 말씀에는 주님이 다시 돌아온다고 그랬어요.

2. 하나님의 사이클을 알자

그런데 왜 이성과 주님의 말씀이 충돌을 일으키냐? 사이클이 다르기 때문이에요. 사이클이. 한 사이클 계절이 다르기 때문에 하나님의 계절은 천사의 나라부터 메시야의 나라까지니까 사람들의 이성이 못 받아들이는 거예요. 다시 말해요. 하루살이는 몇 년 살아요? 하루살이가 겨울을 이해해요? 못 해요? 하루밖에 하루에 존재했다가 하루에 없어지는 것이 어떻게 겨울을 이해해요? 그와 같이 인간은 하나님의 이 한 계절을 이해 못 하는 거예요. 왜? 이 땅에 100년을 살다가 존재하다 없어지기 때문에 죽기 때문에 모르는 거예요. 그러나 하나님의 말씀대로 이것이 그대로 되어 있는 거예요. 이해되시면 아멘? 오셔서 주님이 오실 때 예수님이 재림하여 오실 때 주님 혼자 오는 게 아니라 아담 안에서 태어나서 예수를 믿고 구원받은 영혼을 다 데리고 와서 부활을 시켜요. 예수님처럼 부활을 시켜서 메시야의 나라인 부활의 나라로 데리고 가서 아담과 하와가 죄짓기 전의 에덴동산을 하나님이 회복해 주겠다는 거예요. 주님이 다스릴 그 나라를 만들어 주겠다는 거예요. 아멘이에요? 오늘은 내가 여기까지 설교하고 이제 요걸 더 자세하게 이제 계속할 거예요.

그런데 모든 성경은 이 앞에 있는 거, 이 천사의 나라는 전체 성경 중에 1프로도 안 돼요. 1프로. 아까 성경 찾은 거 그게 다예요. 거의 다예요. 한번 따라서. <u>천사의 창조. 천사의 타락. 천사의 심판.</u> 이건 전체 성경 중에 아까 성경 찾은 게 그게 거의 다예요. 그다음에 메시야의 나라. 따라서. <u>메시야의 나라.</u> 이건 좀 더 많아요. 이건 전체 성경 중에 이것도 2프로도 안 돼요. 2프로.

99프로의 성경이 다 어디에 대한 내용이냐 하면 이미 죄에 빠져 있고, 이미 마귀한테 걸려 있고, 이미 범죄 했고, 이미 지옥 가고, 이미 사망이 왔고, 여기에 빠진 인간들을 어떻게 하나님이 예수 그리스도를 이 땅에 보내서 예수가 한 그 효과를 다른 사람에게 전가 시켜서. 예수가 십자가에 죽은 효과를 다른 사람에게 혜택으로 전가 시키는 거예요. 우리에게 적용해서. 아멘. 용서할 수 없는 인간을 용서받게 하나님이 만든 거예요. 예수 그리스도로 말미암아. 그래서 이 아담의 나라에서 꺼내 가지고 인간을 구원하여 메시야의 나라에 데리고 가는 것 이것을 설명하기 위한 것이 성경이니까.

이제 다음 주에 와서 이걸 내가 더 자세하게 할 거예요. 그리스도가 왜 이 땅에 오셨고, 예수님이 이 땅에 왜 오셨고, 예수님이 왜 십자가에 죽었고, 왜 피를 흘렸고, 예수님이 왜 부활을 해야만 하고, 이것에 대해서 깊이, 여러분, 굳건하게 서기를 바랍니다. 이 위에 서는 것을 기독교인이라 그래요.

교회 다녀도 그냥 성경에서 아주 묘한 말 같은 거 있지? 아주 짭짤한 말. 교훈적인 거. 아주 그냥 마음의 양식 같은 거. 성경에 보면 오른뺨을 때리면 뭘 대라? 5리를 가게 하면 뭐 해요? 속옷을 달라고 하면 뭐해요? 원수를 미워하라? 사랑하라? 요런 건 인간이 할 수 없는 아주 예수님의 고난도의 윤리적인 말이에요. 요런 말에 취해서 교회 다니는 사람은 지옥 가요. 성경은 그런 말 하기 위해서 기록된 게 아니에요. 아멘이에요?

그런데 내가 참 한탄스러운 것은 뭐냐? 전국에, 전 세계에 이거 다 인터넷 중계해서 내가 지금 설교하는 게 다 나가니까 좀 미안하지만, 목사님들도 저기 CTS 같은 텔레비전(television) 설교할 때 전부 설교 내용이 겉도는 거예요. 이런 말 하면 무식한 말 하는 줄 알아요. 예수의 탄생. 따라서. <u>탄생.</u> 따라서. <u>고난. 죽음. 부활. 승천. 재림. 왕국.</u> 이런 얘기를 하면요? 시시한 것처럼 여겨요. 그러나 이것 빼고는 없는 거예요. 이것 빼고는. 왜 목사님들이 설교할 때 CTS 전 세계 방송 나가는 설교 할 때 왜 이런 설교를 안 하는 거예요? 이게 성경 전체예요. 나머지는 뭐 이걸 설명하기 위한 양념이에요. 양념. 양념이 주가 될 수는 없는 거예요. 아멘?

그런데 이러한 말씀 이런 설교를 하면요 성도들이 너무 현실성이 없는 설교라고 하면서 이런 걸 듣기를 싫어해요. 듣기 싫어도 소용없어요. 이것이 전체예요. 전체. 이것이 말씀 전체예요. 이걸 기독교라 그러는 거예요. 기독교. 이것 뺀 기독교는 없어요. 이것이 없는 기독교는 없는 거예요.

그러므로 사랑제일교회 모든 성도는 이 말씀 위에 굳건히 있어야 해요. 모든 것이 이 말씀 위에 있어야 해요. 이 말씀. 이 말씀 위에 서야 한단 말이에요. 아멘이요? 두 손 높이 들고 '살아계신 주'를 한번 부르겠습니다. 자, '살아계신 주'입니다. 아버지.

〈주 하나님 독생자 예수〉

1. 주 하나님 독생자 예수 날 위하여 오시었네
내 모든 죄 다 사하시고
죽음에서 부활하신 나의 구세주

(후렴) 살아계신 주 나의 참된 소망 걱정 근심 전혀 없네
사랑의 주 내 갈 길 인도하니
내 모든 삶의 기쁨 늘 충만하네

2. 주 안에서 거듭난 생명 도우시는 주의 사랑
참 기쁨과 확신 가지고
예수님의 도우심을 믿으며 살리

3. 그 언젠가 주 뵐 때까지 주를 위해 싸우리라
승리의 길 멀고 험해도
주님께서 나의 앞길 지켜주시리

두 손 높이 들고 "주여" 삼창하고 합심으로 기도합니다. "예수님이 이 땅 위에 오셨습니다. 예수님이 나를 위해서 십자가에 죽으셨습니다. 예수님이 이 땅에 오셔서 나를 위해서 고난 당해서, 3일 만에 부활하셔서, 이 모든 것이 나를 살리려고 하신 주님의 일입니다. 주님, 값도 없이 아무 대가도 요구하지 않는데 저는 주님의 권면을 받고 받아들입니다. 예수님의 그 모든 것을 나는 그대로 내게 적용되기를 원합니다." 다 같이 "주여" 삼창하고 기도하겠습니다. 주여! 주여! 주여!

"살아계신 주님! 예수님에 대하여 더 밝히 가르쳐 주세요. 설교를 듣고 성경 읽어도 가르치시는 분은 하나님의 성령님이시오니 성령님이 우리 모든 성도의 영을 열어주셔서 사람의 힘으로 가르칠 수도 없고 받아들일 수도 없습니다. 성령님만이 하실 수 있사오니 성령님이여, 활짝 열어주시옵소서. 모든 성도가 말씀에 굳게 서게 하여 주세요. 예수님 이름으로 기도하옵나이다." 아멘.

만유를 회복시키러 오신 구주 예수

설교 일시 2008년 9월 14일(주일) 오전 11시

대　　상 사랑제일교회 주일 3부 예배

성　　경 누가복음 4:5-8

5 마귀가 또 예수를 이끌고 올라가서 순식간에 천하만국을 보이며

6 가로되 이 모든 권세와 영광을 내가 네게 주리라 이것은 내게 넘겨준 것이므로 나의 원하는 자에게 주노라

7 그러므로 네가 만일 내게 절하면 다 네 것이 되리라

8 예수께서 대답하여 가라사대 기록하기를 주 너의 하나님께 경배하고 다만 그를 섬기라 하였느니라

Ⅰ.
보좌를 그리워하는 사단의 문화

아멘. 133장 〈어저께나 오늘이나〉입니다.

찬송가 133장 〈어저께나 오늘이나〉

1. 어저께나 오늘이나 어느 때든지
영원토록 변함없는 거룩한 말씀
믿고 순종하는 이의 생명 되시며
한량없이 아름다운 기쁜 말일세

(후렴) 어저께나 오늘이나 영원 무궁히
한결같은 주 예수께 찬양합시다
세상 지나고 변할지라도
영원하신 주 예수 찬양합시다

2. 풍랑 이는 바다 위로 걸어오시고
갈릴리의 험한 풍파 잔잔케 하고
겟세마네 동산에서 우리 위하여
눈물짓고 기도하신 고난의 주님

3. 허물 많은 베드로를 용서하시고
의심 많은 도마에게 확신 주시고
사랑하는 그의 제자 가슴에 안고
부드러운 사랑으로 품어 주셨네

4. 엠마오로 행하시던 주님 오늘도
한결같이 우리 곁에 함께 계시고
우리들을 영접하러 다시 오실 때
변함없는 영광의 주 친히 뵈오리

아멘. 할렐루야. 자, 오늘 여러분, 추석날입니다. 우리가 제사상 앞에 있지 않고 오늘 이 자리에 있는 것이 얼마나 감사한지. 여러분도 감사하십니까? 주님이 불러주지 아니하시면 우리는 지금 어디 있나? 지금 무덤 찾아 무덤 찾으러 갔어요. 무덤 찾으러.

내가 곡성 다니엘기도원에 박영문 장로님 기도원에 부흥회 하러 갔어요. 기도원을 넓히려고 무덤을 파가라고 했어요. 어떤 할아버지가 30년 전에 죽은 자기의 첫 부인. 그러니까 첫 부인이 애 낳다 죽은 거예요. 30년 전에. 시집오자마자 20대 때 죽은 거예요. "기도원이 그 산을 샀으니까 이무덤을 옮겨주세요. 다른 데로." 할아버지가 무덤을 옮기는걸 내가 낮 예배 마치고 옆에서 가만히 봤어요. 창문 열어놓고 봤더니, 할아버지가 소주를 한 병을 가져와서 소주를 자기도 한 잔 먹고 30년 전에 부인한테도 한 잔 주더라고요. 무덤 위에다가 잔디에다가 두 손으로 잔을 들고 돌리고 딱붓더니 무릎을 꿇고 엉엉 울어요. 30년 전 첫정을 생각 하나 봐요. 울더니 그다음에는 곡괭이를 가지고 무덤을 파요. 그래서 뭐 나오나 봤더니, 비닐장갑을 끼고 무덤을 탁 이렇게 헤치는데 보니까, 아무것도 안 나오고 무릎뼈 세 조각 찾더라고요. 세 조각. 다 썩었어. 없어. 30년 전이니까 다 썩었어요. 세 조각 남은 걸 가지고 그것을 한지 있죠. 한지. 하얀 종이 펴 놓고 세 조각을 요렇게 접어서 싸더니, 두 손을 들고 엉엉 울면서 저 밑에 내려가더니, 거기다 파고 또 새로 묻더라고요. 내가 그걸 보면서 참 인생들이 말이에요. 절대 여러분, 무덤 찾아가지 마시오. 절대 무덤 찾아가지 마시오. 아무것도 없어요. 아무것도 없어.

만유 회복입니다. 만유 회복. 잘 들으셔야 해요. 이게 사랑제일교회 교과서입니다. 사랑제일교회 성도들은 이번에 이 만유 회복이 끝나는 즉시로 우리가 사도행전의 바울처럼, 서울을 요동케 하여 서울을 발칵 뒤집어야 해요. 시간 오래 끌 것 없어요. 이번에 만유 회복 끝난 뒤에 하여튼 서울을 발칵 뒤집어서 이제 우리가 강권으로 전도하자고요. 강권하여.

오늘 차근차근 우리가 말씀 안으로 푹 들어가요. 오늘 추석날이잖아요? 추석날이니까 이렇게 생각해요. 예수 안 믿는 사람들은 무덤 찾아가는 데 하루 종일 걸렸다. 우리는 예배드리는데 하루 종일 걸리는 거예요. 하루 종일 예배하는 거예요. 알았지요? 옆 사람 다 손잡고 해봐요. 푹 젖읍시다. 앞뒤로 해봐. 뼛속까지 젖읍시다. 푹 젖읍시다. 아멘.

자, 한번 따라서 합니다. 첫째 세상은 천사를 중심으로. 따라서 합니다. 둘째 세상은 아담을 중심으로. 따라서 합니다. 셋째 세상은 메시야를 중심으로. 할렐루야! 수도 없이 해서 이제 잘 알죠? 우리가 이 세상 태어나기 전에, 이 세상이 창조되기 전에, 벌써 한 세상이 있었다는 거예요. 한번 따라서. 천사의 창조. 천사의 창조예요. 따라서. 천사의 타락. 따라서. 천사의 심판. 이것이 이 세상이 지어지기 전에 이미 벌써 이 사건이 있었다는 거예요. 이해되시면 아멘.

그중에서 천사의 왕이 누구냐 하면 루시엘이요. 루시엘. 이게 타락한 뒤에는 루시퍼라 그래요. 라틴어로 루시퍼가 된 거예요. 루시엘이란 말은 이 '엘'자는 히브리어 원어로서 하나님에 대한 존칭인데 원래는 엘로힘, 엘샬다이예요. 그런데 이게 인간에게 붙을 때는 이 '엘'자가 이게 존귀하다는 뜻이에요. 존귀하다. 선지자들 이름 앞에 다 '엘'자가 붙었어요. 엘리야, 엘리사, 다니엘, 사무엘? 엘이 붙잖아요? 엘?

그런데 이 루시엘이 타락하여 루시퍼가 되었어요. 이것이 악의 근원인데 루시퍼는 반란자라는 뜻이에요. 반란자. 다른 말로 혁명가란 뜻이에요. 혁명가. 반란자. 쿠데타의 주모자라는 뜻이에요. 원어로.

그런데 하나님이 이 루시엘을 창조할 때 얼마나 존귀하게 창조했는가? 그건 이루 말할 수가 없어요. 왜냐하면 여러 가지 정황으로 볼 때 이 루시엘은 대단한 존재였습니다.

일단은 이 루시엘이 천사의 왕이예요. 천사의 왕. 이 천사의 조직도 그냥 이렇게 된 게 아니고 천사도 이 세상의 조직처럼 조직이 있어요. 이 세상에 봐요. 대통령 있지, 장관 있지, 도지사 있죠, 군수 있지, 시장 있지? 이렇게 돼 있는 것처럼 천사도 그냥 루시엘 있고 나머지는 다 그냥 똑같은 천사 이런 게 아니라 천사도 조직을 가지고 있어요. 조직을. 천사의 숫자가 몇 명이라 그랬지요? 천천이요 만만이요. 한국말로 번역하면 억수로 많다. 이루 셀 수 없는 숫자를 말할 때 천천이요 만만이라 그래요. 이해되시면 아멘이요?

그런데 그중에서 이 루시엘은 천사의 왕이에요. 그런데 이 루시엘을 더 떠받치는 밑의 사자들이 있어요. 사자들. 이게 천사 루시엘을 받치는 참모들이에요. 참모 천사들이 있는데, 이 조직 전체가 타락했는데, 이 천사가 타락한 것이 전체 천사의 약 3분의 1이에요. 3분의 1. 요한계시록에 보면 별들의 3분의 1이 떨어졌다고 하잖아요? 대략 전체 천사의 3분의 1이에요. 그렇게 알면 돼요. 그러니까 이 악령들의 힘도 이게 보통 센 게 아니에요. 전체 천사의 3분의 1이에요. 이 타락한 천사들이.

그러니까 이 마귀를 받치고 있는 이 마귀, 루시퍼, 사단, 뱀, 용 이런 걸 받치고 있는 성경에 타락한 이 조직을 부를 때는 성경에 늘 이렇게 말해요. 한번 따라서. 마귀와 그의 사자들. 꼭 그렇게 악의 조직을 세트(set)로 말해요. 세트로.

하나님이 세트로 딱 묶어서 말이에요. 마귀와 그의 뭐요? 그
럼 마귀를 받치는 놈들이 있다? 없다? 있다는 거예요. 마귀
와 그의 사자들을 위하여 예비한 곳. 이렇게. 하늘에 전쟁이
있으니 마귀와 그의 사자들과 미가엘과 그의 사자들. 미가
엘도 받치는 사자들이 있는 거예요. 미가엘과 그의 사자들.
이게 조직이란 말이에요. 조직. 이해되시면 아멘? 천사의 세
계도 조직이 있는 거예요.

천사도 조직이 있는데, 이 한 계열의 조직이 타락했는데
이것이 루시엘이에요. 이 루시엘이 아주 보통 천사가 아니
에요. 천사의 왕이에요. 천사의 왕. 냄새를 맡아보면 이 루
시엘은 첫째 창조의 거의 중심이에요. 중심. 첫째 창조의 중
심이라고 보면 돼요.

내가 이것을 깊이 더 연구하려고 보통 우리 개신교에서는
우리가 성경이라고 하는 창세기부터 계시록까지 요것은 아
주 흠도 없이 티도 없이 성경을 편찬할 때 조금이라도 성경
은 하나님의 신적 권위로 성령에 온전히 사로잡혀서 기록한
것만 딱 뽑아서 성경을 편찬한 거예요. 그런데 이 성경이 옛
날에는 두루마리로 돼 있었어요. 성경이 한 권으로 안 묶여
있어요. 성경이 전부 권별로 창세기만 해도 한 짐이에요. 한
짐. 출애굽기 한 짐. 그래서 성경이 전부 한 권씩 따로따로
돌아다녔어요. 이해되시면 아멘이요? 지금은 인쇄술이 발
전돼서 이게 하나로 딱 묶어놨지만.

그런데 성경에 넣기는 보니까 조금 내용이 인간적 의지가 거기에 조금 들어가 있는 것 같아, 그렇다고 또 그냥 버리기는 너무 아까운 것을, 그걸 뭐라 그러냐? 외경이라 그래요. 외경. 아포크리파(Apocrypha)라 그래요. 외경이라 그러는데, 우리 개신교에는 흠도 티도 없는 요 성경만 우리가 경전으로 사용해요. 그런데 천주교는 범위를 넓혀요. 외경까지 다 천주교는 성경으로 쓰는 거예요. 이 천주교는. 그런데 이 루시엘에 관한 내용은 우리가 가지고 있는 성경보다 좀 범위가 넓은 이 천주교가 가지고 있는 외경에 보면 더 많아요.

많은데, 이 루시엘이 이게 보통 뛰어난 놈이 아닙니다. 루시엘이. 그렇기도 한 것이 생각해 봐요. 루시엘 위에 만약에 미가엘이 있거나, 루시엘 위에 또 다른 천사가 있으면, 이 루시엘이 하나님을 향하여 바로 대적을 못 하는 거예요. 하나님에 대해서 지극히 높은 자와 비기리라? 하나님하고 대결을 못 하지요. 자기 위에 상관이 있으면 못 하지. 맞죠? 예를 들면 봐요. 우리 교회의 평신도 집사님이 나한테 바로 대적 못 해요. 일단 황 장로를 거꾸러트려야지. 황 장로를 처단하고 나한테 올라와야지. 맞지요? 몰라요? 그러니까 이 루시엘이 하나님하고 바로 붙은 걸 보면 루시엘 위에는 존재가 있다? 없다? 없어요. 하나님밖에 없는 거예요. 이만큼 존귀한 자예요. 루시엘이. 이해되시면 아멘이요?

그런데 이 루시엘이 타락을 하여 이게 완전히 이게 타락하여 하나님의 심판을 받은 게 이게 악령이란 말이에요. 악의 근원이예요. 악의 근원. 이사야 14장 12절 다시 한번 읽어보시면, 시작.

<이사야 14:12-14>

12. 너 아침의 아들 계명성이여 어찌 그리 하늘에서 떨어졌으며 너 열국을 엎은 자여 어찌 그리 땅에 찍혔는고

13. 네가 네 마음에 이르기를 내가 하늘에 올라 하나님의 뭇별 위에 나의 보좌를 높이리라 내가 북극 집회의 산 위에 좌정하리라

14. 가장 높은 구름에 올라 지극히 높은 자와 비기리라 하도다

아멘. 이게 바로 루시엘 타락에 대한 가장 명확한 성경의 내용이에요. 다른 내용들도 더러 많이 있지만, 요 내용이 가장 정확한 내용이에요. 가장 높은 구름 위에 올라 지극히 높은 자와 비기리라 하도다. 네가 네 마음에 이르기를 뭇별 위에 올라 북극 집회 산 위에 좌정하리라. 12절 다시 한번 보시면, 너 아침의 아들 계명성이여 어찌 그리 하늘에서 떨어졌으며 너 열국을 엎은 자여 어찌 그리 땅에 찍혔는고. 요거. 요거. 요게 바로 루시엘 천사의 타락이다, 이 말이에요. 이해되시면 아멘이요? 이 루시엘 천사 요놈이 루시퍼 천사

요놈이 바로 하나님의 보좌에 덤비려고. 보좌. 지극히 높은 자의 보좌.

그래서 이 원수 마귀 사단은 열등의식이 세서 하나님의 보좌. 한번 따라서. 하나님의 보좌. 이 보좌에 대해 이 원수 마귀는 흉내 내기를 좋아합니다. 하나님의 계신 곳이 빛나고 높은 보좌, 보좌란 말이에요. 보좌. 마귀는 쫓겨난 후에도 마귀는 하나님 흉내를 잘 내요. 마귀도 자기의 보좌를 만들어요. 보좌.

내가 중국을 가보니까, 지금 우승연 목사님이 추석이라서 오셨는데, 내가 우승연 목사님 덕분으로 중국에 처음 가보게 되었어요. 중국을 일찍 간 것이 우승연 목사님이 인도해서 가게 된 거예요. 그런데 중국을 가보면 중국의 북경에 제일 대표적인 자금성이 있어요. 자금성. 그 자금성을 딱 들어가서 보자마자 제가 이런 생각을 하게 된 거예요. 보좌에 대해 생각했어요. 보좌. 따라서. 보좌. 잘 들어보세요.

여러분들은 성경을 많이 안 읽고 뭐 그냥 먹고살기 바빠서 그냥 후다닥 살지만, 목사님들은 성경 속에 젖어 사니까 모든 사물 하나를 봐도 이렇게 대충 보는 것 같아도 그냥 이렇게 보면서 웃으며 가는 것 같아도 자꾸 성경을 생각하면서 보는 거예요. 아멘이에요?

자금성을 보면 자금성에 들어가는 문들이 열두 대문이 딱 돼 있어요. 그때 영어로 쭉 쓰여있어서 나는 한문도 잘 모르고 영어도 잘 모르니까 우승연 목사님한테 한번 내가 번역해 보라 그랬어요. 우승연 목사님은 영어의 도사니까. 그래서 간판에 영어로 쓰여있는 걸 한번 설명해보라 그랬어요. 그때. 우승연 목사님은 잊어버렸을 거예요. 오래돼서. 그랬더니 자금성의 문들이 말이야. 자금성의 문들이 이렇게 기와집처럼 지어져서 첫째 문, 둘째 문, 해서 열두 대문이 있단 말이에요? 그다음에 왕의 보좌가 있는 거예요. 보좌. 뭐가 있다고요? 보좌가 있는데, 이 자금성에 이 왕이 나오는 격이 다 달라요. 예를 들면 왕의 생일날은 몇 번째 문까지 나와요. 그리고 조선의 왕이 왔을 때는 어디까지 영접하러 나오고, 저 몽골의 왕이 왔을 때는 어디까지 영접하러 나오고, 이것이 다 달라요. 자금성에 그 황제가 맞이하러 나올 때. 이해돼요?

그런데요? 이게 보면 인간은 영으로부터 느낌을 받아요. 인간은 영으로부터 느낌을 받는 거예요. 느낌. 그렇지요?

그런데 사람은 두 가지 영으로부터 느낌을 받아요. 성령을 담고 있는 사람은 성령으로부터 느낌을 받아요. 성령의 영감이라 그래요. 영감. 악령을 담고 있는 사람은 악령으로부터 느낌을 받아요. 악령에게서도 느낌을 받아요.

그러니까 사람이 악령을 담아 놓은 사람은 자기도 모르게 악령의 느낌을 받아서 악령의 문화를 만들어내요. 그러니까 이러한 자금성 같은 거 이런 걸 만드는 걸 보면 원수 마귀 사단이, 마귀가 보좌를 그리워하는. 뭘 그리워하는? 마귀의 보좌를 그리워하는 이 흔적들이 보이는 거예요. 마귀가 보좌를 그리워하는 거예요. 마귀가 하나님의 보좌에 한 번 덤볐다가 쫓겨났잖아요? 쫓겨난 후에 마귀가 자기의 보좌를 계속 만들려고 시도를 하는 건데, 이것이 인간 세상에도 나타나요.

사람을 마귀가 장악하면, 마귀에 취하면, 마귀 충만히 받으면, 마귀 충만한 사람은 보좌 만드는 일에 그냥 끌려가는 거예요. 그 옆에 가면 이화원이라고 있어요. 이화원. 중국에 가면 이화원이라고 있는데, 이화원은 뭐냐 하면 중국의 무슨 왕이 뭔 왕인지 이름을 잊어먹었어요. 진시황인지 뭔 왕이 자기의 부인을 너무 사랑해서 자기 부인한테 놀이터를 하나 만들어줬는데 그 놀이터가 이화원이에요. 이화원인데 얼마나 큰지. 이화원 가본 사람 손 들어봐요. 이화원 가본 사람. 이화원 못 가봤지? 이화원 가봤어요? 이화원을 가보면 중국의 이화원이 왕이 자기 마누라를 너무너무 사랑해서 마누라 놀이터를 만들어준 게 이화원이에요. 여기에 호수에서 이제 왕후가 배를 타고 노는데요? 놀다가 여기 산이 하나 있어요. 산에 층층 올라가는 계단이 다 있어요. 그 맨위에 불상이 하나 있어요. 내 그걸 딱 보면서 사단의 보좌를 생각한 거예요. 마귀의 보좌. 인간들이 이 땅에서 영의 느낌을 받는다고요. 그래서 인간들은 항상 이렇게 보좌 만들기를 좋아해요. 마귀에 속한 사람들은. 이해돼요?

여러분 직장 같은 데도 가봐요. 직장에 의자 같은 거, 책상을 놓을 때도 사장님 책상은 따로 놔요? 안 놔요? 참, 뭐, 이렇게 자연적으로 사람이 그렇게 하는 거예요. 이게 보좌의 개념이에요. 보좌의 개념. 무슨 개념이요?

원수 마귀 사단이 보좌, 하나님의 보좌를 노리고 하나님의 지극히 높은 자와 대결하려고 하다가 하나님께 쫓겨나서 이것이 사단이 된 것이고, 마귀가 된 것이고, 이것이 바로 뱀이요, 용이요, 50가지의 이름을 가진 악의 근원이 되었다는 거예요. 이해되시면 아멘. 두 손 들고 아멘.

여러분, 오늘 이 자리에 없으면 뻔해요. 뭐야? 제사 지내는 거 아니면 또 뭐 해요? 형제들한테 고스톱 치잖아요? 형제들 모여서 고스톱 치다가 작년에 보니까 고스톱 치다가 돈 잃어서 형제의 머리채를 잡고 싸우다가 작년에 신문을 보니까 죽였어요. 형제간에 싸워서 죽였어. 고스톱 쳐서 돈 잃었다고. 그리고 여러분도 죽이진 않아도요? 오늘 여기 안 왔으면 형제간에 고스톱 치고 돈 놓고 하다가 한 사람이 물 먹으려고 부엌 간 사이에 돈 이렇게 훔쳐서. 하는 짓이 뻔해요. 뻔해. 그러니까 여기 와 있는 자체가 복이에요. 복이지? 옆 사람 다시 축복해 봐요. 참, 큰 축복 받았습니다. <빛나고 높은 보좌와> 한번 불러봐요. 아버지! 우리는 큰 축복 받았습니다.

찬송가 27장 〈빛나고 높은 보좌와〉

1. 빛나고 높은 보좌와 그 위에 앉으신
주 예수 얼굴 영광이 해 같이 빛나네
해 같이 빛나네

2. 지극히 높은 위엄과 한없는 자비를
뭇 천사 소리 합하여 늘 찬송 드리네
늘 찬송 드리네

3. 영 죽을 나를 살리려 그 영광 떠나서
그 부끄러운 십자가 날 위해 지셨네
날 위해 지셨네

4. 나 이제 생명 있음은 주님의 은사요
저 사망 권세 이기니 큰 기쁨 넘치네
큰 기쁨 넘치네

5. 주님의 보좌 있는 데 천한 몸 이르러
그 영광 몸소 뵈올 때 내 기쁨 넘치리
내 기쁨 넘치리

아멘. 할렐루야. 그래서 저는 우리 애가 둘이 있지만 한나하고 에녹이하고 있는데 난 우리 애들한테 절 잘 안 시킵니다. 명절 되고 뭐 해도 난 절하지 말라 그래요. 왜? 그건 내 생각인데 왜냐하면 이 절의 문화가 성경에 보면 천사들이 나타날 때 천사한테 절을 하려고 시작한 사람이 많아요. 그때 천사들이 절대 절을 안 받았어요. 나에게 절하지 말라. 오직 하나님께만 하라. 그래서 나는 우리 애들한테 절 잘 안 시켜요. 절 시킨다는 것은 일단 절 받는 내 자리가 보좌야. 보좌. 뭐요? 보좌는 오직 하나님께로 돌려야 해요. 보좌의 자리는 느낌 자체라도 하나님께로 돌려야 해요. 내가 절 받는 자리에 딱 앉으면 내가 꼭 루시엘이 된 것 같은 느낌을 받아요. 내가. 나는 성경을 깊이 읽기 때문에. 그래서 우리 애들한테 절하지 말라 그래요. 절하지 말라 그러고 그냥 "안녕하세요." 이렇게만 하라 그래요. 나는 절 안 시켜요. 왜냐하면 이 보좌에 대한 이 모든 문화사에 흐르는 것들이. 이 사람이 사는 삶 속에 여러분도 모르는 사이에 보좌의 개념이 삶 속에 흐르고 있다니까요?

예수님도 이 땅에 계실 때 너희들이 잔치에 초대를 받거든 처음에 보좌에 높은 자리에 올라가라? 올라가지 말라? 올라가지 마라. 절대 거기는 가지 말고 밑에 있으라. 그러면 사람들이 널 인도하여 그 자리로 데리고 가리라. 네가 그 자리를 탐하지 말라. 아멘! 장로님들도 절대 교회에서 보좌를 탐내면 안 돼요. 아멘? 보좌를 탐내면 안 돼. 보좌는 오직 주님께로 돌려야 해요. 우리는 보좌의 자리에 가려고 하면 안 돼요. 할렐루야! 두 손 들고 아멘!

II.
우주를 심판하신 하나님

1. 첫째 세상에도 자연이 있었다

그래서 원수 마귀 사단이 타락을 했어요. 타락을 해서 하나님이 심판했는데 다시 한번 따라서. <u>천사의 창조. 천사의 타락. 천사의 심판.</u> 이것은 이 세상이 지어지기 전에 있었던 사건이에요.

　오늘은 추석날은 틀림없이 여기는 알짜들만 교회 왔어요. 쭉정이들은 오늘 교회 안 와요. 오늘 온 사람들은 알짜야. 맞지요? 오늘 추석날 온 사람들은. 절대 가짜들은 안 오는 거예요. 오늘은 100프로 알짜들만 온 거예요. 옆 사람 다 손잡고 해요. <u>너는 분명히 알짜야.</u> 다시 앞뒤로 해요. <u>너는 하늘나라의 알곡이야.</u> 그죠? 알곡들만 교회 왔어요. 추석날은 쭉정이들은 지금 저기 대전까지 갔고 지금 보여요. 지금 여기 훤하게 다 보인다. 알곡들만 왔는데 오늘 딱 하나님이 좋은 기회를 주었어요. 추석날 알곡만 딱 모아 놨기 때문에 내가 하고 싶은 말을 하려고 인터넷도 다 끊어 놨다 이거예요. 아멘이요? 시작합니다. 잘 봐요.

　한 번 따라 해요. <u>천사의 창조. 천사의 타락. 천사의 심판.</u>

이것은 이 세상이 창조되기 전에 일어났던 일이에요. 그럼 여기서 이제 뭘 생각해야 되냐 하면 천사의 나라. 한번 따라서. <u>천사의 나라.</u> 천사의 나라 핵심이 루시엘이라 그랬죠. 루시엘. 이 루시엘의 세상에서 그때 자연이 있었겠냐는 거예요. 자연. 다시 말해서 풀, 나무, 꽃, 이런 자연 말이에요. 이런 자연이 있었겠느냐 이 말이에요.

자연이 있었던 거예요. 자연이. 왜 자연이 있었는지를 내가 증명할게요. 들어봐요. 잘 들어봐. 이 첫 번째 세상에서도 자연이 있었던 거예요. 자연. 이것이 영의 나라 그래서 완전히 영의 나라가 아니에요. 자연이 있었다는 거예요.

증거로 봐요. 에스겔 28장에 우리가 수도 없이 읽었습니다마는, 에스겔 28장에 보면, 너 기름 부음을 받은 그룹임이여. 루시엘에 대하여. 네가 옛적 하나님의 동산. 어디에 있었어요? 에덴에 있었어요. 에덴. 그러면 에덴이라는 것이 자연이 있어요? 없어요? 에덴에 선악과 말고도 다른 각종 식물이 있어요? 없어요? 임의로 먹되 선악을 알게 하는 나무는 먹지 말라 그랬잖아요? 이해되시면 아멘.

그러니까 '네가 옛적 하나님의 동산 에덴에 있어서' 하는 걸 보니까, 루시엘의 세상에서도 자연이 있었다는 거예요. 자연. 그러니까 전 세상에서도 자연이 있었던 거예요. 이해되시면 아멘이요?

2. 열국 : 우주

하나님이 루시엘을 심판할 때 잘 들어봐요. 심판할 때 루시엘 천사와 그와 함께했던 지지했던 천사들의 조직만 심판한 게 아니에요. 루시엘 천사와 더불어, 함께 대들었던 천사 조직과 더불어, 그가 관할하고 있던 모든 세상을 하나님이 다 심판했어요. 그 모든 세상이 뭐냐 하면 '너 열국을 엎은 자여'. 따라서. 너 열국을 엎은 자여. 이 열국의 범위가 어디냐? 열국이란 말이 이것이 다른 말로 우주예요. 우주. 지금 우주 있잖아요? 우주가 열국이란 말이에요. 열국. 이해되시면 아멘? '너 열국을 엎은 자여.' 이 우주란 말이에요.

그러니까 이렇게 생각하면 돼요. 루시엘은 하나님의 정원사예요. 하나님의 정원사. 하나님의 정원사고 이 우주가 있었어요. 우주가. 이 세상 전의 루시엘 세상에서도 우주가 있었어요. 우주는 하나님의 정원이에요. 하나님의 정원. 하나님의 정원이니까 루시엘이 성가대 지휘자하고 같은 거예요. 이 루시엘이 전 우주를 지휘하는 오케스트라 지휘자예요. 오케스트라 있잖아요? 오케스트라? 모든 악기를 놓고 지휘하는 오케스트라 있잖아요? 서울시 교향악단 오케스트라. 이 천사가 우주를 놓고 지휘하는 지휘자예요.

자, 봐요. "화성, 목성, 토성, 지금부터 날 잘 봐!" 하고 루시엘이 "지금부터 하나님의 보좌를 향하여 노래를 부른다.

40장을 부른다. 40장." 40장. 빨리 시작해요. 이렇게 루시엘이 지휘하는 거예요.

찬송가 40장 〈주 하나님 지으신 모든 세계〉

1. 주 하나님 지으신 모든 세계
   내 마음속에 그리어 볼 때
   하늘의 별 울려 퍼지는 뇌성
   주님의 권능 우주에 찼네

(후렴) 주님의 높고 위대하심을 내 영혼이 찬양하네
   주님의 높고 위대하심을 내 영혼이 찬양하네

2. 숲속이나 험한 산골짝에서
   지저귀는 저 새 소리들과
   고요하게 흐르는 시냇물은
   주님의 솜씨 노래하도다

3. 주 하나님 독생자 아낌없이
   우리를 위해 보내 주셨네
   십자가에 피 흘려 죽으신 주
   내 모든 죄를 구속하셨네

4. 내 주 예수 세상에 다시 올 때
   저 천국으로 날 인도하리
   나 겸손히 엎드려 경배하며
   영원히 주를 찬양하리라

아멘! 하나님께 영광의 박수요. 오늘 내가 하고 싶은 말 다할 거예요. 자연들이 말할까? 안 할까? 나는 1969년 6월 어느 날 무학여고 뒤에 있는 신성교회에서 내가 주님을 처음 만났을 때 성령의 불이 쏟아졌을 때 정신을 잃고 쓰러졌어요. 나 혼자 헬리콥터를 혼자 다 돌리고 낮 예배 김충기 목사님 집에 참석했다가 성령의 불을 받고 울고불고 울고불고 오후 3시쯤 됐는데 문을 열고 딱 바깥에 나오니까 참 뭐, 이 나무들이 가로수들이 그때 은행잎이 다 피지도 않고 뾰족뾰족 튀어나올 땐데 이게 전부 말을 다 하는 거예요. 이게. 꽃은 꽃대로 전부 말을 다 하는 거예요. 이 식물들이. 아멘. 오늘 내가 하고 싶은 말 다 하려고 인터넷 끊어 놨어요. 이게 바깥으로 나가면 어떻게 되겠어요? 다? 내가 이단 되잖아요? 사람이 영적으로 깊이 들어가면 자연과 대화를 할 수 있다고요. 성 프란시스(St. Francis) 시대만 그런 거 아니에요. 오늘날도 성령 깊이 받으면 할 수 있어요. 옛날에 수도사 성자 성 프란시스라고 있었잖아요? 성 프란시스는 새면 새, 동물이면 동물, 성 프란시스는 말을 다 했어요. 부르면 다 오고 성 프란시스가 딱 부르면 다 왔어요. 하도 거룩해서요. 성 프란시스가. 아멘이요?

나는 성 프란시스같이 일생은 안 됐지만 몇 시간이라도 나는 대화해 봤어요. 이것들이 다 말을 하는데요. 그래서 나는 이 모든 자연이 의식이 있다는 걸 알아요. 이게 전부 의식이

다 있는 거예요.

그러니까 이 모든 우주를 향하여 이 루시엘이 전체를 총지휘하여 하나님께 영광을 돌려야 된다 이거예요. 아멘이요?

하나님이 루시엘을 창조할 때 하나님이 얼마나 존귀하게 지었냐? 성경에 보면 하나님이 어떠한 주체에 위임하는 것이 요셉과 바로의 사이에도 나와 있고 또 앗수르 왕하고 에스더 사이에도 나와 있어요. 이게 전부 여기에 대한 그림자예요. 어떠한 것을 위임할 때 보면 바로가 요셉을 보고 뭐라 그랬어요? "요셉! 너 같이 지혜로운 자를 처음 봤다. 내가 너보다 높음이 이름뿐이니라." 뭐뿐이라고요?

하나님이 한번 빠지면 그래요. 하나님도 한번 빠지면 정신을 못 차려요. 그러니까 아하수에로 왕이 에스더 보고 "나라의 절반까지도 주겠다." 그랬잖아요?

우리 하나님 마음을 사로잡읍시다. 하나님이 한번 빠지면요? 하나님도 정신을 못 차리는 분이에요. 여러분, 하나님이 정신 못 차리도록 하나님을 우리 싹 한번 사로잡읍시다. 옆사람 다 손잡고 하나님을 사로잡읍시다! 한번 우리가 특별히 예수를 한번 믿어보자고요. 사랑제일교회여, 그냥 평범하게 시시하게 믿지 말고 하나님의 중심을 사로잡도록 합시다. 아멘? 오늘 추석날 교회에 나온 것은 하나님을 사로잡을 만해요. 우린 평범하게 예수 믿으면 안 돼요. 아주 고난도로 믿어서 금메달 따야 해요. 금메달.

보세요. "내가 너보다 높음이 이름뿐이다. 이름뿐." 바로 이게 성경의 그림자란 말이에요. 이렇게 루시엘이 이 우주를 다 관할 하는 성가대 지휘자예요. 지휘자.

3. 하나님 심판의 속성

그런데 이놈이 하나님하고 비겨서 타락했을 때 하나님이 심판하는 걸 보면, 하나님의 심판도 성경에 모형이 나와 있어요. 하나님이 제일 먼저 심판하는 건 주체를 심판해요. 주체. 주체니까 루시엘이에요. 그다음에 그를 받치는 사자들이에요. 그다음 밑에 뭐냐?

보십시오. 성경에 보면 아간이 범죄했거든요? 아간이? 그러면 아간 혼자만 죽여야 할 것 아니에요? 아간 일단 죽여요. 그다음에 마누라 죽여요. 그다음에 아간과 붙은 자식들 다 죽여요.

그것만 죽인 게 아니고 하나님의 심판의 속성이 나와요. 아간이 다녔던 집의 터를 거름터를 만들어 버려요. 그가 만졌던 뭐든지 만진 것을 전부 다 불살라 없애 버려요. 이해되시면 아멘. 하나님이 심판하는 걸 보면.

그러니까 뭐도 그래요? 압살롬이라든지 다 그래요. 하나님 심판할 때는 그래요. 그러니까 이 루시엘이 만졌던 것도 하나님은 싫은 거예요.

예를 들면 이런 거예요. 자, 우리 세상이 지금 너무 험난하기 때문에 결코 그런 일이 없어야 되겠지만, 너무 세상이 험난하기 때문에 젊은 나이에 부부간에 먼저 죽는 사람이 있어요. 교통사고로 죽어버려요. 암이 와서 죽어버려요. 죽으면 일생 혼자 못 살잖아요? 지난주에도 탤런트 젊은 애가 결혼한 지 8개월밖에 안 됐는데 자살해 죽었잖아요? 나 그 자매님, 신부를 보니까 결혼한 지 8달밖에 안 돼요. 그런데 자살해서 죽었다고. 빚쟁이한테 시달려서. 40억 빚지고. 그런데 진짜로 난 신부를 보니까 너무너무 애석한 거예요. 세상에 결혼하지 말고 죽지. 세상에 8개월 살아 놓고 죽으면 어떻게 하겠다는 거예요? 여러분! 절대 자살하지 마시오. 자살하면 자기 혼자만 생각해. 자살은 이기주의자야. 자기 혼자만 고통을 피해 가려고 그러면 안 돼. 피할 수도 없어요. 지옥 가면 더 세요. 고난이 더 센 거예요. 그러니까 절대 죽으면 안 돼요. 알았죠? 죽고 싶을 때는 꼭 나한테 물어보고 죽어. 알았지? 꼭 나한테 물어보고. 절대 자살하면 안 돼요. 응? 우리나라가 오이시디(OECD) 국가 중에 자살률 1위예요. 하루에 37명 자살해요. 하루에. 오늘도 서른일곱, 오늘 추석이라서 더 많이 죽을 거예요. 오늘은 한 70명 자살할 거예요. 오늘은. 하루에 37명이 자살해요. 한국에서. 보통 문제가 아니에요.

그런데 죽으면 지금은 장례식하고 정신이 없어요. 병원

에 입원하고 혼비백산하고 그러지마는 한 2, 3년 지나면 부모들이 옆에서 자꾸 새로 시집을 보내려고 해요. "정신 차려라." 새로 자꾸 짝을 지으려고 해요. 그래서 새로 결혼해요.

우리 교회도 여기 재혼해서 사는 사람들이 있어요. 나 혼자 비밀이에요. 옆 사람 처다볼 것 없어요. 그건 좋은 거예요. 절대 그런 거에 대해서 흉보면 안 돼요. 그냥 서로 혼자 사는 거보다는 이렇게 맞춰 사는 게 좋은 거예요. 될 수 있으면 끝까지 사는 게 좋고. 그런데 할 수 없이 그렇게 되면 이제 우리 교회도 혼자 살지 말고 막 붙어요. 빨리빨리 짝을 지어요. 빨리빨리 소개해서 다 붙어요.

저 보스턴에 청교도 배 들어오는데 내가 가보니까 영국에서 그 플리머스 항구에서 출발해서 배가 105명 타고 55일 만에 미국의 뉴욕에 도착했단 말이에요. 배 안에서 절반 죽었어요. 절반 죽었는데 하나는 남자가 죽고 하나는 여자 죽고 그렇게 죽었어요. 청교도들이. 그 배에서 내린 뒤에 그 사람들이 통성기도 했어요. "하나님, 각자 사는 게 하나님 뜻입니까? 새로 인구 재편하는 게 뜻입니까?" 기도했는데 하나님 응답받았어요. "새로 붙어라." 그래서 간판에 이렇게 쓰여 있어요. "누구는 누구의 아내가 되다. 누구는 누구의 아내가 되다." 이렇게 다 쓰여 있어요. '천국 간 분도 천국 간 내 남편도 내가 한 선택을 이해해 주리라.' 그걸 거기다 써놨어요. 간판에 보면. 그러니까 새로 붙어사는 것이 하나님의 뜻이에요. 청교도들이 다 응답받은 거예요. 알았지? 혼자 살지 말고 이제 짝짝 짝을 맞춰 살아라 이 말이에요. 질서정연하게 잘 정돈해서 살아라 이 말이에요. 아멘이요? 아름답게 살아라 이 말이에요.

사는데, 결혼하는데, 여자가 이제 새로 시집을 왔단 말이에요. 재혼해서 왔단 말이에요. 오면 남자가 첫 부인에 대해서 정이 그리워서 첫 부인의 사진을 말이야 벽에다 옛날에 첫 부인 결혼사진 그리고 둘이서 유원지에 가서 뽀뽀한 사진 그런 것을 방에다 탁 걸어 놓으면 돼요? 안 돼요? 아이! 돼요? 안 돼요? 왜 안 되는 거예요? 왜 안 되는 거야? 안 되는 거예요. 다 불태워 버려야 되는 거예요. 왜냐하면 첫 부인의 의지가 닿은 것은 다 싫은 거예요.

이게 잘 들어봐요. 이게 하나님의 심판에도 이 논리가 적용되는 거예요. 다 싫은 거예요. 아멘. 자 보세요. 그래서 그와 같이 그 첫 부인이 다녔던 흔적도 싫은 거예요. 첫 부인이 만졌던 그릇도 싫은 거예요. 그러니까 새로 장가가고 새로 할 때는 싹 다 버려야 되는 거예요. 싹 다 버려. 집도 될 수 있으면 팔아서 새집으로 가야 하는 거예요. 새로 시작해야 하는 거예요.

하나님이 루시엘이 썼던 것은 다 싫은 거예요. 그래서 하나님이 싹 다 불태워 버리는 거예요. 이렇게 가르쳐도 모르는 사람들은 빨리 집에 가요. 그래서 하나님이 전 세상에 있어서 루시엘이 손 닿은 것은 다 싫은 거예요. 아멘. 꼴도 보기 싫은 거예요. 다 불태워 버리는 거예요. 다 불태워 버리는 거예요. 의지가, 루시엘의 의지가 닿은 것은 다 싫은 거예요. 아멘이요?

4. 루시엘의 손이 닿은 우주를 심판하신 하나님

그래서 하나님이 이 세상을 정리할 때 루시엘의 주체, 죄의 주체만 아니라 그를 받치는 사자들 뿐 아니라 그가 거느렸던 '너 열국을 엎은 자여' 그가 다스렸던 모든 우주를 다 심판했어요.

다시 물어볼게요. 루시엘 세상에도 자연이 있었다? 없었다? 있었다. 다시 말해서 우주가 있었단 말이에요. 우주가. 이 루시엘 세상에도 우주가 있었던 거예요. 우주.

그래서 하나님이 이 우주를 엎은 거예요. 우주를 엎었는데 그래서 나는. 미국의 휴스턴에서 우주선들이 지금 어디까지 갔냐 하면 화성까지 갔어요. 화성까지 갔는데 주목하고 내가 봤습니다. 과연 화성에 물이 있을까? 없을까?

그런데 작년에 로봇(robot)이 화성에 내렸어요. 화성의 사진을 찍어서 전송했는데 화성에 물이 흐른 흔적이 있어요. 물이 있다는 것은 생명체가 있었다는 거예요. 그런데 지금 일교차가 하루에, 하루 사이에 저녁에는 영하 200도, 낮에는 또 영상 100도. 그냥 하루에 바싹 얼었다가 하루에 얼음이 됐다가 하루에 그냥 뜨거워졌다 이래요. 화성에 그래서 못 살아요. 못 사는데 물이 흐른 흔적이 있었다는 거예요.

나는 몽골 울란바토르를 다섯 번 가봤어요. 가봤는데 몽골에 가보면 화석공원이 있어요. 가보면, 이야! 공룡만 있는 게 아니에요. 공룡. 여러분, 이 공룡 있잖아요? 공룡? 이 공룡에 대한 화석이요? 공룡은 빼도 박도 못한 사실이라고요. 맞지요? 공룡을 부인할 수 없는 거예요.

이 공룡에 대한 화석이요? 공룡만 있는 게 아니에요. 몽골의 화석공원을 가보니까 이 풀에 대한, 화석이 풀도 있어요. 꽃도 있어. 나뭇잎도 있어. 이 화석의 종류가 이 화석이 공룡을 비롯하여 제일 큰 게 이제 공룡이지. 이런 이 화석이 왜 생기는지 알잖아요? 화석 알죠? 화석은요? 화석은 화산 위에 물이 끓어올라서. 하와이 가보면 하와이 주 섬 말고 옆의 섬, 그 옆의 섬으로 비행기 타고 한 시간 가면, 작은 섬에 지금도 용암이 흘러나와요. 빨간 용암이 푹 올라오면서 끓는 이 바위 물이 올라와서 바다 밑으로 이렇게 들어가면 연기가 폭 솟아나면서 딱 식으면 그게 바로 돌이에요. 이 용암이 하와이 옆에 가면 지금도 뭐 폭발한다고 하는데, 그것이 서서히 들어가 버리면 나무가 타버려요.

그런데 이 나무들이 꽃이 이렇게 있을 때 갑자기 용암 끓는 바위 물이 갑자기 탁 덮어버리면 이것이 타는 게 아니고 딱 굳어져서 화석이 된다고요. 화석. 그래서 화석이 되는 거예요. 이해돼요?

화석에 대해서 이해가 안 되면 이렇게 생각하면 돼요. 여러분 집에 개미들이 많이 몇백 마리가 기어갈 때 촛물 있잖아요? 촛물? 초를 이렇게 불태워서 촛물을 갑자기 팍 부어봐요. 그러면 개미가 딱 붙어서 화석이 돼 버려요. 그런 식으로 화석이 되는 거예요. 이해돼요?

그런데 이 루시엘의 세상을 하나님이 심판할 때 말이에요. 제가 미국의 애리조나 광야에 갔을 때. 제가 먼젓번에도 한번 보여줬지만 이야! 노아의 심판 때. 노아의 심판 때 보면. 성경 창세기 6장부터 노아장이잖아요? 보면 하나님이 깊음의 샘들이 터지고 하늘에 창수가 나고 위에서 하나님이 비를 내려서 40일 동안 물 심판을 했는데 그때 창수가 터졌다는 말이 그 창수가 터졌다는 히브리어 원어가 뭐냐 하면 쓰나미라는 거예요. 쓰나미.

내가 미국의 샌디에고에 있는 창조학회 교수한테 들었는데요. 보통 감명 깊이 들은 것이 아니에요. 이 미국의 애리조나 광야를 가면은 노아의 물 심판 때 말이에요? 물 심판 때 바다에서 바다의 깊음의 샘들이 터졌다. 바다에서 화산이 터진 거예요. 하나님의 분노의 심판이에요. 심판. 아멘. 쓰나미가 뭐예요? 쓰나미가 일본 여자 이름이 아니고 바다에서 화산이 터지면 바다에서 지진이 일어나면 바다에서 뜨거운 게 일어나 버리면 바닷물이 확 뜨거운 것 때문에 오지요? 이게 얼마나 무섭냐 하면 이게 아시아에서 이 쓰나미 화산이 탁 터지면 바다에서 터지면 이 물결의 파도가 남미까지 가는 거예요. 남미까지. 먼젓번에 4, 5년 전에 인도네시아에서 바다에서 한번 지진 난 적이 있었죠? 바다에 지진 나면 물이 막 몰려와서 육지를 덮어버려요. 그냥 때려요. 무서운 겁니다.

바로 그 현상이 어디서 일어났냐? 창세기 7장에서 일어난 거예요. 노아의 물 심판 때. 아멘이요? 그러니까 그때 깊음의 샘들이 터지면서 쓰나미 현상이 일어나서 불이 바닷속에서 푹 올라오니까 그때 그냥 이 지구가 요동을 친 거예요. 지구가. 그냥 비만 온 게 아니에요. 노아 홍수 때. 그래서 그때 쓰나미 현상이 일어나서 나무들이 뽑혀서 애리조나 광야에 떠돌아다니다가 뜨거운 물과 용암에서 딱 굳어져서 나무들이 화석이 됐는데 지금 한번 보여줄 테니까 보라고요. 이야~ 이게요? 이걸 보고 예수 안 믿는 사람은 나는? 한번 보라고요. 한번 보라고. 잘 보라고요. 이게 나무란 말이에요. 나무. 나무같이 보여요? 이게 나무껍질이잖아요? 이게 통나무란 말이에요. 이 통나무들이 애리조나 광야에 흩어져 있는 거예요. 흩어져 있는데 전부 이게 전부 돌이요. 화석이에요. 나무가 굳어져서 돌이 된 거예요. 이게요. 김이숙은 그때 봤어요. 내가 김이숙 데리고 가서요. 모르는 사람은 김이

숙한테 물어봐요. 이게요. 애리조나 광야에 그 사막에 이것이 그러니까 노아 홍수 때 땅에서 터지면서 이것이 올라와서 용암이 뜨거운 물에 의해서 이것이 썩지 않고 딱 화석으로 굳은 거예요. 물 위에 떠돌아다니다가. 이해돼요?

그러니까 그때 이 바닷물이, 노아 홍수 때 바닷물이 그냥, 비가 와서 물만 넘친 게 아니라, 밑에서 깊음의 샘들이 터졌다는 히브리어 원어가 화산이 터졌다는 뜻이란 말이에요. 히브리어 원어가. 그러니까 바닷물이 차가웠을까? 뜨거웠을까? 뜨거웠지. 화산이 터지니까. 그냥 바닷물이 그냥 가마솥에다가 넣어 놓고 끓는 것처럼 그렇게 바닷물이 요동을 쳤단 말이에요. 요동을 쳤는데 거기에 나무들이 딱 들어가서 화석이 될 만큼요.

이것을 미국의 어떤 대학에서 시험관에다가 나무를 꺾어서 똑같은 조건을 만들고 물을 끓여서 고농도로 갑자기 높여서 해 보니까 그냥 나무가 그 자리에서 화석이 지금도 되는 거예요. 미국의 대학에서 시험을 해보니까. 창조학회에서 해보니까. 이해돼요? 시험을 해보니까 지금도 화석을 만들 수 있는 거예요. 갑자기 온도를 급하게 높여서 딱 닿으면 되는 거예요. 이 사진들.

그다음 사진 보세요. 다 같은 거지만 보세요. 이거 보라고. 야, 이게 나뭇결이에요. 이것이 돌이란 말이에요. 돌. 나무가 썩은 것이 아니에요. 그냥 돌이에요. 그다음 보세요. 한번 보세요. 이게 다 이게 다 흩어져 있어요. 요거 잘라 놓은 거 봐요. 나이테가 이게 자른 나이테가 이거예요. 이것이 애리조나 광야에 흩어져 있어요. 이야~

　내가 이걸 보면서 말이에요. 내가 이걸 보면서 저런 것을 보면서도 창세기 7장을 믿지 않는 사람은? 그런데 창조학회 교수가 참 의미 있는 말을 했어요. 마지막 결론을 딱 말하는데 저런 걸 보면 성경을 안 믿을 수가 없잖아요? 아멘! 그런데도 미국의 많은 관광객들이 거기 와서 저걸 보고 예수를 안 믿어요. 그러니까 그때 교수가 하는 말이 이렇게 말한 거예요. "여러분, 목사님들, 잘 들으세요." 창조학회 교수가 하는 말이 "목사님들 앞에 내가 공자 앞에 문자를 쓰겠습니다. 이러한 산 증거를 이렇게 꼼짝할 수 없는, 빼도 박도 못하는 증거를 보여주면 사람들이 다 예수 믿을 것 같지만."

　예수는 내가 믿는 게 아닙니다. 하나님 쪽에서 우리 속을 만져줘야 합니다. 하나님 쪽에서. 구원은 하나님 쪽에서 시작되는 거예요. 하나님 쪽에서 우리의 영을 열어주지 아니하면 예수 그리스도가 지금 부활한 예수가 우리 앞에 직접 나타나도 예수를 안 믿는 게 아니라 못 믿어요. 믿을 힘이 없는 거예요. 그러니까 구원은 하나님 쪽에 있는 거지, 사람 손에 있는 것이 아니에요. 그러니까 지금 오늘 여러분들이 이 자리에 온 것이 예수님을 믿으시죠? 그것이 여러분의 지각이 똑똑하고 날카롭고 영리해서 믿는 게 아니고 하나님이 여러분과 저를 만져주신 거예요. 하나님 쪽에서 우리를 딱 쳐주지 않으면 절대 예수 못 믿는 거예요.

그러니까 창조학회 교수가 하는 말이 그런 거예요. 이거보다 더 생생한 증거를 보여줘도 예수 안 믿는대요. 예수를 안 믿는 게 아니라 못 믿는다고요. 참 그걸 보면, 저런 증거들이 딱 나타날 때 이미 하나님이 부르셔서 우리를 만져서 구원받고 예수 그리스도로 인해서 죄 용서함을 받은 사람은 저런 걸 보면 감격이 일어나요. 그런데 구원 못 받은 사람은 저걸 보고도 예수 믿을 힘이 없는 거예요.

야~ 그걸 보면 여러분, 오늘 추석날 교회에 왔다는 것은 여러분의 힘이 아니에요. 이건 주님 쪽에서 우리를 만져주신 거예요. 동의하시면 아멘. 두 손 들고 아멘. 감사하지요? 구원은 나 쪽에서 시작되는 게 아니에요. 하나님 쪽에서 시작되는 거예요. 내가 구원을 시작할 힘이 없어요. 하나님이 우리를 불러 주셨기 때문이에요. 아멘! 두 손 높이 들고 405장 한번 불러봐요. 구원은 하나님 쪽에서 시작되는 거예요. 나 쪽에서 시작되는 것이 아니고요. 아버지!

찬송가 405장 <나 같은 죄인 살리신>

1. 나 같은 죄인 살리신 주 은혜 놀라와
잃었던 생명 찾았고 광명을 얻었네

2. 큰 죄악에서 건지신 주 은혜 고마와
   나 처음 믿은 그 시간 귀하고 귀하다

3. 이제껏 내가 산 것도 주님의 은혜라
   또 나를 장차 본향에 인도해 주시리

4. 거기서 우리 영원히 주님의 은혜로
   해처럼 밝게 살면서 주 찬양 하리라

5. 하나님 우주 심판의 증거

1) 화석

아멘. 그러면 중간에 요약을 한번 해보자고요. 자, 상상해 보자고요. 그 옛날 아주 옛날에. 그 옛날 언제? 아주 옛날에. 하나님이 천사들 중심의 한 세상을 만들었다. 그런데 그 천사들이 다양했다. 그 총지휘자가 루시엘이었었다. 그런데 루시엘이 하나님의 은혜를 모르고 반역하여 하나님의 보좌를 찬탈하려고 하다가 심판받아서 루시엘 더하기 그를 수종 드는 사자 더하기 그가 관할 했던 모든 우주가 대폭발했다. 대폭발. 따라서. 대폭발. 쓰나미 현상이 일어났다. 그래서 그때의 짐승인 공룡들이 화석이 되었다. 아멘. 그때의 전 세상의 식물들 이런 것들이 화석이 되었다. 아멘. 그때의 화학적 작용이 좀 덜된 것들은 석탄이 되었다. 석탄. 뭐가 되었다? 석탄을 캐 보면 석탄의 나뭇결이 그대로 나오잖아요. 나무가 덜 화석이 된 거, 덜 화석이 된 건 나뭇결이 그대로 나와요. 석탄의 나뭇결이 나온다고. 이런 세상은 이 전 세상에서 일어난 거다. 아멘.

2) 하나님의 분노 – 혼돈, 공허, 흑암

그러니까 루시엘이 심판받을 때 그때 하나님이 땅을. 따라서. 땅이 혼돈하고 공허하고 흑암이. 혼돈과 공허와 흑암이라고 하는 것은 이것은 하나님의 분노와의 관계에서 나타나는 단어입니다. 특별히 혼돈이란 말은 히브리어 원어로 무슨 뜻이냐? 여자들이 밀가루를 반죽하다 라는 뜻이니까 하나님이 전 우주, 자기가 창조했던 첫 번째 세상을 밀가루 반죽하듯이 하나님이 심판했다! 이해되시면 아멘.

이런 상태에서 하나님이 물로. 무엇으로? 물로 이 세상을 덮어 두었다. 그러니까 바닷가의 뻘처럼 심판받은 이걸 폐기 처분하고 물로 덮어두었어요. 창세기 1장 2절에 '태초에 하나님이 천지를 창조했다. 땅이 혼돈하며 공허하고 흑암이 깊음 위에 있었다.' 이게 루시엘의 심판 때문이에요. 아멘. '하나님의 신은 수면에 운행하였다.' 이런 상태로 폐기 처분한 상태에서 수억 년, 수십억 년이 지났다는 거예요. 인간의 숫자로 계산할 수 없는 세월이 지났다는 거예요. 아멘.

Ⅲ.
폐기 처분된 우주의 중심에 복구된 지구
- 아담의 나라

1. 아담의 나라 – 지구의 재창조

그 후에 하나님이 두 번째 세상을 창조할 때 이제는 아담을 중심으로. 누굴 중심이요? 아담 중심인데 이제 내가 이제 인터넷에 안 나가니까. 잘라 놓은 이유가 있어요. 내가 이제 여러분에게 하고 싶은 말을 다 하려고 하는 거예요. 아멘. 우리 성도들만 잘 들으란 말이에요. 다른 데 바깥에 소문 퍼트리지 말고.

이 아담의 세상을 만들 때 잘 들어봐요. 이 아담의 세상이 지금 우리가 사는 지구란 말이에요. 지구인데. 이 지구가 하나님이 새로 창조한 게 아니고 이 지구가 뭐냐 하면 재창조예요. 이게 지구의 복구요 복구. 뭐라고요?

하나님이 심판한 이 우주 안에 제일 가운데 있는 이게 지구란 말이에요. 지구. 지구는 태양계에서 비켜 있는 위성이에요. 태양계에서 비켜 있는 것일지라도 우리가 볼 때는 태양계에서 비켜 있는 위성인 것 같지만 이 지구는 과학자들의 말에, 과학자들도 그대로 말하는 거예요. 지구는 모든 우주의 중심에 있다는 거예요. 모든 우주의 제일 중심에 지구가 있는 거예요. 이해돼요? 이해되시면 아멘.

그러니까 하나님이 요 지구 하나를 수리한 거예요. 지구 하나를. 지구 하나를 수리한 거예요. 아멘. 이것을 원천적인 재료를 새로 만든 게 아니고, 이 루시엘 세상에서 심판받은 위성 중의 하나. 하나. 아멘. 그러니까 지구를 파면 공룡이 나오는 거예요. 화석이 나오는 거예요. 이 하나를 하나님이 복구한 거예요.

2. 사단의 중심부에 복구된 아담의 나라

하나를 복구하셔서 하나님의 의도를 한번 보시라고요. 이게 하나로 끝난 것이 아니에요. 하나님이 지구 하나를 복구하셨는데 여기 주체는 아담이에요. 아담. 아담과 이 지구는 사단의 제일 중심부에 지어진 거예요.

그러니까 사단으로 보면 이게 우주인데. 우주가 이게 공중이란 말이에요. 공중은 뭐냐? 지구와 하나님 사이를 공중이라 그래요. 공중. 공중 권세 잡은 마귀예요. 그러니까 이 지구를 다 사단이 둘러싸고 있는 거예요. 지구와 하나님 나라

사이를.

히브리인들의 하늘 개념이 세 개예요. 히브리 사람들은 여기 새들이 날아다니는, 공기가 있는 이것을 첫째 하늘이라 그래요. 두 번째를 무중력 상태라 그래요. 우주란 말이에요. 세 번째 하늘은 하늘 위의 하늘이에요. 하늘 위의 하늘. 하나님의 하늘. 한번 따라서. 하나님의 하늘. 그러니까 여기 새들이 날아다니는 이 공기가 있는 요 하늘은 요게 첫째 하늘. 그다음에 뭐냐? 히브리 사람들은 이 사단이 거하는 이게 공중이란 말이에요. 공중. 따라서. 공중. 이 안에 하나님이 지구를 집어넣은 거예요. 딱 집어넣고 하나님께서 아담에게 말하는 걸 보면 앞의 세상에 대한 의도를 두고 말해요. 한번 따라서 합니다. 생육하라. 이제 아담을 확대하려고 하는 거예요. 확대. 따라서. 번성하라. 따라서. 충만하라.

그다음에 뭔 말이 있냐면 이렇게 말했어요. 정복하라. 지키라. 하나님이 사람을 만들고 에덴을 지키게 했다는 것은, 지킨다는 말은 공격자가 있다? 없다? 있다는 것이 전제된 거예요. 지키라는 것은. 맞죠? 그러니까 하나님이 아담을 향하여 지키라고 했다는 것은 벌써 앞의 세상에 뭔 일이 있었다는 걸 하나님을 염두에 두고 지키라고 하신 거예요. 지키라. 아니 도둑놈이 없는데 뭘 지켜요? 앞에 이 사건이 있었기 때문에 한 번 따라서. 천사의 창조. 타락. 심판. 이 사건이 있었기 때문에 지키라는 거예요. 이해되시면 아멘?

그러니까 원수 마귀 사단으로 보면 이 지구와 아담은 눈엣가시예요. 눈엣가시. 사단의 심장부에 바로 심장부에 하나님이 딱 갖다 집어넣은 거예요. 아멘. 따라서 합니다. <u>생육하라. 번성하라. 충만하라.</u>

잘 들어봐요. 다시는 내가 이 부분에 대해서 말 안 할 거예요. 왜냐하면 사람들이 이해를 못 하면 사람들이 자기 이해 못하는 것을 가지고 공격한단 말이에요. 그러니까 오늘 인터넷 다 끊어 놓고 설교하는 거예요. 잘 들어봐요. 잘 들어보라고.

지금 이 우주에 별들이 있어요? 없어요? 숫자가 적어? 많아? 수도 없이 많지. 그런데 보세요. 하나님이 이걸 확대하려고 그럽니다. 확대하려고 해요. 확대. 뭐라고요?

이것은 분명히 의도가 어디서 나타나 있느냐? 잘 보세요. 어디에 의도가 나타나 있느냐? 조금 이따가 그건 다시 이야기하고. 하나님이 이것을 확대하려고 해요. 확대. 따라서. <u>확대.</u> 확대하려고 하는데 한번 따라서. <u>생육하라. 번성하라. 충만하라. 지키라. 다스리라.</u> 잘 봐요. 공격자가 있다는 거예요. 공격자가 있다.

그런데 이 지구를 하나님이 재복구를 했다. 새로 만든 것이 아니고 따라서. <u>복구했다.</u> 복구했는데 재창조설이란 말이에요. 이걸 신학적으로 재창조라 그래요. 재창조. 무슨 창조? 원료가 있는 상태에서 새로 만든 걸 재창조라 그래요.

아멘.

그리고 앞으로 천년 왕국, 메시야의 나라도 여러 가지 견해가 있지만 여러 가지 신학자들의 견해 중에서 이 견해가더 강해요. 이 메시야의 세상도 하나님이 이걸 만들 때 이게지구 복구설 쪽으로 중심을 두는 거예요. 이 세상도 완전히심판하는 게 아니고 원재료를 이걸 원소 분해하여. 새로운새 하늘과 새 땅을 만들 때 완전히 다 없애고 새 하늘과 새땅을 만드는 것이 아니라. 이해되시면 아멘? 이게 지구 복구설이란 말이에요. 지구 복구설. 아멘이에요?

잘 들어보라고요. 그래서 아담을 하나님이 만들었단 말이에요. 만들었는데 이 아담의 위치가 어디냐? 사단의 중심이에요. 이 우주의 중심이 지구예요. 우주의 중심이.

지금 내가 뭘 일치시키려고 하냐면 억지로 일치시킬 필요는 없지만, 지금 과학과 고고학과 그리고 우주와 성경을 내가 지금 갖다 대는 거예요. 이해되시면 아멘. 특별히 젊은애들 잘 들어. 젊은 애들. 성경이 이해되지 않는 것이 있다면 성경이 틀린 것이 아니에요. 성경은 절대적이에요. 나중에 과학이 발전하면 이해가 되는 거예요. 아멘이요? 잘 들어야 해요.

잘 들어봐요. 그래서 이 지구를 하나님이 만들어서 아담을 왕을 만들었어요. 아담이 왕이에요. 왕. 아담이 하나님 창조의 중심인데, 이 아담이 다시 무너졌단 말이에요. 사단이 아담에게 와서 유혹하여 거짓말로 꾀어서 아담을 종으로 잡았단 말이에요. 그래서 다시 이 원수 마귀가 결국은 뭐냐? 세상 임금이 된 거예요. 세상 임금. 무슨 임금?

그래 지금 이 세상은 우리가 사는 이 세상은 이게 뭐냐 하면 이것이 마귀 공화국이에요. 마귀 공화국. 무슨 공화국? 마귀 공화국이고 다시 아담이 심판받았는데, 이것은 완전 심판이 아니라 준심판이에요. 준심판. 무슨 심판?

그러니까 이 땅에 사망이 오고 이 나무들도 죽잖아요? 인간들도 세포가 늙잖아요? 나이 많으면 죽잖아요? 이게 지금은 완전 심판이 아니라 이게 지금 완전 심판으로 가는 준심판 상태예요. 이 세상은 준심판이에요. 준심판. 무슨 심판? 하나님의 준심판 상태에 있는 거예요. 지금 이 세상이. 이해되시면 아멘.

새 하늘과 새 땅, 메시야의 나라가 오면 완전 심판하여 하나님이 새 하늘과 새 땅을 만들어요. 이해됐으면 아멘? 두 손 들고 아멘. 할렐루야!

3. 하나님은 아담의 나라가 확대되길 원하셨다

1) 만일 아담이 타락하지 않았다면?

그러면 이렇게 갈 때 잘 보세요. 여기서 내가 위험한 말을 한번 하려고 해요. 뭐냐 하면은 한번 따라서. <u>아담의 창조.</u>

<u>아담의 확대.</u> 확대에 대한 얘기를 하려고 해요.

만약에 아담이 선악과를 안 따먹고 계속 여기서 생육하고 번성했으면 어떤 일이 생겼을까요? 하나님이 지구 외에 나머지 이 세상 이 사단의 수중에 있는 우주, 사단이 공중 권세 잡은 이 우주, 지금 생명체가 없는 이곳.

그래서 나는 지금 저 화성에서 지금 물이 있다는 것이, 지금 확실히 물이 있다는 것이 증명됐는데요? 화성에 간 로봇이 찍은 얼음 사진이 날라왔어요. 다음에 난 지금 뭘 기도하고 있냐? 난 그렇게 될 줄 믿어요. 뭐냐 하면 화성에서 앞으로 돌을 캐 가지고 다시 로봇이 싣고 올 거예요.

지구로 싣고 오는데 화성 안에서 조그마한 화석이 하나 나오면, 생명체에 대한 화석이 나오면, 공룡이 나오면 이거는 뒤집히는 사건이에요. 이거는 뒤집히는 사건이에요. 아멘이에요?

그런데 나는 그렇게 될 가능성이 많다고 생각합니다. 화성 안에서 틀림없이 화석을 캐 올 날이 온다. 거기에 분석하면 그 앞에 거기도 공룡이 있을 가능성이 있어요. 왜? 이 우주 전체가 다 하나님의 정원이었었고 이걸 지휘하는 자가 사단이에요. 지휘하는 자가. 이해되시면 아멘?

그러니까 만약에 내가 위험한 말을 하나 하면 들어봐요. 이거 진심이에요. 만약에 아담이 선악과를 안 따먹었으면 어떻게 되느냐? 생육하라, 번성하라, 땅에 충만하라. 점점 사람의 숫자가 늘어날 것 아니에요? 그때는 죽음 있어요? 없어요? 안 죽고 계속 사람을 낳아 봐요. 안 죽고 계속 사람을 낳으면 얼마큼 늘어나겠어요? 그러면 하나님이 지구 말고, 그다음에 화성 말고, 그다음에 뭐 태양계 말고, 넘어서 우주가 계속 회복이 이루어졌을 것이다. 계속 회복이. 아멘! 회복이 이루어졌을 것이다. 그 증거를 내가 지금 성경을 가지고 말씀을 드리려고 해요. 아멘.

2) 마지막 아담 예수에게 벌인 사단의 흥정

자, 마지막 아담이 예수요. 예수. 누구라고요? 예수란 말이에요. 예수가 마지막 아담이란 말이에요. 예수님이 이 땅에 오셨어요.

그래서 사람들은 타락한 후에도 이 세상에 사람이 태어나는 사람의 이름을 별자리를 갖다 붙이는 경우가 많아요. 잘 보세요. 내 이름이 뭐냐 하면 전칠성이에요. 북두칠성. 이 세상에 사람의 이름을 별 이름하고 같이 딱 붙인 것이 많아요. 옛날부터 별 이름 그건 네 별이라 그래요. 딱 붙인 것이 많아요. 예수 그리스도를 뭐라 그러냐? 광명한 뭐라 그래요? 새벽 별이라 그래요. 사단을 뭐라 그러냐? 아침의 계명성이라 그래요. 무슨 말인지 감 잡히면 아멘.

그러니까 이제 결정적인 말을 한번 해보자고요. 이런 상태에서 사단 공화국이 된 상태에서, 이 세상은 사단 공화국이에요. 사단 공화국. 무슨 공화국? 사단 공화국 상태에서 예수 그리스도가 이 땅에 오신 거예요. 이 세상을 만든 주인이 사람의 몸을 입고 이 땅에 오신 거예요.

예수가 왔을 때 사단 공화국을 잡은 이 세상 임금인 마귀가 예수님에게 무엇을 제안하는지 한번 들어보라고요. 무엇을 제안하는지. 이 제안하는 걸 보면 앞의 세상에서 이루어진 것에 대한 느낌을 받을 수 있어요. 무슨 일이 있었다는 것을.

누가복음 4장 한번 넘겨봐요. 이 말씀에서 느낌을 받을 수가 있는 거예요. 누가복음 4장 5절부터 읽으시면 시작.

<누가복음 4:5>

마귀가 또 예수를 이끌고 올라가서 순식간에 천하만국을 보이며

여기서 한번 봐요. 한번 따라서. 마귀가. 다시. 마귀가 예수를 이끌고 올라가서 순식간에 뭘 보여요? 순식간에 천하만국을 보였다.

마귀가 예수님이 이 세상에 오니까 마귀가 딱 나타나서 하는 말이 "예수야. 네가 이 세상에 왔는지에 대하여 실제 혜택을 받을 인간들은 모르고 있다." 이거예요. 그런데 "나는 알아. 네가 왜 왔는지."

그러면서 마귀가 순식간에 천하만국을 보였다는 것은? 천하만국은 뭐냐? 천하만국에 대한 정의가 뭐냐? 천하만국은 하나님 빼고 나머지를 다 천하만국이라 그래요. 하나님 빼고 나머지 모든 피조의 세계를 다 천하만국이라 그래요. 구원의 범위예요. 구원의 범위. 뭐라고요?

그러니까 마귀가 제안하는 거예요. 마귀가 사단이 예수님한테 "예수. 이거 살래? 내가 보여줄게." 천하만국을 일시에 보이면서요. 이걸 설명하면 이런 거예요. "이거 옛날에 이거 심판받기 전에도 다 이게 내 거야. 내가 이걸 다 지휘하고 있었거든. 그런데 하나님이 말이야 이걸 다 심판해서 지금 주물러 놨거든. 그런데 예수야. 너 이 세상에 왜 왔냐? 이거 아담이 선악과 따 먹음으로 말미암아 무너진 모든 권세를 네가 회복하려고 왔지?"

이 천하만국을 일시에 보여. 일시에 보여. 따라서. <u>일시에 보여.</u> 구원의 범위예요. 예수 그리스도가 십자가에 못 박혀 죽은 것은 우리의 영혼만 구원시키려고 한 것이 아니고, 천하만국을 다 회복시키는 거예요. 새 하늘과 새 땅을 다 회복시키는 거예요. 천하만국이에요. 천하만국. 따라서. <u>천하만국.</u>

천하만국을 놓고 물건 파는 거 하고 똑같이 마귀가 흥정하고 있는 거예요. 어떤 사람이 가게에 들어오면 "왜 들어왔어요?" "여기에 가방 있어요." "무슨 가방?" "골프 가방이요." "어떤 거요?" "나는요 큰 걸 원해요. 골프 가방." 그럼 보여줘요. "이거 사실래요?" 하는 것처럼 마귀가 예수한테 천하만국을 보이면서 "이거. 예수야. 이거야 이거." 천하만국의 용어가 뭐라고? 누구 빼고? 하나님 빼고 전체를 다 천하만국이라 그래요. 아멘. 청교도 말씀은 용어가 간단해요. 아주 이해가 쉬워요. 다시 천하만국이 뭐라고? 하나님 빼고 창조주 하나님 빼고 나머지 전체가 다 천하만국이에요. 이것을 놓고 거래를 하는 거예요. 이것을 놓고 마귀가 예수님하고 협상에 들어갔어요. 협상. 천하만국을 일시에 보이면서 6절 읽어봐요. 시작.

<누가복음 4:6>
가로되 이 모든 권세와 그 영광을 내가 네게 주리라 이것은 내게 넘겨준 것이므로 나의 원하는 자에게 주노라

가로되 이 모든 권세와 그 영광을 내가 너에게 뭐 한다? 이 '주리라' 앞에다 '돌려' 자를 넣으면 훨씬 더 쉬워요. 내가 너에게 뭐 하리라? 돌려주리라. '돌려' 자를 넣으면 훨씬 더 쉬워요. 내가 너에게 뭐 하리라? 돌려주리라.

그다음 말 읽어봐요. 돌려주리라. 이것은 내게 뭐한 것이므로? 넘겨준 것이므로 나의 원하는 자에게 주노라. 넘겨줬다는 것은 아담과 하와가 뭐 따먹을 때? 선악과 따먹을 때 하나님은 하나님 빼고 모든 주권을 마귀까지도 소유를 아담

에게 준 거예요. 다스리라. 따라서. 다스리라. 마귀까지도, 마귀를 소유하는, 마귀를 다스리는, 마귀를 제압하는, 사단을 누르는 모든 통제권이 누구에게? 아담에게 와 있어요. 아담에게. 누구에게? 아담에게.

그러니까 하나님 빼고 모든 나머지를 만유라 그래요. 만유. 따라서. 만유. 이 모든 만유가 첫째는 루시엘 거였어요. 둘째는 누구 거요? 아담 거예요. 아담 거. 아멘. 아담 건데 이 아담이 범죄 함으로 이것이 넘어갔단 말이에요. 다시 루시엘한테 넘어갔단 말이에요. 그래서 "이것은 내게 넘겨준 것이므로" 주장하는 거예요.

그때 예수님이 이 사단의 얘기를 듣고 묵시적 동의를 했어요. 예수님이 반격을 안 했단 말이에요. "야! 사단! 거짓말쟁이! 언제 이 모든 것이 너한테 넘어간 적이 언제 있어?" 이렇게 반격 안 했어요. 묵시적 동의를 한 거예요. "맞아. 너는 세상 임금이야." '세상 임금'이라는 이 호칭은 예수님이 마귀한테 붙여준 거거든요.

"너는 세상 임금 맞아. 너는 아담을 사로잡아서 모든 주권을 네가 넘겨받은 건 사실이야. 하나님이 넘겨줬어. 그러나 내가 너에게 절하면서는 찾지 않겠다. 나는 당당히 십자가에 죽어서." 할렐루야! "너를 심판하여 회복하겠다."

Ⅳ.
만유를 회복시키러 오신 예수

1. 예수의 십자가 : 만유 회복 사건

그러니까 예수님이 이 땅에 와서 십자가에 피를 흘려 죽으신 것은 우리의 영혼만 용서하고 우리의 죄만 용서하려고 한 것이 아니라, 마귀가 내어놓았던 만유요. 만유. 따라서. <u>만유.</u> 예수가 십자가에 죽음으로 모든 우주가 다 회복되는 거예요.

그래서 메시야의 나라가 오면 새 하늘과 새 땅이에요. 따라서. <u>새 하늘과 새 땅.</u> 이런 사건이 일어난다는 거예요. 이해되시면 아멘.

5절을 다시 읽고 냄새를 한번 맡아봐요. 이게 아주 중요한 성경 구절이에요. 5절 시작.

<누가복음 4:5>
마귀가 또 예수를 이끌고 올라가서 순식간에 천하만국을 보이며

순식간에 뭘 보여? 천하만국을 보이며. 천하만국이 뭐가

천하만국이라고요? 하나님 빼고 모든 피조물. 아멘. 마귀까지 합해서 다요. 전체 다요. 천하만국을 일시에 보이며 6절 시작.

<누가복음 4:6>

가로되 이 모든 권세와 그 영광을 내가 네게 주리라 이것은 내게 넘겨준 것이므로 나의 원하는 자에게 주노라

가로되 이 모든 권세와 그 영광을 내가 너에게 주리라 이 것은 내게 넘겨준 것이므로 나의 원하는 자에게 뭐 한다? 그러므로 7절 시작.

<누가복음 4:7>

그러므로 네가 만일 내게 절하면 다 네 것이 되리라

그러므로 네가 만일 내게 절하면 네 것이 되리라. 돌려주겠다 이거예요. 물어볼게. 사실이에요? 거짓말이에요? 마귀가 예수님을 또 넘어뜨리려고 해요. 또 속이려고 그러는 거예요. 그러나 마지막 아담인 예수는 선악과를 따먹지 않은 거예요. 따라서 합니다. <u>사단아! 물러나라!</u>

여러분과 저도 마귀하고 자꾸 말을 오래 하면 져요. 마귀하고 말할 때는 무조건. 따라서 해요. <u>사단아! 물러가라!</u> 한

방에 일축해야 해요. "그런데 너 말도 일리가 있고. 생각해 보면. 그런데 그건 틀렸고. 그런데. 그런데." 왔다 갔다 하다 보면 마귀한테 넘어가 버려요. 마귀의 말은 그냥 한 방에 잘라야 해요. 다시. <u>사단아! 물러가라!</u> 할렐루야!

그래서 예수 그리스도가 이 땅에 오신 것은 왜 오셨느냐? 원수 마귀 사단이 벌써 봐요. 내어줄 준비를 하고 있잖아요? 마귀가 예수님께 이런 제안을 했다는 것은 "예수야." 천하만국을 보이면서 "예수야. 이것은 내게 넘겨준 것이므로." 너무 겁나는 거예요. 지금 마귀가 벌써 아는 거예요. "예수가 이 땅에 왜 왔냐 말이야!" 십자가에 못 박혀 죽으면 모든 권세 만유가 회복될 줄 아는 거예요. 그래서 예수님을 지금 속여먹으려고 하는 거예요.

그러니까 예수 그리스도가 이 땅에 오셔서 십자가, 우리 예수님이 십자가에 죽으신 것은 단순히 우리가 죽어서 천당가는 그거 이상이에요. 그것뿐 아니라 하나님 빼고 모든 주권이에요. 모든 주권. 만유가 다시 우리에게로 돌아오는 거예요. 예수님이 우리를 회복시켜 주는 거예요. 두 손 들고 아멘! 할렐루야! 튼튼히 서기를 바랍니다. 말씀 위에 튼튼히 섭시다.

2. 마귀에게 속고 사는 사단 공화국 사람들

그래서 이 만유 회복이 딱 끝난 후에 우리가 서울시를 복음화하기 위한 운동을 할 텐데요. 아멘? 이 만유 회복이 딱 이 강의가 끝난 뒤에 서울시를 홀딱 뒤집을 거예요. 지금 여기에 지금 교회 안 나온 서울시에 사는 사람들은 사단 공화국에 살면서요. 이 아담의 나라가 사단 공화국이라고요. 사단 공화국. 무슨 공화국?

한마디만 하고 내가 끝내줄 테니까. 이제는 머리 들어요. 머리 들어. 이제 한마디만 하면 내가 송편 줄게요. 지금 송편 밑에 갖다 놨거든요? 송편 갖다 놨으니까 한마디만 하면 송편 줄 테니까 기다려요. 알았지요?

지금 이 세상이 누구 공화국이라고? 사단 공화국. 이 세상은 준심판. 따라서. <u>준심판.</u> 정상적 세상이 아니에요. 하나님의 준심판 상태에 있는 거예요. 이 세상은. 그래서 사람이 피곤한 거예요. 그래서 병에 걸리는 거예요. 그래서 죽는 거예요. 지금 준심판 상태라는 거예요.

하나님이 이제 존재에 대한 완전한 심판에 가버리면 주님이 재림할 때는 완전 심판이 이루어지는 거예요. 아멘이요?

지금 준심판 상태에 있는데 보세요. 이 세상은 사단의 공화국인데 잘 보세요. 잘 보세요. 이런 사실을 세상 사람들은 알아요? 몰라요? 세상 사람들은? 마귀가 지금 이 세상을 잡고있는 거예요. 아멘. 그런데 세상 사람들은 자기가 마귀한 테 붙잡힌 줄 알아요? 몰라요? 모르니까 절하고, 모르니까 우상숭배하고, 모르니까 무덤 찾아가고, 모르니까 제사 지내지.

그런데 이제 마지막 하나만 들어봐요. 잘 들어봐요. 우리나라가 일본 놈들한테 36년 동안 종살이한 적 있어요? 없어요? 있지요? 그런데 일본 놈들한테 우리나라가 종살이한 년도가 한일합방이 몇 년도예요? 한일합방. 1910년. 1910년도가 우리나라가 일본으로 넘어간 날이에요. 예? 한일합방 몰라요? 우리나라의 주권을 일본한테 넘긴 날이에요. 우리나라를 "일본이여. 우리를 다스려주소서. 우리는 국가를 포기하겠습니다. 일본한테 나라를 합치겠습니다." 그 한일합방이 1910년도예요. 1910년. 몇 년이요? 들어봐요. 그럼 내가 뭔 말을 하려고 하는지 들어봐요. 잘 들어봐요. 잘 들어봐. 정신 차려야 해요! 잘 들어봐!

한일합방이 1910년도인데, 그러면 1910년도에 일본하고 우리나라가 한 나라가 됐는데, 요 때 1910년도에 우리나라 애들 중에 두 살에서 세 살짜리 애들만 살려 놓고 네 살부터 다 죽여버렸다고 해봐요. 애들을. 조선 사람을 지구상에서 한 명씩 다 죽여버렸어요. 그러면 두 살, 세 살 애들이 바로 일본의 지배하에서 커버리면. 그리고 우리나라의 모든 역사적인 자료를 다 불태워 버렸어요. 그러면 두 살, 세 살 애들이 일본 식민지하에서 커버리고 위에 부모님도 없고 가르치는 사람도 없으면 두 살, 세 살 난 애들이 한국이라는 나라가 있었다는 사실을 알아요? 몰라요? 그냥 속여먹어도 모르는 거예요. 원래 이 조선 땅은 원래 일본 나라다. 옛날부터 일본 나라다. 이렇게 속여먹어도 알아요? 몰라요?

마귀가 그 짓을 했단 말이에요. 마귀가. 누가? 마귀가 우리 인간들을 그렇게 속여먹었단 말이에요. 그러니까 앞에 이런 일이 있었다는 것을. 그때 우리 인간이 두 살에서 세 살 밖에 안 됐던 거예요. 그때.

마귀가 지금 거짓말하는 거예요. 마귀가 지금. 뭔 놈의 뭐, 무슨 천사의 나라가 어디 있고, 뭐 루시엘이 어디 있고. 마귀가 지금 사람을 속여 먹어서 인간들이 마귀한테 속아서 지금 사는 거예요. 다시. 한 번만 더 하고 송편 줄게요.

한일합방이 언제 이루어졌다고요? 그 1910년 한일합방이 뭐 한 날이에요? 예? 고종이 나라를 일본한테 넘겨준 날이에요. "우리는 국가를 포기할 테니 일본이여 우리나라를 접수하여 우리나라를 다스려주소서." 우리나라의 주권을 포기한 날이에요. 이해됐어요? 그런데 그때 말이에요. 한일합방이 이루어졌을 때 두 살에서 세 살짜리 의식이 없는 애들만 우리 한국 애들을 남겨놓고 그 외의 사람을 다 죽여버렸으면 두 살, 세 살짜리 애들이 모르는 거지요. 조선이라는 나라가 있었던 거 모르지요. 일본 사람들이 계속 거짓말로 "원래 부산, 대구, 광주, 이 모든 땅은 원래부터 이건 일본 땅이야."
그러면 두 살, 세 살 애들이 뭘 알아요? "그래요." 그렇게 알
고 역사를 그냥 사는 거예요. 그와 같이 마귀가 우리 인간들
을 그렇게 속여 먹었다는 거예요. 아멘?

3. 사단에게 속고 살았다는 것을 알려주신 예수

그런데 이 마귀가 속여 먹은 것을 까발린 사람이 예수예요.
예수가 이 땅에 와서 마귀가 거짓말로 사람들에게 덮어놨던
것을 알게 하셨어요. 우리가 그때 너무 어려서 인간들이 어
려서 모르는 거예요. 전 세상에 대해서 몰라요. 이와 같은
과정이 앞에서 이루어졌던 걸 사람이 모르는 거예요. 예수
가 와서 다 까발린 거예요. 예수가 와서 이 사실을 다 가르
쳐 준 거예요. 아멘이요?

그러니까 예수님이 이 땅에 안 오셨으면 우리는 이런 사
실을 모르고 사는 거예요. 영원히 모르고 사는 거예요. 우리
예수님께 영광의 박수. 할렐루야.

그러니까 지금 세상에 사는 사람들은 공룡에 대한 얘기도
모르는 거예요. "공룡? 아~ 이거는 옛날에 이거 뭐. 어떻게
뭐." 관심도 없어요. "아이. 지금 당장 지금 뭐 지금 당장 먹
고살기가 바쁜데 뭐 그런 생각을." 지금 세상 사람들이 다
마귀한테 취해서 어디서 와서 무엇 때문에 살고 죽으면 어

떻게 되는지 전혀 모르고 사는 거예요. 이것을 우리가 서울 시민을 다 마귀로부터 해방 시키자! 인간은 속고 살았다! 인간은. 따라서. <u>인간은 마귀에게 속고 살았다!</u>

이래서 우리가 이 만유 회복에 대한 말씀이 끝나는 즉시 이 사실을 선포하고, 서울 시민에게 다 선포하여, 1,000만 명의 서울 시민을 우리가 일망타진하여 예수 앞으로 돌아오게 하자. 사실 앞으로 돌아오게 하자. 할렐루야! 두 손 들고 아멘! '살아계신 주', <주 하나님 독생자 예수>입니다.

<주 하나님 독생자 예수>

1. 주 하나님 독생자 예수 날 위하여 오시었네
내 모든 죄 다 사하시고
죽음에서 부활하신 나의 구세주

(후렴) 살아계신 주 나의 참된 소망 걱정 근심 전혀 없네
사랑의 주 내 갈 길 인도하니
내 모든 삶의 기쁨 늘 충만하네

2. 주 안에서 거듭난 생명 도우시는 주의 사랑
참 기쁨과 확신 가지고
예수님의 도우심을 믿으며 살리

3. 그 언젠가 주 뵐 때까지 주를 위해 싸우리라
승리의 길 멀고 험해도
주님께서 나의 앞길 지켜주시리

아멘! 할렐루야! 요 그림을 가슴속에 딱 담고. 따라서 합니다. 아담의 나라. 아담의 나라가 별개로 떨어져 와서 지어진 게 아니라 사단의 나라의 중심부에 있었다! 중심부에 하나님이 아담의 나라를 딱 집어넣었다. 이 그림표를 보라고요. 우주 가운데 요 아담의 나라가 여기에 딱 들어온 거예요. 여기에. 아멘. 마귀가 아플까? 안 아플까? 눈에 돌이 들어온 것 같은 거예요.

봐요. 이게 원래 이게 다 사단의 나라잖아요? 이게 사단의 나라? 이게 공중이란 말이에요. 공중. 만유란 말이에요. 만유. 하나님 빼고 나머지는 다 뭐예요? 이 모든 만유를 사단이 관리하고 심판받은 후에도 사단의 점령 지역이에요. 아멘.

거기에 아담의 나라가 하나 딱 들어오니까 마귀로서는 보통 거슬린 게 아니에요. 이것이. 이해되시면 아멘? 두 손 높이 들고 만유 회복. 그리스도는 만유를 회복시킬 거예요. 그리스도는 모든 만물을 회복시킬 거예요. 예수 그리스도는 모든 창조를 회복시킬 거예요. 타락하기 전의 상태로 돌려놓으실 거예요. 우리는 예수 그리스도의 중심에 서서 "주님, 감사합니다. 마귀로부터 해방 시켜 줘서 감사합니다. 마귀의 거짓으로부터 해방 받게 됨을 감사합니다. 하나님의 나라를 위하여 저희들을 써 주시옵소서. 주의 나라를 위하여 사용하여 주시옵소서. 하늘 문을 열어주시옵소서. 축복하여 주시옵소서." "주여" 삼창하며 기도하겠습니다. 주여! 주여!

아버지! 아버지! '찬양하라.'

〈찬양하라 내 영혼아〉
찬양하라 내 영혼아 찬양하라 내 영혼아
내 속에 있는 것들아 다 찬양하라

"주 예수님, 감사합니다. 어둠에 빛을 던져 주셔서 감사합니다. 우리는 다쳤었고 마귀에게 포로가 돼서 영적인 소경이요 귀머거리요 어디서 와서 무엇 때문에 살며 어디로 가는지 두 살, 세 살 될 때 부모를 잃은 자와 같았으나 예수님이 오셔서 빛을 던져 주시고 근원의 진리를 열어주심을 감사합니다. 해방 받게 하여 주시고 튼튼히 서게 하여 주시고 아직도 원수 마귀의 혼미한 영에 붙잡혀서 헤매는 영혼들을 불쌍히 여겨 주셔서 서울 시민 천만 명을 예수 앞으로 돌이켜 주시고 다 구원받게 하여 주시옵소서. 예수님 이름으로 기도하옵나이다. 아멘."

06

희년을 선포하러 오신 예수

설교 일시   2008년 9월 21일(주일) 오전 11시

대   상   사랑제일교회 주일 3부 예배

성   경   누가복음 4:18-19

18 주의 성령이 내게 임하셨으니 이는 가난한 자에게 복음을 전하게 하시려고 내게 기름을 부으시고 나를 보내사 포로 된 자에게 자유를, 눈먼 자에게 다시 보게 함을 전파하며 눌린 자를 자유케 하고

19 주의 은혜의 해를 전파하게 하려 하심이라 하였더라

Ⅰ.
태초에 하나님이 천지를 창조하시니라

1. 태초의 일을 알려주시는 하나님

할렐루야. '내가 걷는 이 길'을 하겠습니다. '내가 걷는 이 길'입니다. 주님! 아버지! 역사하여 주시옵소서.

〈하나님은 실수하지 않으신다네〉

내가 걷는 이 길이 혹 굽어 도는 수가 있어도
내 심장이 울렁이고 가슴 아파도
내 마음속으로 여전히 기뻐하는 까닭은
하나님은 실수하지 않으심일세

내가 세운 계획이 혹 빗나갈지 모르며
나의 희망 덧없이 스러질 수 있지만
나 여전히 인도하시는 주님을 신뢰하는 까닭은
주께서 내가 가야 할 길을 잘 아심일세

어두운 밤 어둠이 깊어 날이 다시는
밝지 않을 것 같아 보여도
내 신앙 부여잡고 주님께 모든 것 맡기리니
하나님을 내가 믿음일세

지금은 내가 볼 수 없는 것 너무 많아서
너무 멀리 가물가물 어른거려도
운명이여 오라 나 두려워 아니하리
만사를 주님께 내어 맡기리

차츰차츰 안개는 걷히고
하나님 지으신 빛이 뚜렷이 보이리라
가는 길이 온통 어둡게만 보여도
하나님은 실수하지 않으신다네

아멘. 할렐루야. 예수님 사랑하시면 아멘 합시다. 자, 시간을 세 개로 나누면 지금의 시간을 현재라 합니다. 현재. 앞으로 다가올 시간을 뭐라고요? 미래다. 미래. 따라서. 미래. 지나간 시간을 뭐라고 한다고요? 과거라 한다. 과거. 따라서. 과거.

그러면 지금부터 지나간 옛날 시간으로 돌아가 보자는 거예요. 100년, 1000년, 만년, 수억 년, 수십억 년 계속 가면 제일 끝에 과거를 뭐라 그러냐? 성경은 태초라 그럽니다. 태초. 따라서 합니다. 태초에. 이걸 성경은 태초라고 합니다. 태초. 그러면 그 태초에 무슨 일이 있었을까? 제일 끝에 과거에. 이것은 우리 사람으로선 알 수가 없어요. 왜냐하면 그때 사람은 없었으니까. 그때 태초에 무슨 일이 있었냐를 아시는 분은 딱 한 분밖에 없습니다. 그때 그 자리에 계셨던 분입니다. 그분을 우리는 뭐라고 부르냐? 삼위일체 하나님 이라고 불러요. 한번 따라서. 성부 하나님. 성자 하나님. 성령 하나님. 이 삼위일체 하나님이 그때 있었던 일을 우리에게 가르쳐 주셨어요.

우리는 지나간 과거에 대해서 우리의 개인적 과거도 내 실력으로는 알 수 없다고요. 가장 기초적인 여러분의 개인적 과거, 여러분의 생일이 있다. 생일. 여러분이 생일을 다 알고 있을 거예요. 자기 생일은 다 아시지요? 여러분이 그 생일을 안다고 예 하는 그것이 자기 힘이 아니에요. 자기의 과거인데도 자기는 몰라요. 누군가 옆에서 가르쳐 준 거예요. 엄마가, 아빠가, 고모가, 삼촌이, 할머니가 "네 생일은 이날이다." 가르쳐 줬기 때문에 알듯이, 우리의 100년도 안 되는 내 개인 과거도 모르는 우리가 영원한 과거. 따라서. 영원한 과거. 그걸 어떻게 알겠냐는 거예요. 그것을. 그러나 그분은 알아요. 그분이 누구냐? 하나님이요. 하나님만 그 비밀을 안단 말이에요.

2. 마귀의 교만 병과 타락

1) 루시엘에게 베푸신 하나님의 은혜
증언에 의하면 산도, 바다도, 나무도, 들도, 아무것도 없었을 때 하나님이 영원한 과거의 최초의 태초의 하나님이 창조 행위를 시작해요. 창조 행위. 하나님이 창조를 하셨는데 그때 하나님이 제일 먼저 창조하신 것은 이 세상이 아니고, 여러분과 내가 사는 이 세상이 아니라, 영적 세계를 먼저 만들었어요. 영적 세계. 따라서. 영적 세계. 그 영적 세계의 중심이 뭐냐 하면 천사들이에요. 천사들. 천사는 영물입니다. 천사가 영적 세계의 중심이다 이거예요.

천사의 숫자가 몇 명일까? 하도 많아서 셀 수 없어서 성경은 이렇게 말해요. 천천이요. 뭐라고요? 만만이다. 원체 천사가 많아서. 이해되시면 아멘? 그런데 그중에 천사 중에, 천사도 다 조직이 있고 계열이 있는데, 그중에 천사의 왕이 있었어요. 그게 루시엘이라고 하는 겁니다. 이게 나중에 타락하여 마귀가 된 겁니다. 루시엘. 따라서. 루시엘. 타락한 후에는 루시퍼라고 그래요. 루시퍼라고 하는 이 천사의 왕입니다.

하나님이 이 루시엘에게 얼마나 은혜를 베풀었는가? 한마디로 성경에 딱 잘라 말은 안 했지만, 성경의 전체 흐름을 보면 하나님이 이런 식이에요. "하나님 빼고 나머지는 네가 다 가져라. 내가 너보다 높음이 이름뿐이니라." 하나님이 어떤 무엇을 사람에게 인수인계할 때 보면 이렇게 하세요. 바로가 요셉에게 "내가 너보다 높음이 이름뿐이니라." 아하수에로 왕이 에스더에게 "내가 나라의 절반이라도 너에게 주겠노라." 하나님 빼고 나머지는 다 가지란 거예요. 루시엘에게 다 가지라는 거예요.

그러면 이 루시엘은 모든 세계를 동원하여 하나님께 찬양을 하고 하나님께 영광을 돌리고 감사해야지요? 그렇지요? 그런데 루시엘이 이게 교만 병이 들었어요. 교만 병. 무슨 병이요? 이 교만 병은 모든 악의 근원입니다. 교만 병이 들어서 요놈이 하나님의 보좌를 탐냈어요. 하나님의 보좌를 밀어내고 자기가 하나님의 보좌 위에 올라서 자기가 하나님 하려고 덤비다가 하나님 앞에 내어 쫓긴 것이 이것이 바로 마귀예요. 마귀. 이게 마귀의 근원이 됐다는 거예요. 마귀의 근원. 이해되시면 아멘?

그래서 하나님이 루시엘 천사를 만들었고 하나님이 얼마나 은혜를 베풀었는가 하면 성경에 보면요? 참 뭐? 에덴동산도 선물로 줬지? 에스겔서 28장 12절에 보면, 그리고 또 기름 부어줬지? 기름. '너 기름 부음을 받은 그룹이여.' 기름 부어줬다. 기름 부었다는 것은 그 조직과 세계에서는 제일 대표라는 거예요. 성경에 기름 붓는다 그러면 그 조직에서는 왕을 기름 부음이라 그래요. 할렐루야예요? 목사님들 세울 때 기름 부음, 안수 기도하잖아요? 기름 부음? 이거는 이 교회에서는 내가 왕이라는 거예요. 아멘 안 해요? 아이고! 더럽게 안 하네! 아멘! 이 교회에서는 목사님이 왕이라는 거예요. 아멘을 떫게 하고 있어요. 이거. 그래서 목사님들 안수식 할 때 기름 부어요. 아멘. 장로님들 안수식 할 때 기름 부음 안수식 해요. 그거는 그 밑에 평신도 계열에서의 왕이라는 거예요. 그래서 기름 붓는 거예요.

루시엘한테 기름 부었다는 것은, 이건 천사 조직의 왕이라는 거예요. 천사의 왕. 에스겔 28장을 다시 한번 넘겨보시면, 에스겔 28장 12절입니다. 12절. 시작.

<에스겔 28:12-14>

12. 인자야 두로 왕을 위하여 애가를 지어 그에게 이르기를 주 여호와의 말씀에 너는 완전한 인이었고 지혜가 충족하며 온전히 아름다웠도다

13. 네가 옛적에 하나님의 동산 에덴에 있어서 각종 보석 곧 홍보석과 황보석과 금강석과 황옥과 홍마노와 창옥과 청보석과 남보석과 홍옥과 황금으로 단장하였음이여 네가 지음을 받던 날에 너를 위하여 소고와 비파가 예비되었었도다

14. 너는 기름 부음을 받은 덮는 그룹임이여 내가 너를 세우매 네가 하나님의 성산에 있어서 화강석 사이에 왕래하였었도다

아멘. 그래서 이 루시엘 천사의 나라. 한번 따라서. <u>천사의 나라.</u> 이때 벌써 여기에 자연이 있었다는 거예요. 자연. 뭐

가 있었다고요? 화강석 사이에 왕래하였도다. 자연이 있었다는 거예요. 자연. 자연이 있었다는 것은 이것이 일종의 우주란 말이에요. 우주가 있었다는 거예요. 벌써 여기에. 그러니까 이렇게 넓게 그림을 이렇게 그리면 돼요. 지금 저 하늘에 별 있지요? 우주 있지요? 우주의 넓이는 말할 수 없잖아요. 응? 내가 총동원 주일 할 때마다 내가 우주에 대해 설명하지만, 이제 만유 회복이 다 끝나가는데 만유 회복을 다 마치면 우리가 한번 일어나서 총력 전도하여 뭐 오래 할 것 없이 우리 서울시를 예수 앞으로 온전히 돌이킵시다. 서울시 1,000만 명을 우리 예수의 복음을 전하여. 아멘! 서울 시민 1,000만 명을 예수 앞으로 구원합시다. 아멘! 옆 사람 다 손잡고 우리 한번 해봅시다. 한번 해봅시다. 만유 회복 말씀을 잘 들으시고. 할렐루야.

2) 배은망덕한 마귀

그러니까 이런 거예요. 이 뭐 하나님 빼고 모든 걸 다 루시엘에게 줬는데 이 루시엘이 교만하여 하나님께 대들다가 이것이 쫓겨났단 말이에요. 이사야 14장 다시 넘겨보시면, 이사야 14장 12절 말씀. 이제 지겹죠? 찾기도 지겹지? 맨날 똑같은 거 찾으라고 그래서요. 내가 다 의미가 있는 거예요. 여러분도 똑같은 밥을 맨날 먹잖아요? 밥 한번 먹었다고 안 먹는 게 아니지요? 자, 시작.

<이사야 14:12-14>

12. 너 아침의 아들 계명성이여 어찌 그리 하늘에서 떨어
졌으며 너 열국을 엎은 자여 어찌 그리 땅에 찍혔는고

13. 네가 네 마음에 이르기를 내가 하늘에 올라 하나님의
뭇별 위에 나의 보좌를 높이리라 내가 북극 집회의 산
위에 좌정하리라

14. 가장 높은 구름에 올라 지극히 높은 자와 비기리라 하
도다

바로 이 루시엘 천사가 요 짓을 하다가 망한 거예요. 다시
한번 보실래요? 12절에 너 아침의 아들 계명성이여. 이거는
루시엘의 또 다른 별명이에요. 계명성은 원래 별을 말하는
거죠. 화성. 새벽 별. 새벽에 일어나면 큰 별이 있잖아요? 별
중의 왕. 왕 있잖아요? 별 중의 왕? 그러니까 이게 천사의 왕
이라는 거예요. 그래서 루시엘의 별명을 아침의 계명성이라
는 거예요. 계명성. 이해되시면 아멘. 별 중의 제일 큰 별 보
이잖아요? 그래서 왕별이란 말이에요. 왕별. 한번 따라서.
<u>마귀는 왕별이다.</u> 별 중의 왕. 비유로 말하자면 그렇다는 거
예요. 너 아침의 아들 계명성이여 어찌 하늘에서 떨어졌으
며 너 열국을 엎은 자여. 이 열국이란 말은 성경에 우주를
다른 말로 말할 때 열국이라 그래요. 우주. 너 열국을 엎은
자여 어찌 그리 땅에 찍혔는고. 13절 시작.

<이사야 14:13-14>

13. 네가 네 마음에 이르기를 내가 하늘에 올라 하나님의 뭇별 위에 나의 보좌를 높이리라 내가 북극 집회의 산 위에 좌정하리라

14. 가장 높은 구름에 올라 지극히 높은 자와 비기리라 하도다

지극히 높은 자가 누구요? 하나님하고 맞먹으려고. 다시 말해서 하나님을 쫓아내고 자기가 하나님 하려고. 누가 하나님 하려고? 자기가. 누가 하나님 한다고? 자기가 하나님 하려고. 그러다가 하나님 앞에 한 방에 날아가 버렸어요. 그래서 쫓겨나서 이게 마귀가 됐어요. 이게 바로 악의 근원이에요. 그런데 이게 교만했는데 여러분도 절대 루시엘의 죄를 짓지 마십시오. 교만하지 마세요. 교만하지 말자. 따라서. 교만하지 말자.

3) 교만의 본질 : 하나님과 분리된 나

이 루시엘이. 13절 다시 보세요. 너 아침의 아들 계명성이여 어찌 그리 하늘에서 떨어졌으며 너 열국을 엎은 자여 어찌 그리 땅에 찍혔는가? 13절에 보면, 여기에 '내' 자가 몇 번 나오나 한번 세어보세요. '내' 자가. 이 마귀가 하나님으로부터 자기를 분리해 내려는 거예요. 내. 나를 강조하는 거예

요. 나 나 하면 마귀 돼요. 나 나 하면 마귀 돼. 봐요. 내가. 내가 몇 번이요? 세어봐요. '네가' '네 마음에' 이르기를 '내가' 올라 하나님의 뭇별 위에 '나의' 보좌를 '내가' 북극 산성 위에. 그럼 몇 번이에요? 성경에 한 절에 '내' 자가 5번 들어가는 게, 이게 유일한 겁니다. 성경책에 32,500가지 성경 구절 속에 '내' 자란 말이 한 절 안에 요렇게 많이 박히는 게 처음이에요.

'나'라는 것은 하나님과의 벌써 이원론으로 하나님으로부터 분리해 내요. 하나님과 하나가 아니라 벌써 거리감을 두고 나라는 거예요. 나. 여러분도 교회에서, 여러분, 절대 나 나 하지 말아요. 나 나 하지 마요. 나는 십자가에 못 박았다. 아멘. 할렐루야.

4) 나 나 하다 폐기처분 된 천사의 나라

자꾸 나 나 하면 그다음에 찾아오는 게 뭐냐? 교만이에요. "나 나, 내가 말이야, 내가 말이야, 내가" 그러면 교만이 딱 달라붙어요. 나 하지 마요. 오직 주님이라 그래야 해요. 오직 예수라 그래야 해요. 할렐루야?

사단이 타락한 성경 구절이 아주 특이해요. 계속 내가 내가 하다가 타락해서 마귀 되는 거예요. 내가 내가 하다가. 그래서 하나님이 처참하게 심판을 해버렸어요. 심판해서 하나님이 이걸 폐기 처분했는데 이것은 여러분과 내가 이 세상에 태어나기 전에 이 세상이 지어나기 전에 이미 이루어 졌던 사실이에요. 한번 따라서. 천사의 창조. 천사의 타락. 천사의 심판. 이것은 이미 그 전에 다 이루어졌던 얘기예요. 이해되시면 아멘.

II.
인류의 소망 예수

1. 아담의 창조와 타락

1) 천사보다 더 존귀하게 창조된 아담

그러고 나서 수도 없는 세월이 지난 어느 날 하나님이 제2 의 창조 행위를 시작했어요. 그것이 지금 여러분과 내가 사 는 이 세상이에요. 이것은 중심이 누구냐 하면은 아담이에 요. 아담이 중심이라고요. 아담이. 한번 따라서 합시다. 첫째 세상은 천사를 중심으로. 더 구체적인 건 뭐냐 하면 루시엘 을 중심으로. 따라서 합니다. 둘째 세상은 아담을 중심으로.

하나님이 아담을 만드셨을 때 루시엘보다 격을 더 높였어 요. 루시엘은 아무리 하나님이 에덴동산을 주시고, 기름 부어주시고, 하나님 빼고 모든 걸 다 주셔도 루시엘은 천사예요. 천사는 하나님의 부리는 영이라고 그랬으니까 심부름꾼이란 말이에요. 심부름꾼. 종이란 말이에요.

그러나 인간은 아담은 신분이 더 높아요. 하나님의 자녀예요. 자녀. 그럼 천사가 높아요? 사람이 높아요? 하나님이 이 세상에 창조 질서를 세울 때, 이게 창조 질서입니다. 하나님의 창조 질서인데 제일 먼저는 하나님이에요. 삼위일체 하나님. 다음이 누구냐 하면 사람이에요. 사람이 이렇게 격이 높은 거예요. 사람 밑이 뭐냐 하면 천사예요. 천사가 사람 밑이에요. 그다음에 천사 밑이 뭐냐 하면은 이것이 동물이에요. 동물. 이게 생명체의 순서란 말이에요. 동물 밑에 뭐가 있냐면 식물이 있어요. 식물. 식물 밑에 바이러스, 세균. 그다음이 물질이에요. 물질. 따라서. 물질. 물질이 제일 기본적이에요. 물질보다 밑이 뭐냐 하면 물질 밑에, 제일 밑이 이게 마귀예요. 마귀. 누구라고요? 마귀가 제일 밑바닥이에요.

이게 하나님의 질서인데 인간이 타락한 후에는 어떻게 됐냐? 인간과 마귀의 자리가 바뀐 거예요. 인간이 만물보다 못해요. 인간이 물질보다 못한 거예요. 인간이 물질보다 못한 존재로 내려간 거예요. 그리고 이 마귀가 사람의 자리에 딱 올라온 거예요. 사람의 자리에. 이 원수 마귀가 건방지게 우리가 타락해서요.

그러나 교회에 오면, 예수 믿으면, 하나님의 자녀 되면, 이 자리를 다시 회복할 수 있어요. 우리가 어디로 갔냐? 우리가 바로 하나님 다음의 자리에 우리는 자녀의 자리에 올라가요. 오늘 여기 오신 분들이 다 하나님의 자녀란 말이에요. 옆 사람 다 축복해 줘요. <u>당신은 하나님의 자녀입니다.</u> 앞뒤로 해봐요. <u>알고 삽니까?</u> 물어봐요. <u>알고 사십니까?</u> 그 노래 한번 불러보자고요. 〈사랑합니다 나를 자녀 삼으신 주〉. 뜻을 생각하면서 불러봐요.

〈사랑합니다 나를 자녀 삼으신 주〉

사랑합니다 나를 자녀 삼으신 주
사랑합니다 나를 자녀 삼으신 주
내 부르짖음 들으시고 감싸주시는
영원히 주 찬양합니다 내 삶을 다해

2) 하나님의 자녀 아담

아멘! 할렐루야! 하나님 자녀의 신분을 회복합시다. 그래서 다시 한번 따라서. <u>천사의 창조. 천사의 타락. 천사의 심판.</u> 이것은 이미 이 세상이 지어지기 전에 이미 이루어졌던 거예요. 아멘? 그래서 이걸 하나님이 폐기 처분하여 천사의 나라. 따라서. <u>천사의 나라.</u> 아까 말했어요. 천사의 나라에서도 자연이 있었다? 없었다? 화강석 사이에 왕래하였다.

네가 옛적 하나님의 동산 에덴에 있어. 자연이 있었다 그랬죠. 화강석 사이에 왕래하였다. 아멘이요? 그래서 여기서 하나님이 심판하여 완전히 천지개벽이 이루어진 거예요. 하나님의 분노가 여기에 나타나 가지고 온 열국이 다 심판을 받은 거예요. 심판.

이렇게 해서 수억 년, 수만 년, 수억 년 지난 후에 하나님이 지금 세상인 아담의 나라. 따라서. 아담의 나라. 만들어 놓으시고 아담을 하나님이 얼마나 축복했냐? 한번 따라 해 봐요. 생육하라. 번성하라. 충만하라. 다스리라. 지배하라. 할렐루야.

결국 이 말을 딱 줄여서 말하면 루시엘한테 하나님이 말씀한 비슷한 말씀을 하는 거죠. 이 아담에게도. 결국 하나님은 사람을 축복할 때 하나님도 스타일이 있어요. 스타일. 하나님 스타일이 있는데, 한 번 하나님은 마음에 딱 들면 하나님도 정신을 못 차려요. 성경에 봐요. 다윗, 모세, 이게 하나님을 사로잡은 사람들이거든요. 특별히 모세 같은 사람 봐요. 하나님이 모세한테 뭘 제안했느냐? 이스라엘 백성들이 자꾸 속을 썩이니까 하나님이 모세한테 이렇게 말해요. "모세야! 싹 다 죽여버리자. 이 세상의 인간들은 다 죽여버리자. 노아의 물 심판 때처럼 싹 없애고 너를 통하여 새롭게 세상을 시작하자." 하나님이 사람한테 한 번 빠지면 정신없습니다. 하나님도 한번 빠지면. 다윗한테도 마찬가지예요.

정신없습니다.

그러니까 하나님이 아담에게 하신 말씀이 쉽게 말하면 이런 뜻이에요. "아담! 나 빼고 나머지는 다 가져. 나 빼고 나머지는 다 가져." 아멘. "나 빼고 나머지는 다 가져." 다시 한번 따라서. 생육하라. 번성하라. 충만하라. 다스리라. 지배하라. 지시하라. 할렐루야?

3) 사단의 나라 중심에 창조된 아담의 나라

그러면 아담이 하나님께 '간세이 주'를 불러야 해요? 안 불러야 해요? '간세이 주'가 뭔 말인지 모르시는구나? '감사합니다. 주님'을 중국말로 '간세이 주'라 그러는 거예요. '간세이 주.' 감사합니다. 주님. '간세이 주.' 할렐루야. 감사해야 해요? 안 해야 해요? '간세이 주. 할렐루야. 간세이 주.' 찬양만 불러야 할 텐데 제2의 타락이 일어난 거예요. 제2의 타락.

요놈이 요 루시엘 천사가 하나님께 교만하여 쫓겨났던 요놈이 마귀가 됐는데 요것이 쫓겨날 때 이름을 50가지를 얻었어요. 사단, 마귀, 뱀, 용, 꾀이는 자, 대적자, 미혹의 영, 아침의 계명성, 50가지의 타락의 이름을 가진 거예요.

자, 따라서 합니다. 첫째 세상은 천사를 중심으로. 둘째 세상은 아담을 중심으로. 내가 지금 만유 회복 설교를 하면서 하나님이 나한테 이러는 거 같아요. "야! 그 설교 그만해라. 그만해." "하나님, 그건 제가 설교하면서 성도들 눈을 쳐다

보면요? 지난주에 설교한 거 한 주일 후에 설교하러 올라가 보면 또 눈이 맹해요. 또 다 모르는 거 같아요." 하나님이 나한테 이러는 거 같아요. "모르는 놈은 제쳐놓고 가라. 그렇게 끝까지 데려가려고 그러냐?" "하나님, 그러면 안 돼요. 끝까지 한 놈까지 데려가야 해요. 오늘 교회 처음 나온 사람 또 새로 깨우쳐야 해요." 그러다 보니까 계속 같은 얘기 하는 거예요. 따라 해 봐요. 첫째 세상은 천사를 중심으로. 둘째 세상은 아담을 중심으로. 하나님이 아담에게 극진한 사랑을 베풀었다 이거예요. 그런데 이 타락한 마귀가 아담한테 와서 꼬셨어요. "아담, 선악과 따먹어라. 네 눈이 밝아 하나님처럼 된다." 하여 아담이 또 하나님 되려고 하다가 이게 또 타락한 거예요.

2부 예배 때 제가 자세히 가르쳤는데 상상해 보라고요. 따라서 합니다. 첫째 세상은 천사를 중심으로. 이 첫째 세상에 천사의 나라. 따라서. 천사의 나라. 그때 에덴동산이 있었다? 없었다? 있었다. 자연이 있었다? 없었다? 있었다. 그렇지요? 화강석 사이에 왕래하였다 그랬으니까. 아멘? 그리고 너 열국을 엎은 자여 그랬으니까. 열국은 우주란 말이에요. 우주. 우주가 있었단 말이에요. 타락하기 전에 우주가 있었단 말이에요. 여기서 하나님의 성가대를 총지휘한 거예요. 이 루시엘이 하나님께 딱 40장 찬송을 불렀단 말이에요. 40장 후렴부터 함께 불러봐요.

찬송가 40장 〈주 하나님 지으신 모든 세계〉

1. 주 하나님 지으신 모든 세계
   내 마음속에 그리어 볼 때
   하늘의 별 울려 퍼지는 뇌성
   주님의 권능 우주에 찼네

〈후렴〉 주님의 높고 위대하심을 내 영혼이 찬양하네
       주님의 높고 위대하심을 내 영혼이 찬양하네

2. 숲속이나 험한 산골짝에서
   지저귀는 저 새 소리들과
   고요하게 흐르는 시냇물은
   주님의 솜씨 노래하도다

3. 주 하나님 독생자 아낌없이
   우리를 위해 보내 주셨네
   십자가에 피 흘려 죽으신 주
   내 모든 죄를 구속하셨네

4. 내 주 예수 세상에 다시 올 때
   저 천국으로 날 인도하리
   나 겸손히 엎드려 경배하며
   영원히 주를 찬양하리라

아멘. 루시엘이 여기서 이 찬양을 통하여 하나님께 영광을 돌려야 해요. "자! 태양계여! 자! 은하계여! 모든 별들이여! 내가 지금부터 지휘할 테니 날 따라 시작하자!" 아멘. 시편의 노래처럼 새벽별들이 노래하게 해야 해요. 해서 모든 우주 만물을 동원하여 하나님을 향하여 "자! 지금도 노래하자!" 이러면 루시엘은 계속 더 복을 받지요. 더 축복받지. 믿습니까? 그러니까 루시엘의 세상에서도 자연이 있었다는 거예요. 거기서도 화강석이 있었다는 거예요. 그리고 이사야 14장 13절 다시 한번 보세요. 거기 보면 '뭇별 위에'라는 말씀. '뭇별 위에.' 여러 별들 위에 나의 보좌라고 했으니까. 뭇별이라는 게 뭐예요? 우주란 말이에요. 우주. 따라서. 우주. '뭇별 위에'. 다시 한번 읽어봐요. 시작.

<이사야 14:13>

네가 네 마음에 이르기를 내가 하늘에 올라 하나님의 뭇별 위에 나의 보좌를 높이리라 내가 북극 집회의 산 위에 좌정하리라

하나님의 뭇별 위에, 우주 위에, 모든 것 위에, 내가 내 보좌를 높이리라.

그러나 하나님이 심판하여 루시엘. 마귀. 루시엘과 그를 추종하던 사자들이 마귀와 악령들이 되었고 그리고 그가 지

배하고 그에게 선물로 줬던 모든 것을 하나님이 열국을 황무 하게 하신 거예요. 황무 하게. 우주를 하나님이 심판했단 말이에요. 아멘이요?

심판해서 하나님이 이제 이러고 나서 수도 없는 세월이 지났어요. 수도 없는 세월이. 지난 후에 하나님이 아담을 위하여 새로운 세상을 만들었는데 보세요. 아담을 위하여 새로운 세상을 만들 때 이것이 이 우주와 관계없이 따로 떨어져 나와서 아담의 나라를 만든 게 아니고 하나님이 심판했던 요 우주 가운데예요. 이 가운데란 말이에요. 우주 가운데. 여기가 지구란 말이에요. 지구는 태양계에서 약간 비켜 있지만, 이것이 우주에서는 지구가 중심이라는 것을 예수 안 믿는 우주 과학자들도 지구가 중심이라고 말해요. 우주의 중심은 지구예요. 바로 여기에 우주의 한 가운데. 그러니까 이 우주가 마귀의 나라란 말이에요. 마귀의 나라. 그 한가운데 여기에 하나님이 아담의 나라를 세운 거니까 마귀로서는 이건 눈엣가시인 거예요. 눈에 모래가 들어온 거 같은 거예요. 사단에게는.

4) 마귀에 대해 경고하신 하나님

그래서 하나님이 아담을 만드신 뒤에 한번 따라서. <u>생육하라. 번성하라. 충만하라. 다스리라. 지키라.</u> 지키라 그럴 때는 분명히 노리는 자가 있다는 거예요.

그러면 지키라 그럴 때는 누군가 침공자가 있는데, 침공자를 그때 한번 생각해 보자고요. 첫째 하나님이란 존재가 있어요. 하나님은 아담에게 축복한 자니까 아담에게 침공할까요? 안 할까요? 안 하지요? 일단 하나님은 아니에요. 지키라고 그랬으니까. 그다음에 또 뭐냐? 타락하지 않은 천사가 있어요. 천사들은 두루 도는 화염검으로 에덴동산을 지켰다 그래요. 오히려 아담과 함께 지키는 자예요. 그 두루 도는 화염검이 천사들의 무리입니다. 아멘. 타락하지 않은 천사는 아담을 해롭게 하지 않는단 말이에요. 그러면 누구냐? 결국은 루시엘 밖에 없는 거예요. 이놈이 아담을 공격할 것을 하나님은 이미 안 거예요. 그래서 따라서. 지키라. 지키라 그랬어요. 하나님이 경고탄을 날린 거예요. 지키라.

2. 아담을 유괴하고 세상 임금이 된 마귀

1) 마귀 왕국이 된 아담의 나라

그런데 결국 하나님이 말씀한 그대로 이 루시엘 이놈이 날아왔는데 그때 하나님이 아담에게 전 세상의 천사의 나라. 따라서. 천사의 나라. 그것을 하나님이 미리 염두에 두시고 아담에게 "생육하고 번성하고 마음껏 다 동산 중앙 모든 걸 먹되, 동산 중앙의 선악을 알게 하는 이건 하나님의 주권이니 이거는 먹지 마라. 너 절대 하나님의 주권에 도전하면 안 된다. 너의 선배를 잘 봐야 해. 너의 선배 루시엘." 따라서. 루시엘. "이걸 먹는 날에는 결단코 죽으리라. 먹지 말라."고 그랬어요.

그런데 이 루시엘 이놈이 말이야 요게 바로 사단의 나라. 따라서. 사단의 나라. 그 한가운데 지구란 말이에요. 아멘이 요? 그런데 이 지구에 마귀가 침투해 왔단 말이에요. 와서 "아담! 먹어라!" 이거에요. "먹어라!" 그래서 아담이 결국 마 귀의 유혹을 이기지 못하고 따먹고 하나님을 반역하다가 결 국 인간도 타락했어요.

요게 지구예요. 원래는 우주 안에 있는 거예요. 아담의 나 라. 따라서. 아담의 나라. 원래 아담의 나라는 우주 안에 있 는 거예요. 사단의 나라의 가운데 있는 거예요. 그래서 이 우주를 다른 말로 공중이라고 그래요. 공중. 공중 권세 잡은 마귀라 그래요. 마귀가 공중 권세 잡았다 그래요. 마귀가.

마귀가 공중 권세를 잡았는데 사단인데 이 지구에 사단이 왔어요. 사단이 와서 아담을 유혹하여 아담이 범죄 하여 다 시 아담의 타락이 일어났어요. 일어나서 이제 이 원수 마귀 가 남의 나라에 와서, 아담의 나라에 와서 세상 임금이 됐다 고요. 세상 임금. 이 마귀가 아담의 나라를 침공하여 먹어버 렸어요. 먹어버려서 세상 임금이 된 거예요. 요한복음 12장 을 다시 보시면 31절 시작.

<요한복음 12:31>

이제 이 세상의 심판이 이르렀으니 이 세상 임금이 쫓겨나
리라

따라서 합니다. 세상 임금이 쫓겨나리라. 마귀를 보고 세
상 임금이라 그래요. 그러니까 천사의 나라에서 쫓겨난 이
마귀가 아담의 나라에 와서 임금이 된 거예요. 아담을 까부
수고 딱 사로잡고. 예수님은 이 땅에 오셨을 때 마귀를 부를
때 늘 이 세상의 왕이라고 그랬어요. 요한복음 14장 30절이
요. 시작.

<요한복음 14:30>

이후에는 내가 너희와 말을 많이 하지 아니하리니 이 세상
임금이 오겠음이라 그러나 저는 내게 관계할 것이 없으니

이 세상 뭐가 온다? 고놈이 누구예요? 또 16장 보시면, 제
11절 읽어봐요. 시작.

<요한복음 16:11>

심판에 대하여라 함은 이 세상 임금이 심판을 받았음이니라

2) 마귀의 문화

이 세상 임금이라고 계속 예수님이 요한복음에서 세상 임금이라고 하는 것이 이것이 땅에 있는 임금을 말하는 게 아니라 마귀를 말하는 거예요. 예수님이 이 땅에 오셨을 때 마귀를 세상을 다스리는 임금이라고 하셨어요. 그러니까 결국은 뭐냐 하면 원수 마귀 사단이 아담의 나라를 뺏은 거예요. 아담의 나라. 따라서. 아담의 나라. 뺏어서 자기가 아담의 주권을 다 뺏어서 마귀가 여기서 지금 왕 노릇 하고 있는 거예요. 지금 우리가 살고 있는 이 세상은 참 불행한 거예요. 이 세상은 이것이 사단의 나라예요. 사단의 나라. 이게 마귀의 나라예요. 우리가 사는 이 세상이 마귀의 나라예요. 아담이 범죄 함으로 말미암아 지금 이 세상이 이게 지금 준심판 상태인 거예요. 준 심판을 이미 받은 거예요. 그래서 이 세상에 마귀의 문화가 왕 노릇 하고 있는 거예요. 마귀가.

뭐냐? 마귀의 문화 중의 제일 나쁜 문화가 뭐냐? 사망이에요. 사망. 죽음이 온단 말이에요. 이 세상에 다 죽잖아요? 죽음의 문화. 사망의 문화. 이 나무들도 죽잖아요? 이게 원래는 안 죽게 돼 있었단 말이에요. 이게. 아담이 타락하기 전에는 이것들이 영원히 안 죽어요. 이것들이. 그런데 이게 다 죽잖아요. 이게. 사망의 문화예요. 인간도 죽잖아요. 동물도 죽잖아요. 다 죽잖아. 이게 사단이 이렇게 만들어 놓은 거예요. 이 세상이 사단의 나라예요. 예수님께서 "사단이 서로 분쟁하면 그의 나라가 어떻게 서겠느냐?" 그의 나라가 있단 말이에요. 그의 나라의 임금이 세상 임금 마귀란 말이에요. 마귀. 이해되시면 아멘.

그리고 또 저주예요. 저주. 따라서. 저주를 이기자. 이 세상 안은 다 저주. 따라서 합니다. 질병. 몸이 아프잖아요? 나도 몸이, 허리가 아프잖아? 여러분, 이게 전부 사단의 문화란 말이에요.

예수 이름으로 물러가라. 사단의 문화는 예수 이름으로 물러가라. 예수 그리스도의 이름은 사단의 문화를 이기는 능력이 있어요. 한번 따라 해 봐. 예수 이름으로 명하노니 사단아, 사단의 문화야, 물러가라! 할렐루야!

여러분도 몸이 피곤하거나 할 때도 이것도 전부 사단의 문화예요. 이 세상은 준심판에 들어간 거예요. 준심판. 이 땅은 이미 하나님의 준심판 아래 있는 거예요. 그러니까 우리가 열심히 일하면 몸이 피곤하지? 힘들지? 또 그것뿐이겠어요? 정신적으로 얼마나 정신적으로 갈등이 오지? 정신적으로 이렇게 눌리지? 뭐, 이런 게 다 이게 사단의 문화예요. 질병, 저주, 어두움, 가난, 이 모든 것이 사단의 문화라고요. 이런 상태에서 마귀가 여기 왕 노릇 하면서 이 세상을 이렇게 군림하고 있어요. 사단이. 원래 하나님이 이 땅을 지을 때는 그렇게 지은 것이 아니었다고요.

3. 마귀 왕국 한가운데 오신 예수

1) 마귀, 예수를 가장 먼저 알아보다

이런 상태에서 누가 오셨느냐? 이 사단의 나라에, 마귀가 왕 노릇하는 바로 이 세상에, 원래는 아담의 나라였었는데 이 세상에 여기에 예수 그리스도가 오신 거예요. 예수 그리스도가 이 사단의 나라 한가운데 딱 온 거예요. 아멘. 딱 왔을 때 이 마귀가 겁나는 거예요. 이제 예수님이 오신 것 때문에 마귀가 벌벌 떠는 거예요.

원수 마귀가 이 땅에 예수님 못 오게 하려고 별 발작을 다 떨었습니다. 예수님이 이 세상을 창조하신 삼위일체 하나님이 이 땅에 사람의 몸으로 오신 분이 예수인데, 예수는 창조주예요. 이 세상을 만드신 분이에요. 근원이란 말이에요. 근원. 존재의 제1원인. 아멘.

그런데 이 예수님이 이 땅에 오실 때 예수님이 오시는 혈통이 유대인이란 말이에요. 유대인. 이스라엘 사람. 하나님의 계획에. 그래서 예수님이 이 땅에 못 오게 하려고 유대인들이 그렇게 핍박을 받았어요. 모세 시대 때 봐요. 남자는 다 죽이라고 그랬지. 그게 예수 못 오게 혈통을 끊으려는 거예요. 그리고 앗수르 시대 때 봐요. 유대인은 다 죽이라고 그랬지. 유대인이 그렇게 고난을 당한 거예요. 바벨론 시대 때 다니엘 시대 때 봐요. 유대인 다 죽이라고 그랬지. 다 죽이라. 이렇게 유대인들이 고난을 당한 거예요.

이건 나중에 이제 나중에 내가 요 부분을 따로 떼어내서 내가 다시 한번 말씀을 드릴 텐데, 그래서 예수님이 이 땅에 오시는 것이 마귀는 그렇게 겁나는 거예요. 예수 못 오게 하려고. 예수는 유대인 이스라엘 계통으로 아브라함의 후손으로 오게 돼 있단 말이에요. 아브라함의 후손들이 고난을 많이 당한 거예요. 사단이 막는 거예요. 못 오게 하려고. 이해되시면 아멘?

그러나 예수님은 하나님은 주권자로서, 마귀가 아무리 힘이 있어도 마귀가 자기가 세상 임금이 됐다고 해도 마귀도 다 맘대로 하는 게 아니에요. 하나님의 허용범위 안에서 마음대로 하는 것이지, 예수님의 주권 안에서 마귀도 노는 거지, 마귀는 자기 마음대로 하는 게 아니에요. 하나님이 마귀한테 잠정적으로 허용하신 거예요. 이것을 허용 작정이라 그래요. 허용 작정. 이걸 신학적으로는 허용 작정이라고 해요. 그냥 잠정으로 마귀한테 그냥 "마귀야. 그래. 네가 그래 좀 가지고 놀아라." 이렇게 그냥 넘겨준 거예요.

그런데 예수님이 오셨는데, 예수님이 누구 때문에 왔냐? 인간 때문에 온 거예요. 여러분과 나 때문에 온 거예요. 그런데 실제로 해당자인, 혜택을 볼 사람들은 예수님이 이 땅에 온 것을 눈치를 못 채고 있는데, 요 몰라도 될 마귀가 예수님을 알아보는 거예요.

"예수야! 봐라! 이 세상 사람들은 네가 이 땅에 왜 왔는지를 모르고 있어. 그런데 나는 네가 누군지 알아." 하면서 마귀가 예수님한테 제안하는 걸 다시 한번 보자고요. 자, 누가복음 제4장을 넘기시면, 마귀가 흥정하는 거예요. 예수님한테 흥정. 이게 마귀의 흥정이란 말이에요. 누가복음 4장 5절, 한목소리로 읽어봐요. 시작.

<누가복음 4:5-6>

5. 마귀가 또 예수를 이끌고 올라가서 순식간에 천하만국을 보이며
6. 가로되 이 모든 권세와 그 영광을 내가 네게 주리라 이것은 내게 넘겨준 것이므로 나의 원하는 자에게 주노라

자, 5절에 보면, 마귀가 또 예수를 이끌고 올라가서 순식간에 뭘 보여요? 천하만국. 예수님이 이 땅에 오셨을 때 예수님이 이제 30년 동안은 공생애를 준비하며 살았어요. 30세 됐을 때 주님이 세례요한에게 세례받으시고 본격적으로 예수님이 이 땅에 오신 일을 하려고 메시야 발대식을 하려 그럴 때 예수님이 40일 금식하셨어요. 그때 마귀가 예수님께 오더니, "예수야! 너 이 세상에 왜 온 지를 내가 안다. 왜 왔냐 하면 가만 보자 하니 네가 이 땅에 와서 지금 아담이 나한테 넘겨준, 아담이 선악과 따먹고 나한테 넘어온 천하만국."

따라서. 천하만국. 흥정하는 거예요. 예수님하고 타협하는 거예요. 천하만국을 보이는데 천하만국이라는 말은 수도 없이 제가 말씀드렸습니다마는, 천하만국은 뭐냐? 하나님 빼고 나머지를 다 천하만국이라 그래요. 아멘이에요? 그러니까 천하만국 이것이 바로 구원의 범위인데, 구원의 범위. 따라서. 구원의 범위. 예수님이 이 땅에 오셔서 십자가에 못 박혀 죽으시려고 하는데 왜 죽으시느냐? 천하만국을 마귀가 예수님께 흥정을 하는 거예요. 보여주면서 "예수야. 이거 봐. 너 이것 때문에 왔지?" 천하만국을 일시에 보이면서 마귀가 이렇게 주장하는 거예요.

그다음 말씀 보실래요? 그다음 말씀 보세요. 6절 보세요. 가로되 이 모든 권세와 그 영광을. 이 모든 권세는 뭐예요? 천하만국. 그렇지. 5절을 말하는 거잖아요? 마귀가 또 예수를 이끌고 올라가서 순식간에 천하만국을 보이며 가로되 이 모든 권세와. 이 모든 게 뭐예요? 그래요. 천하만국을 영광을 내가 너에게 넘겨주리라. 아멘. 다시 말할게요. 천하만국이 뭐라 그랬지? 하나님 빼고 모든 전체 다를 내가 너에게 넘겨주는데 그다음 마귀가 주장하는 이 말이 재미가 있다고 그랬어요. 지난주에도 가르쳤어요.

이것은. 이것이 뭐예요? 천하만국. 천하만국이 뭐예요? 하나님 빼고 모든 전체. 여러분, 지금 아무리 죽도록 일해도 하나님 빼고 모든 전체를 여러분이 가질 수 있어요? 못 가져요. 땅 100평도 못 사요. 서울시에 땅 100평도 못 사요.

그런데 천하만국을 다 준다. 우주, 별, 모든 것을 다. 이것은. 따라서. 이것은. 다시. 이것은. 이것이 뭐예요? 천하만국. 하나님 빼고 모든 전체. 이것은 내게 넘겨준 것이므로, 마귀가 천하만국을 자기가 소유하고 있다고 주장하는 거예요. 이것은 내게 넘겨준 것이므로 언제? 아담과 하와가 뭐 따먹을 때? 선악과 따먹을 때 누구의 것이? 아담의 것이. 누구의 것이? 아담의 것이 누구에게로? 마귀에게로.

여러분들은 안 믿어질지 모르지만 난 강대상에서 늘 사는 사람이에요. 여기는 안방같이 내가 늘 사는 사람인데도 오늘도 하나님 보고 계시잖아요? 오늘도 나 여기 강대상에 올라올 때 뒤에 이리로 올라오는 계단이 있어요. 계단이. 저 밑에 계단으로부터 서서 안 오고 무릎으로 한 계단씩 기어 올라왔어요. 오늘도. 왜냐하면 하도 어려워서요. "주님, 내가 주님께 예배하러 올라갑니다." 무릎으로 내가 지금 한 계단 한 계단 지금 기어 올라왔다고요. 오늘도. 이렇게 어려워요. 하나님 앞에는 정중하고. 내가 막 팔을 걷고 이렇게 하니까 장난치는 것처럼 하는 거 같지만, 내 중심은 내가 오늘도 여기로 무릎으로 기어 올라왔다고요. 그래서 올라오면서 '어떻게 하든지 한 사람도 빠짐없이 오늘 산 제사를 하나님께 드려야 해. 하나님께 상달되는 예배를 드려야 하겠다.' 그래서 내가 최선을 다하여 "주님! 성령 충만케 해주시고 제가 말하는 자체가 다 성령의 말이 되게 하시고." 그래서 내가 기어 올라왔어요. 그래서 이 자리에 올라오면 다 힘들어요. 다 힘든데 그러니까 여러분 다 이 말씀이 뼈가 되고 살이 되어서. 아멘. 우리 교회는 공산주의자가 와도 여러분 각 가정에서 개인적으로 토굴 속에 숨어서라도 1대1의 신앙을 넉넉히 견딜 수 있는 이러한 성도들이 돼야 한다 이거예요.

2) 인류의 소망 예수

그래서 예수님이 왔다 이거예요. 예수님이 오신 것에 대해서는 감사해요? 안 해요? 계속 만약에 여기 예수님이 안 왔으면 마귀 왕국에서 마귀가 여기서 왕 노릇 하고, 사망 권세를 붙잡고, 인간들 위에 군림하고, 죽은 뒤에도 지옥 권세를 가지고 사단이 우리를 다스리면 우리는 소망 없는 거예요. 예수님이 이 땅에 와 주심으로 이것이 인류의 소망이요 우리의 소망이에요. 아멘이에요? '살아계신 주' 손뼉 준비요. '살아계신 주.'

<주 하나님 독생자 예수>

1. 주 하나님 독생자 예수 날 위하여 오시었네
내 모든 죄 다 사하시고
죽음에서 부활하신 나의 구세주

(후렴) 살아계신 주 나의 참된 소망 걱정 근심 전혀 없네
사랑의 주 내 갈 길 인도하니
내 모든 삶의 기쁨 늘 충만하네

2. 주 안에서 거듭난 생명 도우시는 주의 사랑
참 기쁨과 확신 가지고
예수님의 도우심을 믿으며 살리

3. 그 언젠가 주 뵐 때까지 주를 위해 싸우리라
승리의 길 멀고 험해도
주님께서 나의 앞길 지켜주시리

3) 마지막 아담 예수

아멘! 할렐루야! 그래서 이 세상은 마귀에게 넘어갔고, 하나님이 허용 작정으로 하나님이 그냥 못 이긴 체하고 마귀한테 넘겨줬고, 아담이 선악과 따먹을 때 그 주권이 마귀한테로 넘어가서 세상 임금이 되었는데, 여기에 예수님이 오시니까 마귀가 건방지게 예수님하고 협상을 벌이려고 해요. "예수야, 너 왜 여기 왔냐? 아! 십자가에 너 못 박혀 죽으려고 하는구나. 죽어서 아담이 나한테 팔아먹은 거 그걸 네가 다시 찾으려고 하는구나. 그런데 뭐 그렇게 해? 야! 하나님이 돼서 말이야. 그렇게 말이야. 복잡하게 말이야. 인간으로

태어나서 말이야. 또 십자가에 그렇게 피 흘려 죽고 그렇게 할 필요 없어. 할 것 없이 너 나한테 절 한 번만 하면 내가 이 모든 것을 너에게 넘겨줄게. 다 돌려줄게." 천하만국. 따라서. 천하만국. 구원의 범위란 말이에요. 흥정의 범위란 말이에요. 아멘이에요? 그래서 내가 이 설교의 제목을 만유 회복이라고 하는 거예요. 만유 회복. 무슨 회복? 만유를 회복하는 그리스도란 말이에요. 아멘.

그런데 마귀가 예수님께 이렇게 제안했어요. 그때 예수님이 마귀한테 안 속은 거예요. 마귀가 예수님한테 "나한테 절하면 다 돌려준다." 마귀가 사실 절하면 돌려줄까요? 안 돌려줄까요? 또 속이는 거예요. 아담을, 첫째 아담을 속인 것처럼 마지막 아담 예수를 속이는 거예요.

예수님의 별명이 마지막 아담이에요. 예수님의 별명을 왜 마지막 아담이라 그러냐? 아담이라는 이름을 붙여놨어요. 한번 따라서. 첫째 아담. 마지막 아담. 왜 예수를 마지막 아담이라고 그러냐 하면 아담이 실수한 모든 것을 원상으로 돌린다! 회복이란 말이에요. 회복. 그래서 예수를 마지막 아담이라고 하는 거예요. 할렐루야!

그래서 요 성경 구절이 중요하니까 다시 한번 더 읽고요. 누가복음 4장 5절 다시 한번 보겠습니다. 시작.

<누가복음 4:5-6>

5. 마귀가 또 예수를 이끌고 올라가서 순식간에 천하만국을 보이며

6. 가로되 이 모든 권세와 그 영광을 내가 네게 주리라 이것은 내게 넘겨준 것이므로 나의 원하는 자에게 주노라

천하만국이 뭐라고요? 하나님 빼고 다. 이게 구원의 범위란 말이에요. 아멘이에요? 보이면서 가로되 이 모든 권세와 그 모든 영광을 내가 네게 주리라. 이것은. 이것이 뭐라고? 천하만국. 이것은 내게 뭐한 것이므로? 언제 넘어갔다고? 아담과 하와가 뭐 따먹을 때? 선악과 따 먹을 때. 천하만국은 하나님 빼고 모든 것. 모든 것을 나에게 넘겨줌으로. 인간의 세포, 모든 존재, 하나님 빼고는 다라니까요. 천하만국이. 넘겨준 것이므로 나의 원하는 자에게 돌려주노라. 그러므로 네가 만일 내게 뭐 하면? 절하면. 다 네 것이 되리라. 예수한테 "네 것이 되리라."

예수님은 따라서 해봐요. "사단아, 물러가라!" 여러분, 아무리 좋은 것일지라도 마귀한테는 받지 마세요. 마귀는 주는 척하면서 나중에 인간을 죽이는 거예요. 아무리 여러분이 병이 났어도 무당한테는 병 고치지 마세요. 그거는 또 죽어요. 또 죽어. 절대 속으면 안 돼요. 마귀는 준다고 해놓고, 나중에 죽여요. 마귀한테 속으면 안 돼요. 따라서 합니다.

사단아, 물러가라!

예수님은 "당당히 나는 십자가에 못 박혀 죽어서 내가 내 공의를 채우고." 아멘이에요? 예수님이 이 땅에서 십자가 못 박혀 죽은 것은 주님이 주님의 공의를 채우는 거예요. 예수님은 안 죽을 수도 있어요. 그런데 예수님은 하도 양심적이라서. 아멘이에요? 예수님은 예수님의 공의를 스스로 채우는 거예요. 예수님은 많은 피조물, 꽃, 나무, 새, 사람, 마귀까지도 예수님은 책잡히는 일을 안 하는 거예요. 예수님은 모든 피조물에게 부끄러움이 없이 하시려고 예수님이 스스로 십자가에 피 흘려 스스로 죽는 거예요. 아멘이요? 나는 죽을 권세도 있고 얻을 권세도 있다고 그래요. 예수님이 십자가에 피 흘려 죽어서 당당히 그 피 값을 지불하고, 예수님의 공의를 스스로 채우고, 마귀 너를 합법적으로 쫓아낸다는 거예요. 아멘이요?

4) 마귀의 일을 멸하려고 오신 예수

마귀를 박멸하고, 마귀의 일을 멸하려 하심이니라. 요한일서 3장 8절을 읽겠어요. 시작.

<요한일서 3:8>

죄를 짓는 자는 마귀에게 속하나니 마귀는 처음부터 범죄함이니라 하나님의 아들이 나타나신 것은 마귀의 일을 멸

하려 하심이니라

마귀의 일이 뭐예요? 따라서. 사망. 죄. 질병. 저주. 이 모
든 것이 다 마귀의 문화예요. 이 마귀의 문화는 예수 그리스
도의 십자가를 붙잡는 사람만이 이길 수 있어요. 믿습니까?

4. 교회 : 마귀 왕국의 중심부에 선 하나님 나라

그래서 다시 봐요. 사단의 나라 우주에서 천사의 나라에서
하나님이 한가운데 지구를 회복하여 여기에 아담의 나라를
만든 것처럼, 이 아담의 나라를 마귀가 먹으니까 다시 요 지
구의, 지구 중에서 이 한가운데 이게 지리적으로 물질적으
로 중심이 아니라, 영적으로 중심이에요. 여기다가 교회를
세워요. 교회. 뭘 세워요? 이 교회는 여러분, 오늘 여러분이
앉은 이 자리의 존귀함을 스스로 알아야 해요. 이 교회는 마
귀의 나라에서 하나님의 나라로 옮겨 놓은 자리가 교회예
요. 여러분은 국적이 바뀐 거예요. 국적이. 소속이 바뀐 거
예요.

이 세상에 태어나는 모든 인간은 요한복음 8장 44절의 말
씀대로 인간은 다 마귀의 소유로 태어나요. 너희의 아버지
는 마귀니라. 네 아비는 마귀니라. 이 땅의 모든 인간들은
소유 자체가 사단의 소유로 태어나요.

그러나 예수 그리스도가 이 땅에 오시므로 누구든지 예수 그리스도를 붙잡으면 소속이 바뀐단 말이에요. 소속. 사단의 소유에서 하나님의 소유로. 마귀의 나라에서 하나님의 나라로. 이 교회가 얼마나 중요한지 몰라요. 교회는 곧 사단의 나라에서 하나님의 나라로 옮겨 놓은 것이 교회예요. 믿습니까? 어두움에서 빛으로 옮겨 놓은 거예요. 교회란 말이에요. 교회.

여기서 우리는 이 교회 안에서 사단의 나라를 이기는 거예요. 이 교회는 지금 마귀의 나라에 들어와 있는 공수부대예요. 이게 뭐냐 하면, 전쟁이 일어나면. 전쟁이 일어나잖아요? 전쟁. 전쟁이 일어나면 이건 대사관하고 똑같아요.

미국 대사관. 미국 대사관이 저기 중앙청 앞에 가면 있잖아요? 미국 대사관이 미국에 있어요? 한국에 있어요? 그것도 몰라요? 미국 비자도 안 받아봤어요? 다시. 미국 대사관이 한국에 있어요? 미국에 있어요? 한국에 있는데 미국 대사관 있잖아요? 한국에 있어도 대사관 그 땅은 한국 땅이에요? 미국 땅이요? 치외법권 지역이에요. 그곳에는 미국의 법이 존재하는 거예요. 그 사람들은 미국 국경일에 놀아요. 미국 대사관의 직원들은 다. 그래서 범죄 한 사람, 옛날에 김영삼, 김대중이 박정희 대통령하고 싸울 때 박정희가 죽이려 그럴 때 대사관 안으로 딱 들어가 버리잖아요? 김영삼이 대사관 안으로 들어가서 숨어있었잖아요? 우리나라 경찰이 못 들어가는 거예요. 우리나라 경찰은 절대 못 들어가는 거예요. 왜? 그거는 미국이에요.

그와 같이 이 교회가 바로 하나님의 나라예요. 마귀 경찰이 못 와요. 여기. 마귀 경찰이 절대 여기 못 들어오는 거예요. 아멘! 아멘이요? 그러니까 여러분이 이 교회라고 하는 것이 얼마나 중요하다는 걸 알아야 해요. 교회는 마귀 나라 안에서 하나님의 나라의 확대예요. 확대. 믿습니까?

그래서 교회를 확대해야 해요. 교회가 부흥돼야 해요. 한국 교회가 다 부흥이 돼서 나라를 다 밀어내야 해요. 사단의 나라를 밀어내야 한다. 밀어내야 해. 아멘이요? 이해됐으면 아멘. 두 손 들고 아멘.

Ⅲ.
희년을 선포하러 오신 예수

1. '내게 기름을 부으시고'

그러면 이제 여기서 한마디만 더 드리고 마쳐요. 그러니까 예수님이 이 땅에 오셨을 때 주님이 30년 동안은 숨어서 사시고 공생애를 준비하여 사시고 30세 된 날 예수님이 세례 요한에게 세례를 받으시고, 하늘 문이 열리며 성령이 비둘기 같이 임하셔서 지금부터 예수님이 메시야 선포식을 해요. 자, 메시야 선포식 하는 걸 한번 보세요. 주님이 "지금부터 내가 메시야로서 온 그 일을, 활동을 시작하겠다." 예수님이 이 땅에 오셔서 실제로 사역한 것은 3년이에요. 3년. 나머지 30년은 준비 기간이에요. 그래 30년 될 때 주님이 선포식, 발대식을 하는 것이 누가복음 4장 18절에 나와 있어요. 여기 보면 중요한 의미가 있단 말이에요. 누가복음 4장 18절 시작.

<누가복음 4:18-19>

18. 주의 성령이 내게 임하셨으니 이는 가난한 자에게 복음을 전하게 하시려고 내게 기름을 부으시고 나를 보내사 포로 된 자에게 자유를, 눈먼 자에게 다시 보게 함을 전파하며 눌린 자를 자유케 하고
19. 주의 은혜의 해를 전파하게 하려 하심이라 하였더라

자, 보세요. 예수님이 이 땅에 오셔서 이게 요한복음 3장 16절과 더불어 굉장히 중요한 말씀이에요. 요한복음 3장 16절 여러분, 다 외우지요? 시작. 하나님이 세상을 이처럼 사랑하사 그다음에? 또. 또. 맞지요? 그것보다 그거와 동일, 그

거와 같이 신구약 성경 중에 아주 중요한 성경 구절이 지금 읽은 누가복음 4장 18절이에요. 다시 한번 보시면, 4장 18절 시작.

<누가복음 4:18>

주의 성령이 내게 임하셨으니 이는 가난한 자에게 복음을 전하게 하시려고 내게 기름을 부으시고 나를 보내사 포로 된 자에게 자유를, 눈먼 자에게 다시 보게 함을 전파하며 눌린 자를 자유케 하고

내게 기름을 부으시고. 이게 뭐냐 하면 "지금부터 내가 메시야 사역을 시작하겠다. 이 땅에 온 그 일을 지금부터 시작하겠다."라고 하신 거예요.

2. '포로 된 자에게 자유를'

그래 놓고 첫째로 뭐라 그랬냐 하면 여기 보면 기름을 부으시고 나를 보내사 포로 된 자에게 무엇을? 예수님이 이 땅에 와 보니까 모든 인간들이 다 사단에게 포로 돼 있다는 거예요. 아멘. 이걸 보면 예수님이 한 말을 보면 사람들이 어떤 상태에 있다는 걸 알 거 아니에요? 마귀가 인간을 다 포로로 잡은 거예요. 인간은 몰라요. 사단에게 포로 된 줄도 모르는

거예요. 모르는 거야. 이해되시면 아멘. 따라서. <u>포로 된 자에게.</u> 이 세상이 다 마귀에게 이미 포로 된 상태란 말이에요.

예수님이 포로 된 자에게 자유를 주려고 왔다. 사단에게 포로 된 자에게 자유를 주려고 왔다. 그래서 예수님이 이 땅에 오셔서 누굴 향하여 "마귀야, 저 사람 풀어." 그러면 풀어야 하는 거예요. 아멘. 누구에게 주님이 "풀어!" 그러냐? 입으로 주님이 이 땅에 와서 십자가 지신 것을 인정하는 자. 그리고 그 혜택을 예수님이 십자가 진 혜택을 자존심을 버리고, 예수님의 혜택을 사모하는 자. 그런데 그걸 못 하냐 말이에요. 예수님께.

자존심을 부릴 사람한테 부려야지. 여러분, 어린 아기가 할아버지한테 자존심 부리면 돼요? 안 돼요? 아이! 돼요? 안 돼요? 예수 앞에 자존심 부리면 안 되는 거예요. 아멘이에요? 따라서. <u>예수여! 나를 도와주소서.</u> 이렇게 예수님 앞에 입으로 "주여"만 부르면 포로 된 자에게 자유를. 사단이 그 사람을 포로하고 있다가 사단이 손을 뗀다는 거예요. 떼고 소유권을 예수님께로 넘겨준다는 거예요. 넘겨준다 이거예요. 입으로 "주여"만 부르면. 따라서. <u>주여!</u> 세게 한번 해봐요. <u>주여!</u> 그러면 사단이 소유권을 사단의 소유에서 예수님 소유로 넘겨준다는 거예요. 예수님의 십자가를 인정만 하면. 아멘?

그래서 이제 만유 회복 끝날 때, 이제 다음다음 주에 가서 내가 성찬식을 하려고 해요. 우리는 성찬식을 자주 안 해요. 우리 교회는 1년에 한두 번 하는데 성찬식을 아주 우리가 심각하게 한번 하려고 해요. 성찬식. 주님의 피 흘림에 참여하고 내가 주님의 피 흘림을 내가 받아들인다고 하는 그 거룩한 성찬식을 우리가 이제 다음다음 주에 한번 하려고 해요. 아멘이요? 성찬식을 뭘 모르고 그냥 교회 와서 포도주만 홀짝홀짝 들어 마시니까 효과가 없는 거예요. 성찬식은 이런 뜻에서 하는 거예요. 주 예수가 이 땅에 오신 것을 받아들이는 것이다! 믿습니까? 따라서. 포로 된 자에게 자유를.

3. '눈먼 자에게 다시 보게 함을 전파하며'

그다음에 뭐냐 하면 눈먼 자를 보게 하고. 이게 육신의 눈이요? 영의 눈이요? 잘 들으세요. 잘 봐요. 뭘 가지고 소경이라 그러냐? 이 동그라미 세 개. 천사의 나라, 아담의 나라, 메시야 나라를 모르는 사람을 소경이라 그러는 거예요. 이 동그라미 세 개. 만유 회복의 말씀을 안 듣는 사람은 인간이 왜 태어나는지, 언제부터 이런 세상이 있었는지, 죽으면 어떻게 되는지 알아요? 몰라요? 그걸 소경이라 그러는 거예요.

이것을 예수님이 오셔서 우리에게 눈을 뜨게 해준 거예요. 이 사실을 가지고. 눈먼 자를 보게 하고. 육신의 소경 아니고 영의 소경. 영의 소경. 눈먼 자를 보게 하고.

4. '눌린 자를 자유케 하고'

그다음 봐요. 눌린 자를 뭐하게 하고? 인간이 마귀에게 눌렸기 때문에 사람은 조금만 일하면 피곤하지, 뭐 하면 병나지, 이게 전부 사단의 눌림이에요. 갈릴리 지방에 어두움이 눌리고 있는 거예요. 그때 예수의 빛이 가니까 각색 병자들이 나와서 다 고침을 받는 거예요. 교회에 오면 병이 낫는 거예요. 왜 낫냐? 눌린 자를 자유케 하는 거예요. 예수가 "자유케 하라!" 예수가. 아멘이요?

그러니까 십자가의 복음을 받아들이고, 예수 그리스도의 십자가의 복음을 내가 받아들이면. 아멘. "십자가에 달려서 예수 고난 보셨네. 나를 구원하실 이 예수밖에 없네." 하면 마귀가 물러가 버려요. 그때부터 사단은 우리에게서부터 서서히 떠나가는 거예요. 병든 자가 고침 받는 거예요. 몸이 상쾌한 거예요. 아멘. 마음이 편안한 거예요. 두려움이 떠나가는 거예요. 죄책감이 없어지는 거예요. 예수를 붙잡아야 해요. 예수를. 눌린 자를 자유케 하고. 우리 모든 성도들이 영육 간의 눌림으로부터 자유 함을 얻자! 아멘.

5. '주의 은혜의 해를 전파하게 하라'

이것을 합해서 주님이 뭐라고 하냐면 은혜의 해를 전파하게 하라. 은혜의 해. 따라서. 은혜의 해. 19절 시작.

<누가복음 4:19>

주의 은혜의 해를 전파하게 하려 하심이라 하였더라

그러니까 봐요. 이제 예수님이 이 땅에 왜 왔냐? 한번 물어봐요. 예수님. 따라 해 봐요. "예수님!" "하나님 보좌에 계속 계시지 뭣 하러 사람으로 마리아의 배에 열 달 갇히시고 인간의 자연법칙에 창조주가 갇히셔서 33년 동안 왜 오셨나요?" 이렇게 예수님께 물으면 예수님이 이렇게 대답하는 거예요. "그거? 내가 하나님 보좌에 나도 있고 싶지만 왜 왔냐 하면 너희들이 마귀에게 포로 돼 있기 때문에 포로 된 자를 자유케 하려고 너희들 때문에 왔다. 너희들이 눈이 멀어서 도대체 인간이 어디서부터 시작돼서 어디로 끝나는지 모르고, 마귀가 인간의 지각을 마비시켜 놔서. 그래서 내가 이걸 가르쳐주려고 왔다." 아멘. 눌린 자를 자유케 하여. 이 땅에 살면서 아직도 우리는 지금 마귀의 눌림 상태에 있는 거예요. 사람이 사는 이 땅은 진정한 하나님 나라가 아니에요. 아직. 아멘이요? 눌린 자를 자유케.

그리고 이걸 합해서 내가 너희에게 은혜의 해를 전파하기 위해 왔다는 것은 은혜의 해. 따라서. 은혜의 해. 은혜의 해란 것은 이것은 태양이 아니에요. 은혜의 해. 햇빛이 아니에요. 내 영혼의 햇빛 비치니 그 해가 아니고, 은혜의 해란 것은 한 해, 두 해. 1년, 2년. 그러니까 은혜의 해라는 것은 이건 구약 시대에 50년마다 찾아오는 희년을 말해요. 희년. 뭐라고요?

구약 시대의 희년을 모르면 이게 뭔 뜻인지 모르는 거예요. 구약 시대에 50년이 딱 되면 모든 사람을 다 돌려줘야 해요. 종도 자기 집으로 다 돌려줘요. 원상회복이에요. 그리고 남한테 땅 산 거 있지요? 땅 산 거 전부 다 돌려줘야 해요. 그러니까 은혜의 해, 50년이 되면 이젠 네 것 내 것이 없어요. 첫 주인에게, 팔아먹은 첫 주인에게 자식들에게 전부 다 돌려주는 거예요. 아멘이에요?

그러니까 은혜의 해가 오기를 기다리는 거예요. 땅 팔아먹은 사람, 내가 돈이 없어서 남의 집에 종으로 팔려 머슴살이 간 사람은 언제를 기다리냐? 50년을 기다리는 거예요. 은혜의 해가 오기를 기다리는 거예요. 희년. 따라서. <u>희년.</u> 희년은 구약에서 모든 걸 해방시키는 해예요.

그것을 누구에게 오면? 예수에게 오면 한다는 거예요. 구약 시대는 예수님이 이 땅에 오셔서 할 일을 상징적으로 말해 놓은 게 많아요. 50년이 되면 다 돈 없는 사람도 없어요. 다예요. 다. 그냥 이스라엘 축제예요. 다 희년이 되면 땅도 다 돌려주고, 종도 다 돌려주고, 다 풀어주는 거예요.

이것이 뭔 뜻이냐면 예수가 이 땅에 오면 아담이 마귀에게 팔아먹기 전의 상태로 우리를 다 돌이켜 준다는 거예요. 그래서 내가 너에게 희년을 선포하러 왔다. 오늘 이 주일 날이 희년이 돼야 해요. 오늘 여기가 희년이, 회복의 희년. 아멘! 두 손 들고 아멘! '모든 만민' 불러요. 손뼉 준비. '모든 만민.' 희년이에요.

〈모든 만민들아〉

모든 만민들아 주를 찬양하여라
위대하신 우리 주님을
소리 높여 찬양해 우리 주 예수 찬양하라
찬미 주 할렐루야 찬미 주 할렐루야 할렐루야
찬미 주 할렐루야 찬미 주 할렐루야 할렐루야

아멘! 매주일날 이곳이 희년이 됩시다. 우리 희년 잔치를 해야 해요. 주일 예배는 희년 잔치. 무슨 잔치? 희년이 뭐예요? 그렇지. 모든 걸 회복시켜요. 사람이 살다 보면 돈이 없으면 땅 팔아먹잖아요? 이게 마귀한테 팔아먹은 걸 상징하는 거예요. 50년 동안. 그리고 나중에 최후적으로는 못 팔아먹으면 자기 몸을 팔아먹는 거예요. 돈 많은 집에 가서 "먹고살 길이 없으니 우리를 좀 종으로 써주세요." 그러면 "종? 우리 많은데?" "그래도 어떡해요. 우리 살길이 없어요. IMF 왔어요. IMF." "들어와." 종으로 팔려 가는 거예요. 이 사람이 그 집에서 해방 받을 길이 없어요. 그러나 희년이 되면. 뭐가 되면? 가족과 자녀와 땅과 모든 소유를 전부 처음 상태로 다 돌려주는 거예요. 부자도 없고 가난한 사람도 없어요. 희년이 되면 다 똑같이 돼요. 아멘. 그것을 예수가 이 땅에 오면 예수가 그 일을 한다는 거예요. 아멘!

두 손 높이 들고 우리 다 같이 "주여" 삼창하고 "주님! 오늘 이 자리도 희년이 되게 하여 주시옵소서. 포로 된 자에게 자유를, 눈먼 자는 보게 하고, 은혜의 해가 넘쳐나게 하여 주시고, 오늘 이 자리에 영육 간의 희년이 되게 하여 주세요. 머리부터 발끝까지 예수여! 나의 희년이 되게 하여 주옵소서." "주여" 삼창하며 기도하겠습니다. 주여. 주여. 예수님. 예수님. 아버지. 주님. 오늘 이 자리가 희년입니다. 아버지. 예수님. 주님. 예수님.

〈찬양하라 내 영혼아〉

찬양하라 내 영혼아 찬양하라 내 영혼아
내 속에 있는 것들아 다 찬양하라

기도하겠습니다. 우리 다 같이 아픈 사람은 아픈 데 손을 얹으시고, 가슴이 답답하고 문제 있는 사람은 가슴에 손을 얹으시고, 오늘 이 시간에 희년의 선포의 기도를 하겠습니다. 기도하겠습니다.

"살아계신 주 예수님, 주 예수님이 이 땅에 어떻게 오셨으며, 왜 오셨으며, 무엇 때문에 오셨는지 장시간 동안 말씀을 상고했습니다. 이제는 마귀의 정체가 드러났습니다. 예수님, 희년으로 오셨습니다. 이 시간에 희년을 선포하기 원합니다. 성도들에게 붙은 모든 원수 마귀는 떠나갈지어다. 어둠은 떠나갈지어다. 사단의 권세는 물러갈지어다. 포로 된 자에게 자유를 주시옵소서. 주 예수님, 눌린 자를 자유케 하여 주세요. 마음으로 눌린 자 자유 함을 주세요. 평안을 주세요. 환경으로 눌린 자 자유 함을 주세요. 물질로 눌린 자 자유 함을 주세요. 생활에 눌린 자 자유 함을 주세요. 영육 간에 묶인 자 자유 함을 받을지어다! 받을지어다! 받을지어다! 주 예수님, 은혜의 해를 선포합니다. 우리 모든 성도들에게 은혜의 해가 임하게 하여 주시옵소서. 병든 육체가 치료되게 하여 주세요. 병든 육체는 물러갈지어다. 병마는 떠나갈지어다. 주님, 고쳐 주시옵소서. 피 묻은 손으로 안수하여 주세요. 예수님, 온전히 소유하여 주시옵소서. 이 자리에 참여한 모든 성도의 주권을 주님께로 넘깁니다. 주 예수님이 소유하여 주시옵소서. 살아계신 주 예수님, 사단의 나라에서 예수님 이름으로 우리가 날마다 이기게 하여 주세요. 주 예수 그리스도의 이름으로 기도하옵나이다. 아멘." 할렐루야!

07

선악과의 정체와 결과

설교 일시 2008년 9월 28일(주일) 오전 11시

대   상 사랑제일교회 주일 3부 예배

성   경 누가복음 4:16-19

16 예수께서 그 자라나신 곳 나사렛에 이르사 안식일에 자기 규례대로 회당에 들어가사 성경을 읽으려고 서시매

17 선지자 이사야의 글을 드리거늘 책을 펴서 이렇게 기록한 데를 찾으시니 곧

18 주의 성령이 내게 임하셨으니 이는 가난한 자에게 복음을 전하게 하시려고 내게 기름을 부으시고 나를 보내사 포로 된 자에게 자유를, 눈먼 자에게 다시 보게 함을 전파하며 눌린 자를 자유케 하고

19 주의 은혜의 해를 전파하게 하려 하심이라 하였더라

Ⅰ.
새 신자를 위한 지난 설교 요약

할렐루야. 〈어둔 죄악 길에서〉입니다. 손뼉 준비.

찬송가 262장 〈어둔 죄악 길에서〉

1. 어둔 죄악 길에서 목자 없는 양같이
   모든 사람 길 찾아 헤맨다
   자비하신 하나님 독생자를 보내사
   너를 지금 부르니 오시오

(후렴) 이때라 이때라 주의 긍휼 받을 때가 이때라
   지금 주께 나아와 겸손하게 절하라
   구원함을 얻으리 얻으리

2. 험한 십자가 위에 달려 돌아가신 주
   다시 살아 나셨네 기쁘다
   죄인 구원하실 때 어서 주께 나아와
   크신 은혜 구하라 구하라

3. 주의 귀한 말씀에 영원 생명 있나니
   주님 너를 용서해 주신다
   주가 부르실 때에 힘과 정성 다하여
   주의 은혜 받으라 받으라

4. 세월 빨리 흐르고 세상 친구 가는데
너의 영혼 오늘 밤 떠나도
주의 구원 받으면 천국에서 영원히
주와 함께 살리라 살리라

아멘! 할렐루야! 예수님 사랑하시면 아멘. 두 손 들고 아멘. 할렐루야. 시간을 줄이기 위하여 빨리빨리 할 테니까 지나간 일은 빨리빨리 기억하기를 바랍니다. 시간을 줄이기 위하여 한번 따라서 합니다. 첫째 세상은 천사를 중심으로. 다시 한번 따라서. 둘째 세상은 아담을 중심으로. 따라서 합니다. 셋째 세상은 메시야를 중심으로. 주님이 다스릴 그 나라가 속히 올 줄 믿습니다. 아멘 안 해도 올 줄 믿습니다. 그러면 이제 우리 사랑제일교회 성도들은 이 동그라미 세 개 - 천사의 나라, 아담의 나라, 메시야 나라는 마음에 확실히 찍혔지요? 그렇게 해도 동그라미 세 개가 안 나타나는 사람은 그거는 좀 뭔가 이상해요.

바깥에서 기다리느라고 고생하셨어요. 날 전도하신 박경선 권사님이 우리 이모님인데 조금 전에 내가 혼났어요. 이모님한테. 당회장실에 들어서니까 "예배를 도대체가 몇 시까지 하는 거야? 밖에서 노인네들 힘들어. 다리 아픈데." 막 뭐라 그랬어요. 나는 우리 이모님 때문에 복 받았어요. 이모님이 날 전도해서 내가 구원받았잖아요? 그런데 마지막에 또 우리 교회를 다니시니 얼마나 감사한지. 나는 그냥 우리 어머니 세상 떠나니까 또 이모님이 와 계시니 얼마나 감사한지! 나는 복에 복을 받은 사람이에요. 우리 이모님 권사님 박경선 권사님이 날 은혜받게 하려고 어릴 때 말이에요. 부흥회 데리고 다니면서 옛날에 먹을 것도 많지 않았잖아요? 그냥 점심 되면 호빵 사요. 호빵. 호빵 사서 돈도 안 많으니까 호빵 사서 이모님은 안 드시고 조카인 나만 먹여요. 나만. 이거 먹고 은혜받으라고. 이걸 먹고. 그래서 내가 이렇게 큰 거예요. 우리 교회에서 당회를 해서 공식적으로 우리 이모님한테 사례비 드립시다. 근원을 알아야지요. 근원을.

자, 오늘 처음 교회 나오신 분을 위해서 5분 안에 내가 요약하겠어요. 시간을 세 개로 나누면, 지금의 시간을 뭐라고? 현재라는 시간이 있잖아요. 앞으로 돌아올 시간을 뭐라고? 미래가 있잖아요. 그러면 지나간 시간을 뭐라고? 과거라 그러잖아요. 지금부터 과거로 가보자 이거예요. 100년, 1000년, 10000년, 수도 없이 과거로 계속 가보자 이거예요. 계속 가면 수십억 년, 수조억 년, 수천억 년, 끝도 없이 가면 제일 끝에 제일 끝의 과거를 성경은 태초라 그래요. 태초. 따라서. 태초에. 제일 끝의 과거를 성경은 태초라 그랬다! 아멘.

그러면 태초에, 제일 끝의 과거, 영원한 과거, 이 세상이 출발하기 전에 그때 무슨 일이 있었느냐? 아는 사람이 있을

까? 없을까? 없어요. 왜? 우리는 그때 거기 없었기 때문에
요. 우리는 개인적 과거도 모른다 그랬어요. 인간의 기본 상
식인 각자의 생일도, 여러분이 아는 여러분의 생일은 여러
분의 실력으로 안 게 아니요. 자기의 과거의 사건 중 하나인
자기가 출생한 사건, 내용, 장소, 시간, 이것을 여러분이 다
알고 있어요. 어디서 태어났냐? 산부인과. 어디서? 안방. 어
디서? 구들장. 그것이 여러분의 실력으로 안 게 아니라 누가
옆에서 가르쳐 준 거예요. 누가? 할머니. 누가? 고모, 이모,
삼촌, 엄마, 아빠가 가르쳐줘서 아는 것처럼 100년 전에 일
어났던 일도 사람은 몰라요. 왜? 우린 그때 없었으니까.

그러니까 지나 간 과거도 사람은 모르는데 하물며 영원한
과거. 따라서. 영원한 과거. 그걸 누가 알겠냐 이거예요. 영
원한 과거를 누가 알겠냐. 아시는 분이 한 분이 계신다고 그
랬어요. 누가 아느냐? 그때 그 자리에 계셨던 분. 그때 그 자
리에 계셨던 분이 누구냐?

그때는 아무것도 없었어요. 영원한 과거에는. 이 세상이
출발 되기 전이니까. 나무도, 풀도, 산도, 우주도, 인간도, 아
무것도 없고 오직 삼위일체 하나님. 따라서 합니다. 성부 하
나님. 성자 하나님. 성령 하나님. 삼위일체 하나님만 계시는
시대가 있었어요. 아무것도 없었어요. 나머지는 다 피조물
이에요.

그때 하나님이 어느 날 세상을 만들기 시작했는데 첫 번째

만든 세상이 우리가 사는 이 세상이 아니고 따라서 합니다. 천사의 나라. 영의 나라를 먼저 만들었다는 거예요. 천사가 있는 겁니다. 여러분, 천사를 부정하십니까? 천사가 있습니다. 천사가 없다고 하는 사람은 나무꾼과 선녀의 얘기를 읽어보세요. 거기 읽어보면 분명히 천사가 나옵니다.

천사의 나라가 있는데 천사는 수도 없이 많아요. 숫자가 몇 명이에요? 천천이요. 한국말로 직역하면 억수로 많다. 그 중에 따라서 합니다. 미가엘, 가브리엘, 그룹, 스랍.

그중에서 천사의 왕이 있었어요. 모든 창조가 이놈 중심으로 되었는데 루시엘이라고 하는 천사예요. 따라서. 루시엘. 이게 루시퍼라는 천사예요. 이 루시퍼 천사는 일반 천사가 아니에요. 모든 창조의 중심이 루시엘을 중심으로 지어진 거예요.

너 아침의 아들 계명성이여 어찌 그리 하늘에서 떨어졌으며 너 열국을 엎은 자여 네가 옛적 하나님의 동산 에덴에 있어서 화강석 사이에 왕래하였도다. 네가 무역이 풍성하므로 마음이 교만하여. 너 기름 부음을 받은 덮는 그룹이여. 봐요. 하나님이 거기 보면 좋은 말은 다 써 놓은 거예요.

이렇게 극진히 대접받은 루시엘이 하나님의 보좌를 찬탈하려고 하다가요? 하나님이 주신 은혜를 거역하고 자기를 지으신 창조주 하나님을 대적하여 하나님의 자리를 찬탈하려고 하다가 하나님께 쫓겨났어요. 이놈이 바로 마귀가 된 거예요. 마귀. 따라서. 마귀.

이 마귀가 루시엘, 마귀, 아침의 계명성, 사단, 뱀, 용, 꾀이는 자, 50가지의 이름을 얻은 이 사단이 천사의 나라에서 쫓겨나서. 따라서. 천사의 나라. 쫓겨나서 이놈이 아담의 나라에 왔어요. 이게 심판을 받았단 말이에요. 루시엘이 심판받아서 아담의 나라에 와서 아담을 유혹하여 유괴한 거라고요.

이게 마치 뭐와 같으냐 하면 이런 거예요. 예를 들면 이런 거라고요. 자, 보세요. 예를 들면 어느 큰 회사에 회장님이 계시는데 회장님의 운전기사가 있어요. 운전기사. 운전기사는 회장님의 비밀을 알아요. 왜? 회장님이 차 타고 다니면서 뒤에서 전화하는 걸 다 듣거든요. 운전기사는. 그러니까 뭐 세무서 무슨 사업 비밀을 안단 말이에요. 그러니까 이 운전기사가? 우리나라의 이 기업은 거짓말 안 하면 기업 못합니다. 한국 기업은. 우리나라 기업은 다 세금을 떼어먹어요. 세금 안 떼어먹고는 기업 존재가 불가능해요.

지금 우리 기독교계 내에서 이런 운동을 하려고 해요. 움직임이 뭐냐 하면, 차라리 내지 못하는 세금을 많이 때려서 기업이 거짓말하여 절반으로 보고하고 해서 세금을 덜 내서 죄짓게 하지 말고, 사람이 숨어서 거짓말하니까, 차라리 낼 수 있는 금액으로 낮춰서 솔직히 낼 수 있도록 하자는 운동이에요. 이해돼요? 지금 내는 세금의 절반만 내자. 그래서 죄 안 짓게 하자 하는 이런 운동이 기독교계 내에서 지금 서서히 일어나고 있다고요.

그러니까 회장님의 운전기사는 다 안단 말이에요? 회장님이 가면서 차 뭐, 전화하고 뭐, 기업의 비밀, 비리 같은 걸 다 안단 말이에요. 집에다가 다 메모해 놨어요. 이 운전기사가 메모해 놨어요. 언젠가 써먹으려고. 이게 바로 루시엘이요. 루시엘. 뭐라고요? 다 메모해 놨어요. 언제 어느 날 차 타고 가는데 회장님이 밑의 사람한테 "세금을 떼어먹어라." 지시했다. 이렇게 다 써놨어요. 다 써놨어.

Ⅱ.
선악과의 정체

1. 선악과 – 지식의 나무

그러니까 여러분들은 불의하고 남이 나쁜 것은 기억하면 안 돼요. 기억하면 죄를 지어요. 여러분, 절대로 몰라야 할 걸 알지 말기를 바랍니다. 몰라야 할 걸 알면 안 돼요. 아멘이에요? 알면 죄를 지어요. 알면.

선악과가 뭔지 아세요? 선악과? 아담이 따먹은 열매를 선악과라 그러죠? 선악과. 이 선악과가 영어로 뭐라 그러냐 하면 영어로?

우리 딸 한나가 중학교 때 미국 가더니 영어 성경을 읽다가요 이랬어요? 전한나! 네가 잊어먹은 거야. 나한테 한 말을. 나는 기억하고 있는데. "아빠! 선악과가 영어 성경에는 지식의 나무라고 돼 있어. 지식의 나무." 영어 성경 가지고 있으신 분들은 한번 보세요. 거기 보면 선악과를 영어로는 지식의 나무라고 번역한 거예요. 지식의 나무. 선악과를 영어 성경은 지식의 나무라고 번역한 거예요. 그런데 왜 지식의 나무라고 그랬냐? 한국말로는 뭐라 그러냐면 선악을 알게 하는 나무라 그랬어요. 오늘 말씀을 잘 듣기를 바랍니다.

오늘 내가 2부 예배 때도 그런 말을 한 거예요. 오늘 이 낮에 내가 지금 설교하는 이 설교는 너무너무 깊어서 이것은 신학교에서도 일반학부 1학년부터 4학년까지는 이걸 강의하면 안 돼요. 강의해도 못 알아들어요. 이것은 신학대학원 중에서도 박사 코스, 박사 코스에 강의해야 이해가 될 만한 이런 깊은 얘기를 내가 할 테니까요. 내가 잘 들으라고 2부 예배 때 그렇게 얘기한 거예요. 그래서 그거 설명하느라고 2부 예배를 열한 시까지 설교한 거예요. 오늘 3부 예배는 시간 개념이 없어요. 없으니까 아예 빨리 갈 생각도 하지 말고. 박사 코스예요. 아멘. 지금 박사 코스 강의를 듣는 거예요. 신학교 박사 코스라고요. 박사 코스.

그러니까 박사 코스를 평신도한테 놓고 이걸 설교하니 여러분이 듣겠냐? 그런데 우리 성도들은 원체 수준이 높아요. 원체 수준이 높아서 이 말씀을 들을 수 있어요. 그러니까 진짜 잘 들으세요.

선악과를 지식의 나무라 그래요. 지식의 나무. 영어 성경에 지식의 나무라 그래요. 한국말로는 선악을 알게 하는 나무라 그래요. 그런데 여기에다 손을 댔다가 망한 거예요. 사람이 죽은 거예요. 지식의 나무. 따라서. 지식의 나무.

2. 선악과 – 알지 말아야 할 것을 알다

이게 뭐냐 하면은 잘 들어보세요. 지식의 나무. 선악을 알게 하는 나무. 그다음에 하나님이 선악과를 따먹고 난 뒤에 인간에게 한 말이 중요해요. 하나님이 이렇게 말한 거예요. 하나님이 선악과를 따먹고 난 뒤에 사람한테 이렇게 말한 거예요. 저희가. 따라서. 저희가. 여기에 저희라는 말이 나와요. 저희가. 저희라는 단어. 저희가 누구냐 하면은 아담과 하와예요. 저희가 선악을 아는 일에. 따먹고 난 뒤에 그런 거예요.

선악을 아는 이 선악과가 어떤 작용을 일으키는지를 한번 보란 말이에요. 따먹고 난 뒤에 하는 말이 '저희가 선악을 아는 일에 우리 중 하나같이 되었으니.' 우리 중 하나같이라는 것은 하나님은 자기를 말할 때 우리라고 해요. 우리라는 것은 삼위일체 하나님이기 때문에. 한번 따라서. 성부 하나님. 성자 하나님. 성령 하나님. 그래서 하나님은 말할 때 꼭 우리라 그래요.

선악과를 따먹고 난 뒤에 하나님의 표현이 이렇게 돼 있어요. 저희가. 따라서. 저희가. '저희가 선악을 아는 일에 우리 중 하나같이 되었으니.' 이것은 뭐냐? 선악을 아는 일은 우리만 알아야 하는데 몰라야 할 사람이 알았다는 거예요. 그러니까 인간이 하나님만 알아야 하는 비밀의 세계를 침해했다는 거예요. 아멘. 하나님도 하나님만 가지고 있는 지식이 있는 거예요. 비밀이 있는 거예요. 비밀. 따라서. 비밀. 그것을 인간이 침해했다는 거예요. "선악을 아는 일에 우리 중 하나같이 돼서 큰일 났다. 이거는 두면 안 된다. 이건 죽여야 한다." 아멘이에요?

3. 알지 말아야 할 것을 알면 죄를 짓는다

그러니까 이제 다시 아까 내가 하는 비유로 돌아가서 큰 회사가 있었는데 운전기사가 있었다. 그 운전기사는 회장님이 전화 받고 뭐 하는 것을 알 필요가 있어요? 없어요? 알면 죄죠. 그런데 그 회장님이 아는 그 비리, 기업의 비리, 이것을 알았단 말이에요. 알면 너는 살아남지 못해. 그래서 집에 와서 일기장에 메모를 다 해놨단 말이에요. 일기장에 메모를. 회장님이 어느 날 어디 가는데 성수대교를 건너가면서 세금 떼어먹으라고 과장한테 지시했다. 이거 다 써놨단 말이요.

몇 달 지난 뒤에 운전기사가 10분 늦게 왔어요. 10분 늦게. 운전기사는 늦게 오면 돼요? 안 돼요? 어이구. 회장님들은 시간을 잘 지켜야 해요. 시간이 돈이에요. 우리 이영권 전도사님은 나 어디 간다 그러면 꼭 1시간 전에 와서 시동까지 걸어놔요. 이제 앞으로 시동 걸면 기름 많이 닳으니까 시동 걸지 마. 시동 걸지 마. 내 나오거든 시동을 걸어. 그러니까 10분 늦게 온 거예요. 회장님이 뭐라 하는 거예요. "이놈의 새끼가 말이야 10분 늦게 오면 되겠어?" 뭐라 그랬다고요. 그러면 자기가 잘못했으면 회개해야지요? "이 자식! 그따위로 하려면 관둬. 인마!" 그랬더니 그때 속에서 딱 걸고넘어져요. "그래? 써 놓은 게 있어. 집에 써 놓은 거." 이게 뭐냐면 몰라야 할 걸 아는 것이 죄의 근원이 되는 거예요.

인간 사회도 사람은 자기의 세계에선 그 세계만 알아야 해요. 교회도 마찬가지예요. 교회도 비밀이 있는 거예요. 교회도 비밀이 있는데 몰라야 할 사람이 알면 아는 자체가 화예요.

그중 하나가 교회 재정부입니다. 재정부. 여러분이 헌금하는 재정인데 이 재정부를 재정부장 황 장로님, 그다음에 조 장로님 해서 회계 팀이 재정을 관리해요. 이 재정부는 절대 아무나 들어오면 안 됩니다. 여러분이 헌금하는 이 헌금을 재정부에서 전부 봉투를 열어서 전부 컴퓨터에다 써요. 써서 우리 교회 생긴 이후로 단 만원 헌금한 것까지도 다 기록이 돼 있어요. 답십리에서부터 옛날부터 헌금한 기록이 다 돼 있어요.

그런데 재정부에는 이게 신앙이 깊지 않은 사람은 재정부에 들어오면 왜 사고 나느냐? 이제 지금도 예배 마치고 나가서 이제 헌금한 걸 다 기록한단 말이에요. 하는데 어떤 사람은 십일조 뭐 10만 원 했다. 100만 원 했다. 까지는 괜찮은데 누가 딱 십일조 열어보니까 1,000만 원 헌금했다. 그 1,000만 원 헌금한 것은 감사해야 해요? 떫어야 해요? 아이! 대답해 봐요. 1,000만 원 헌금하는 거, 감사해야 해요? 떫어야 해요? 감사해야 하는데 1,000만 원을 헌금하는 것을 딱 보고 신앙이 낮은 사람은 이렇게 생각하는 거예요. '에이. 씨. 미친놈. 목사님한테 잘 보이려고.' 괜히 자기 혼자 그렇게 생각하는 거예요. '목사님한테 잘 보이려고 이거 1,000만 원 헌금하고 앉았어?' 이렇게 불의한 생각을 하는 거예요. 신앙이 없는 사람은.

신앙 있는 사람은 어떻게 생각하나? '나도 빨리 기도 하고 주의 말씀대로 심고 열심히 십일조하고 해서 나도 이 집사님처럼 1,000만 원 헌금할 수 있도록 해야지.' 이렇게 생각해야지요?

그런데 신앙이 약한 사람이 재정부에 들어오면 '허! 칫! 아이고! 교회에서 잘난 척하려고, 목사님한테 잘 보이려고 1,000만 원 헌금해?' 괜히 그렇게 생각하고 집에 가서 이불 속에 같이 자는 그 여자에게 또 떠드는 거예요. "자기야." 자기라고 부르는 것은 40살 이하예요. 40살 이상은 여보라 그래요. "자기야. 자기야." "왜?" "아이! 글쎄! 우리 교회 어느 김 집사님이 1,000만 원 헌금했어. 아이고! 이거 목사님한테 잘 보이려고. 아이고!" 그래요. 그렇게 떠들어요.

그러면 또 그걸 들은 그 여자가 가만히 있냐고요? 온 구역을 다니면서 다 말이야 "아이고! 어느 집사님이 1,000만 원 헌금했는데 목사님한테 잘 보이려고. 아이고! 세상에! 그놈이 그랬어." 그래서 그냥 온 교회를 쑥덕거리잖아요?

그래서 재정부에 들어오는 사람은요? 첫째는 입이 과묵한 사람이 들어와야 해요. 재정부에서 일어난 일은 부부간에 물어도 말하면 안 돼요. 집에 가서 "오늘 누가 헌금했어? 얼마 했어?" 그러거든 "몰라도 돼." "아이! 그래도 나한테만 얘기해 줘." 그러면 주먹을 가지고 주둥이를 탁 쥐어박아요. 주둥이를 탁 쥐어박으면서 "떠들지 마!" 해서 입이 붓도록 만들어야지, 그걸 따발 따발 재정부에 있는 일을 이야기하면 그게 뭐냐 하면 선악과예요. 선악과. 알지 말아야 할 것을 아는 지식의 나무예요. 지식의 나무. 따라서 합니다. <u>교회 재정부는 선악과다.</u> 지식을 그러니까 몰라도 될 걸 아는 것이 화의 근원이 되는 거예요. 이해돼요? 이해돼요?

지금 이 세상에서도 몰라도 될 것을 앎으로 화가 되는 사람이 있어요. 그러니까 사람은 신앙의 경지가 크는 것만큼 알아야지, 신앙은 적은데 지나친 걸 알아버리면 안 돼요. 성경도 그래요. 성경도 신앙이 큰 만큼 성경을 깊이 알아야지, 신앙도 안 크면서 성경 깊이 알아버리면요? 이 루시엘처럼 하나님을 도전하게 돼요. 도전.

4. 미국 청교도 촌 아미쉬 마을에 대학이 없는 이유

아미쉬 마을이라고 저기 뉴욕의 필라델피아에 가면 거기 가면은 집단 청교도 촌이 있어요. 그 사람들은 목적이 신앙생활만 하기 위하여 모인 동네예요. 옛날에 스페인에서 온 사람들인데 약 2만 명 가까이가 동네에서 오직 목적이 예수만 믿기 위하여 사는 동네예요. 이야~ 옛날에 내 아미쉬 마을 얘기해 줬죠? 일반 텔레비전에도 많이 나와요. 그 사람들의 삶은 신앙 공동체로 사는데 목적이 예수 하나 믿기 위하여 모인 거예요. 앞으로 우리 장위동을 한번 아미쉬 마을을 만들어요. 예수 믿기 위하여 사는 동네.

제가 아미쉬 마을을 가보니까 사람이 옷도 똑같이 입어요. 네 벌 가지고 살아요. 네 벌 이상은 그 동네는 못 입게 하는 거예요. 컴퓨터에 찾아봐. 아미쉬 마을. 떴지? 봐요. 이게 아미쉬 마을이에요. 봐요. 옷이 다 똑같잖아요? 이게 전부 공동 옷이에요. 옷이 몇 벌 있냐 하면 첫째 주일날 교회에 가는 옷이 있어요. 주일날 교회 올 때는 다 똑같은 옷 입고 와요. 주일날 교회 가는 옷이 하나 있고, 또 하나는 뭐냐면 일하는 옷이 있어요. 바깥에 나가서 일하는 옷이 하나 있고, 또 하나는 뭐냐? 가정에서 입는 옷이 있어요. 가정에 잠옷이 따로 없어요. 가정에서 그냥 일하다가 그 옷 그대로 저녁에 그냥 자는 거예요. 또 하나의 옷이 뭘까? 교회 가는 옷, 일하는 옷, 가정에서 입는 옷, 그다음 뭘까? 또 하나는 뭐냐 하면 웨딩드레스예요. 결혼 옷이 있어요. 이 결혼 옷은 한 번 딱 입고 일생 보존을 탁 시켜놨다가 죽으면 그것을 수의로 입혀요. 수의가 따로 없어요. 결혼한 그 드레스를 죽을 때 수의로 입혀서 수의 살 필요가 없는 거예요. 그걸 다 하나님 나라에 갈 때 그리스도의 신부. 따라서. 그리스도의 신부. 내가 지금 입은 이 결혼 옷은 육신의 남편을 위하여 입었지만, 이 옷을 보관했다가 다시 예수 신부로 갈 때 이 옷을 입고 간다. 멋지지요? 우리도 한번 해보자.

그래서 누가 더 잘 살고 더 못 살고가 없어요. 여기는 완전히 세상을 추구하지 못하게 만들어 놓은 거예요. 세상을 추구하지 못하도록 만들고 오직 예수 하나만 초점을 맞췄어요. 아멘이요? 주일학교 교사가 따로 없어요. 주일날 부모님이 교회 데려가면 부모님이 자기 자식을 가르쳐요. 교회에서. 부모님이 1대1 교사예요. 기가 막힌 거지. 거기는 세상 법이 거기는 다스리지 못해요. 자치 마을이에요. 미국의 법이 그 안에 못 들어가요. 2만 명이라는 집단 동네에 자기들 끼리 법을 만들어서 자기 나라를 만들어 신앙촌 나라를 만들어 놓은 거예요. 청교도 마을이요.

그런데 그 법이 뭐냐? 그 법이 헌법을 따로 가지고 있는 게 아니라, '우리의 법은 온리 바이블(only Bible)이다. 성경이 법이다.' 이렇게 돼 있어요. 내가 물어봤어요. 만약에 그 안에서 살인이 일어나고, 간음죄가 일어나고, 불의한 죄가 일어나면 어떻게 재판하냐고 물어봤더니, 첫째는 그런 사건이 지금까지 한 번도 일어난 적이 없대요. 미국 역사 200년 동안에 한 번도 그런 일이 없대요. 뭐 살인 나거나, 뭐 간음죄가 일어나거나, 도둑질 죄가 일어나거나. 하나님의 말씀이 완전히 지배 하고있는 거예요. 한 번도 그런 일이 없었는데, 그런 일이 일어날 걸 가정을 해서 일어나면 모든 재판은 누가 하느냐? 그 마을에 대장이 하는데 모든 재판은 법이 있는 게 아니라, 온리(only) 성경. 성경에 준하여. 이렇게 되어 있는 나라예요. 야~ 한번 따라서. 야~

그런데 그 사람들은 현대 문명을 거부해요. 현대 문명이 죄에 오염돼 있다고 해서 현대 문명을 거부해요. 이야~ 음식도 지금 우리가 먹는 무슨 햄버거 이런 거 못 들어가게 돼 있어요. 완전히 옛날식으로 자연식. 직업도 다 똑같아요. 거기 뭐, 공장, 가게 이런 거 하나도 없어요. 전부 농사지어요. 다 채소 갖고 농사짓는 데 농약 안 써요. 약 안 쳐요. 전부 에덴 농산 그대로 지어요. 지어서 거기서 나오는 그 채소 가격이 얼마나 비싸냐? 그 사람들이 미국에서 평균 집집마다 소득이 최고 수준이에요. 농사짓는 데도. 왜냐하면 돈을 안 쓰거든요. 안 쓰니까 그 돈 다 있지요? 그리고 채소가 농산물이 뉴욕 시장에서 7배예요. 7배. 전부 와서 "아미쉬 마을 채소 있나요?" 이걸 찾아요. 부르는 게 값이에요. 그러니까 뭐 최고 높은 거예요.

그런데 이제 거기서 학교를 어떻게 하냐? 초등학교 있어요. 중학교 있어요. 고등학교까지 있고 대학은 없어요. 내가 대학을 왜 안 세웠냐고 물어봤더니 이 말을 하는 거예요. 사람이 지식을 아는 만큼만 알아야 한다 그래요. 인간이 지식이 너무 알아버리면, 알지 말아야 할 것을 알아버리면 하나님을 도전한다는 거죠. 그래서 대학이 없는 거예요. 고등학교까지만 딱 공부시키는 거예요. 더 이상은 모르게 하는 거예요. 알면 죄짓는다는 거예요. 하나님에 대하여 도전한다는 거예요. 인간이 너무 알면 선을 넘어버린다는 거예요.

5. 선악과 – 루시엘의 죄

1) 알지 말아야 할 것을 아는 것은 죄

지식의 나무. 따라서. <u>지식의 나무.</u> 알지 말아야 할 것을 아는 것이 죄라는 거예요. 선악과를 지식의 나무라고 그래요. 선악을 아는 일에 하나님은 하나님만 알아야 할 것이 있어요. 아멘이요? 가정으로 말하면 부모는 부모끼리만 알아야 할 것이 있어요. 부모만 알아야 할 것을 자식이 알면 안될 일이 있어요. 그걸 아는 것은 죄예요. 침해요. 침해. 침공하는 거예요.

2) 선악과 – 알지 말아야 할 하나님의 영역

그래서 선악과를 먹은 뒤에 하나님이 선악과 먹은 사람을 보고 "저희가 선악을 아는 일에 우리 중 하나같이 되었으니 큰일 났다. 이거는 죽여야 한다. 이대로 두면 안 된다. 선악을 아는 일에 우리 중에 하나같이 되었다." 그럴 때 보면 이것은 알지 말아야 할 것을 알았다고 하니까 이것이 정답은 아니지만 추론해 보면, 무엇이 하나님이 그렇게 인간이 아는 것을 그렇게 싫어했을까? 무엇이 인간이 알았다고 하나님이 "우리가 큰일 났다. 저놈이 왜 몰라야 할 것을 알았냐?" "기업의 비밀을 알았다. 운전기사 저 새끼를 죽여버려야지. 저거 알면 내 감방 가겠다. 큰일 나겠다." 왜 하나님이 이렇게 난리냐? "우리 중 선악을 아는 일에 우리 중 하나 같이 되었다. 몰라야 할 것을 알았다."

그러면 아담이 뭘 알았는데 눈이 밝아요? 눈이? 안 밝아야 할 눈 쪽으로 눈이 왜 밝았냐? 뭐냐? 결국은 제가 성경을 깊이 묵상해 보니까 이게 결국은 뭐냐? 루시엘의 죄예요. 루시엘의 죄. 따라서. 루시엘의 죄.

이게 뭐냐? 보좌란 말이에요. 보좌. 보좌에 대해서 알면 안 되는 거예요. 보좌는 하나님의 영역이에요. 보좌에 눈 뜨면 안 돼요. 하나님의 보좌를 침공하려고 하면 안 돼요. 보좌에 대하여 눈독 들이면 안 돼요. 보좌는 우리가 섬기는 쪽으로 봐야지 보좌를 노려보면 돼요? 안 돼요? 안 되는 거예요. 하나님의 보좌를 넘보면 안 되는 거예요.

네 눈이 밝아 네가 하나님처럼 되었다. 어찌하여 네가 몰라야 할 걸 알았냐? 보좌는 하나님의, 창조주의, 주권자의 세계예요. 주권자의 세계를 인간이 알려 그러면 안 되는 거예요. 아멘?

그 이유는 내가 이따 다시 설명해 줄게요. 그래서 내가 아까 그랬잖아요? 어렵도다. 따라서. 어렵도다. 박사학위다. 이거 박사학위 강의야. 그러니까 잘 들어야 해요. 깊이 들어야 하는 거예요.

Ⅲ.
선악과의 결과

1. 하나님으로부터 분리

1) '저희가' – 하나님으로부터 분리된 인간

그리고 선악과를 따먹은 뒤에 하나님이 인간을 향하여 "저희가" 이렇게 불렀어요. 저희가. '저희가 선악을 아는 일에 우리 중 하나같이 되었으니.'

하나님이 삼위일체 하나님을 부를 때는 우리라 그래요. 성경에 하나님이 자기를 말할 때는 항상 복수로 말해요. 복수. 그래서 엘로힘이란 말이 이게 하나님들이라는 뜻이에요. 원래가. 창세기에 우리 성경에는 "태초에 하나님이 천지를 창조하시니라." 이렇게 됐지만 원래 복수이기 때문에 "태초에 하나님들이 천지를 창조하시니라." 이렇게 말해야 하는 거예요. 그러니까 하나님은 자기를 말할 때 복수로 말해요. 한번 따라서. 성부 하나님. 성자 하나님. 성령 하나님. 엘로힘이란 히브리어의 하나님의 단어가 복수란 말이에요. 그러니까 하나님은 왜 자기를 말할 때 우리라 그랬냐? 왜 우리라고 그러냐? 우리가 우리의 모양대로 우리가 사람을 만들고. 우리 중 하나같이 되었으니. 하나님이 이사야한테도 우리가 누구를 보낼꼬. 하나님이 자기를 말할 때는 항상 우리라 그래요. 왜냐하면 삼위일체 하나님이기 때문에. 아멘.

선악과를 따먹은 뒤에 하나님이 사람을 부르는 호칭이 달라졌어요. 따라서 합니다. <u>저희가.</u> 이 '저희가'라는 말은 하나님과 인간을 벌써 분리하는 말이에요. "선악과를 따먹었기 때문에 너는 우리가 될 수 없는 거야." 하나님이 자기들끼리 말할 때 성부 하나님, 성자 하나님, 성령 하나님이 말할 때는 우리라 그래요. 우리. 따라서. <u>우리가.</u>

2) '너' – 하나님으로부터 분리된 사단

선악과를 따먹은 것은 뭐냐? 분리되었다는 거예요. 분리. 이것이 바로 죄의 근원이에요. 이것이 죄의 근원이란 말이에요. 여러분, 이 '우리'란 말과 '너'란 말은? 너라고 한 것이 벌써 하나님과 분리됐다는 거예요. '너'란 말이에요. 그러면 보세요. 뭔가 봐요. 이 천사의 나라에서도 사단이 처음 타락할 때 지난주에도 말했지만, 타락 장이 성경 구절에 정확한 게 어디 있냐? 이사야 14장 12절이라고 그랬어요. 12절에 보면 뭐라고 돼 있어요? 계속 하나님이 '너'라 그래요. 너. 따라서. <u>너.</u>

그런데 하나님이 하나님끼리 말할 때는 우리라 그래요. 그리고 타락한 쪽에 있는 사람이나 천사를 말할 때는 너라 그래요.

3) 하나님의 의지 외에 새로 생긴 사단의 의지

그러니까 이 단어가 원래 하나님이 천사의 나라. 따라서. 천사의 나라. 지난 주일 저녁에도 말했고 낮에도 말한 것처럼 하나님이 첫째 세상을 만들어서 타락하기 전에는 모든 의지가 하나님 안에 있는 거예요. 하나님 안에. 의지가 두 개가 없어요. 모든 피조 세계, 모든 전체가 하나님의 의지 안에 있는 거예요. 하나밖에 없는 거예요.

그런데 여기서 새로운 의지가 생겼어요. 그것이 사단의 의지예요. 이사야 14장 12절 한번 읽어보시면. 시작.

<이사야 14:12>

너 아침의 아들 계명성이여 어찌 그리 하늘에서 떨어졌으며 너 열국을 엎은 자여 어찌 그리 땅에 찍혔는고

보세요. 이 마귀를 말할 때는 항상 너라 그래요. 너. 마귀가 너를 만든 최초의 존재예요. 하나님으로부터 분리돼 나간 단어를 만들어낸 놈이 마귀예요. 너. 따라서. 너. 자아란 말이에요. 자아.

그러니까 다시 성경 보시면 '너'가 몇 번 나오나 봐요. 지난 주에 했잖아요? 너 아침의 아들 계명성이여. 봐요. 하나님이 벌써 너라고 그랬잖아요? 너. 따라서. 너. 너라 그러면 안 돼요. 하나님은 우리라 그래야지.

너 아침의 아들 계명성이여 어찌 그리 하늘에서 떨어졌으며 너 열국을 엎은 자여. 너잖아. 너. 자아가 생긴 거야. 너 열국을 엎은 자여 어찌 그리 땅에 찍혔는가. 13절을 보세요. 네가. 너. 세 번이지요? 네 마음에 이르기를. 네 번이지? 내가 하늘에 올라. 5번이지? 나의 보좌를. 6번이지? 내가 북극 집회. 7번 나와요. 7번.

이 마귀의 말 앞에는 항상 너, 너, 너, 너. 이 너라고 하는 하나님께로부터 분리된, 분리시킨 원조가 바로 사단이에요. 분리시킨 원조. 아멘이요?

4) 죄지은 인간을 '저희'라고 분리하시는 하나님

그런데 하나님은 하나님끼리 말할 때는 우리라 그래요. 그런데 인간도 타락한 후에는 하나님이 바로 뭐라 그러냐면 "저희가." 분리시키는 거예요. "너! 이제 다르다." 이거예요. "우리하고 너는 이제 틀렸다." 이거예요. 틀렸다. "선악과를 왜 따먹었냐?" 이거예요. "몰라야 할 것을 내 보좌를 네가 왜 알았냐?" 이거예요. "몰라야 할 걸 알았기 때문에 너야 너. 너는 우리가 될 수 없어."

5) 예수의 십자가 : '저희'에서 '우리'로 받아주시다

그러다가 이것이 십자가에 와서, 주님이 십자가에 오셔서, 우리 주님이 십자가에 오셔서 이 단어를 바꿔봐요.

요한복음 17장 한번 보세요. 하나님이 우리를, 예수님이 우리를 향하여 뭐라고 말하는가? 한번 보세요. 요한복음 17장을 보시면 예수님이 이 단어를 바꿔놔요. 요한복음 17장 21절 읽으시면, 시작.

<요한복음 17:21>

아버지께서 내 안에, 내가 아버지 안에 있는 것 같이 저희도 다 하나가 되어 우리 안에 있게 하사 세상으로 아버지께서 나를 보내신 것을 믿게 하옵소서

뭐요? 우리 안에 있게 하사. 따라서. 우리 안에. 그러니까 구원받은 인간들을 다시 하나님이 우리 쪽으로 받아주세요. 우리. 저희가 아니라 우리. 따라서. 우리. 구원 후에 다시 우리로.

2. 죄의 근원

1) 하나님과 분리함

그러니까 여러분, 이 두 개로 나누는 자체가 죄의 근원이요. 하나님의 의지 말고 새로운 의지가 생긴 것이 이게 죄의 근원이에요. 죄의 근원.

그러니까 성경에 보면 죄를 설명할 때 갈라디아서 5장에

보면 하나님이 큰 두 계통의 사건을 말씀해요. 하나는 성령의 열매. '사랑과 희락과 화평과 온유와 충성과 자비와 양선과.' 이렇게 말하잖아요.

그런데 갈라디아서에서 성령의 열매와 쌍벽을 이루는 반대편을 말할 때 죄를 말할 때 육체의 일은 현저하니. 성령의 열매와 반대예요. '육체의 일은 현저하니 음행과 더러운 것과 술수와 간음과.' 그리고 거기 보면 뭐, '분 냄과' 이렇게 쭉 나오다가 거기 보면 '분리함과' 이래요. 분리함.

왜 분리함이 죄냐? 이 분리함이 죄의 뿌리입니다. 하나님 안에서의 공동체가 아니고 분리함. 따라서 분리함. 분리함이에요. 분리함. 따라서. 분리함.

우리라는 말과 달리 '나'라는 말. 나. 자아가 생긴 거예요. 자아가. 자아가 생기는 것은 죄의 근원이란 말이에요.

사랑제일교회 이 자리에 계신 우리 모든 성도여. 이 교회 사랑제일교회가 내 교회예요? 우리 교회예요? 아니, 다시. 내 교회요? 우리 교회요? 우리 교회예요. 아멘. 목사님이 내 목사님이요? 우리 목사님이요? 자기 혼자 차지하려고 하면 안 돼요. 우리 목사님이에요. 우리 목사님. 아멘. 아멘.

이 '나'라는 단어가 이게 죄의 근원에서 출발해요. 그러니까 이게 모든 죄의 근원이 자아란 말이에요. 자아. 모든 근원 이 자아라고요. 자아. 이 자아가 사단에 의해서 하나님의 의지가 아닌 새로운 의지가 여기서 생긴 거예요. 이것이 타락하여 이게 사단이 됐단 말이에요. 사단이. 사단은 하나님의 의지가 아닌 새로운 의지를 최초로 만들어낸 죄의 뿌리요. 근원이요. 출발점이에요. 이해되시면 아멘.

2) 사단 공화국이 된 아담의 나라

그래서 하나님이 하나님의 의지가 아닌 새로운 의지를 만든 사단을 용서하지 않고 하나님이 완전히 심판하여 쫓아낸 게 마귀가 됐는데, 이놈이 다시 아담의 나라에 왔어요.

아담은 그때 하나님의 주권 하에 있었거든요? 하나님의 의지 하나만 있었거든요? 그런데 여기 와서 또 아담에게 하나님의 의지가 아닌 새로운 의지를 만들라 그러는 거예요. 그래서 아담이 다시 사단에게 넘어가서 아담이 선악을 아는 일에 선악과를 따먹으므로 하나님의 의지가 아닌 새로운 의지가 생기니까 하나님이 아담의 나라도 심판했어요. 그래서 이 세상이 준심판 상태예요. 준심판. 지금 이 세상이 지금 하나님의 심판 아래에 있는 거예요. 이미 준심판을 받은 거예요. 마지막 끝내기 심판은 예수님이 재림할 때 마지막 끝내기 심판이에요. 이 세상은 이미 하나님의 심판 아래 있는 거예요. 이해되시면 아멘.

그래서 이놈이 사단이 아담의 나라에 와서 아담을 종으로 삼고 유괴하여 이 사단이 아담의 나라에서 뭐가 됐느냐? 여기서 지난주에 말씀드린 것처럼 세상 임금이 된 거예요. 세상 임금. 이놈이 세상 임금이 된 거예요. 아담의 나라에서 마귀가 세상 임금 이게 사단이란 말이에요. 사단.

3. 사단 공화국에서 태어나는 인간

1) 태어날 때부터 사단에게 오염된 인간

그러니까 지금 우리가 사는 이 세상은 사단의 나라예요. 사단의 나라. 사단 공화국이에요. 사단 공화국. 사단 공화국에서 인간이 태어나는 거예요. 인간은 태어날 때부터 완전히 사단화 되어서 태어나요. 사단 공화국에서 태어나니까 인간이 태어난 후에 죄를 짓는 게 아니에요. 사람은 태어나기 전에 이미 벌써 죄에 감염되어서 사단에게 정복되어서 태어나는 거예요. 아멘? 마귀한테 이미 눌려서 태어나는 거예요.

태어나기 전에 이미 사단에게 얼마만큼 감염되었냐? 마귀에게? 머리끝부터 발끝까지 전부 사단이 오염을 다 시켜 놨어요. 달리 표현하면 죄로 오염된 거예요. 좀 점잖은 표현으로는 죄라 그래요. 또 극렬한 표현으로는 사단이 세포 구석구석 인간의 모든 건 다 사단이 딱 다 머리부터 발끝까지 오염시킨 거예요.

만유 회복 끝나면 우리가 구원 운동을 다시 한번 하려고 하는데. 아멘. 서울시에 사는 모든 인간이 지금 어두움 가운데 사는 거예요. 이런 걸 모르는 거예요. 모르니까 우리가 이 말씀이 끝난 뒤 우리 대대적 복음 운동을 하여 이 민족을 어둠에서 건져내자! 어둠에서 건져내자! 이러한 진리의 빛의 강의는 일반 학교나 대학에서 해요? 안 해요? 안 하는 거예요. 이것은 하나님 앞에 나와야만 알 수 있는 거예요.

2) 하나님의 사이클을 이해하지 못하는 인간

그러니까 이 세상이 지금 어두움에 덮여서 마귀가 전부 인간의 영의 눈, 영의 귀, 이걸 다 막아 놔서 이런 걸 듣기도 싫어해요. 인간은. 듣기도 싫어해서 만유 회복 이런 강의를 하면 고개를 갸우뚱갸우뚱하고 '아휴! 글쎄! 목사님이 말이야. 참, 밥 먹고 살기가 힘들어. 저런 걸 연구해서 교묘하게 말이야. 그럴듯하게 해서 나중에 마지막은 내 주머니에서 돈을 꺼내려고 해서 목사님 밥 먹고 살려고.' 이렇게 처음 교회에 나온 사람들은 고개를 갸우뚱갸우뚱하는 거야. 잘 들어보시오. 잘 들어보시오. 내가 여러분 주머니에서 돈 뺏어서 먹고살 의향이 전혀 없어요. 봐요. 내가 덩치가 104킬로(kilogram)예요. 104킬로는 원래 덩치 큰 사람은 절대 사기 안 쳐요. 덩치 큰 사람은 사기를 당하지. 사기 치는 사람은 꼭 뱀 새끼처럼 생긴 놈이 사기 쳐요. 나는요 봐요. 104킬로가. 이순신같이 생겼잖아요? 그러니까 절대 사기 안 쳐요. 그러니까 잘 들어봐요. 잘 들어봐.

그런데도 사람이 이걸 이성으로 수용하기가 쉽지 않아요.

이성으로. 이 머리의 생각으로 이걸 받아들이기가 쉽지 않은 것이 왜 받아들이기 쉽지 않냐? 들어봐요.

내가 3주 전에 분명히 말씀드렸어요. 하루살이는 몇 년 살아요? 하루살이는 하루살이 인생이 하루니까 하루살이가 경험할 수 있는 일은 이거밖에 없어요. 아침, 점심, 저녁. 이게 일생이에요. 하루살이에는 이게 한 사이클이요. 한 사이클. 아멘이요? 그러니까 하루살이는 아침, 점심, 저녁이 한 사이클이에요. 하루살이는 그러다 죽어요. 하루 만에.

그런데 우리가 사는 이 땅의 계절은 1년은 사이클이 어떻게 돼 있나? 봄, 여름, 가을, 겨울, 이게 한 사이클이에요. 맞지요? 그런데 하루살이한테 하루 살다 죽는 하루살이한테 "펄펄 눈이 왔대요." 그러면 하루살이가 알아요? 몰라요? 개념 자체가 안 잡혀요. 그럼 뭐냐? 사기 친다 그래요. 무슨 더워서 죽겠는데 무슨 펄펄 눈이 언제 와? 펄펄?

그러나 하루살이가 일생을 살아봤자 그거는 다음 날 아침엔 죽어요. 그다음 아침에 보면 전깃불 밑에 보면 그냥 이만큼 쌓였어요. 하루살이가 죽어서. 그 하루살이를 보고 "며칠 후~ 며칠 후~ 어떻게 하다 그렇게 빨리 죽었나? 몇 년은 더 살지." 그래요? 안 그래요. 하루살이는 하루 사는 거예요. 하루살이한테는 겨울이란 말이 안 통해요. 겨울이 올 것 같지도 않고 겨울을 상상할 수 없어요. 하루살이를 여기다가 예를 들어서 만 마리를 모아 놔 놓고 "하루살이 여러분! 잠시 후에는 찬 바람이 불어옵니다. 그리고 눈이 내립니다." 그러면 하루살이가 아멘 하겠냐고요? "내 주머닛돈 뺏어가려고. 저 새끼." 하루살이가 이런단 말이에요. 왜? 개념이 하루니까.

그러나 사실은 하루살이는 자기 혼자 하루에 살다. 한번 따라서. <u>아침. 점심. 저녁.</u> 이 하루살이는 자기 혼자 겪는 것은 한 사이클이 요거밖에 없지만, 사실은 봄, 여름, 가을, 겨울이 있어요? 없어요? 봄, 여름, 가을, 겨울은 이 자연의 한 사이클이에요.

그와 같이 그다음 말이 중요해요. 지금은 졸면 안 돼. 눈 떠요. 졸면 안 돼. 목사님이 땀 흘리는 걸 생각해서 눈 떠요. 목사님이 땀 흘리는 거 생각해서 목사님 정성을 생각하여 여러분도 104킬로를 데리고 이렇게 한번 다녀봐요. 얼마나 힘든가. 여기 집사님들 50킬로 사람들 50킬로를 머리 이고 계속 다녀봐. 얼마나 힘든가. 잘 들어요. 잘 들어요.

그와 같이 하나님의 계절은. 따라서. <u>하나님의 계절은.</u> 하나님의 계절은 첫째 세상 루시엘의 세상. 둘째 세상 아담의 나라. 셋째 세상 메시야의 나라. 이것이 하나님의 한 계절이에요. 이게 한 사이클이에요. 아멘이요?

그런데 우리는 하루살이처럼 아담의 나라에 태어나서 아담의 나라에서 죽으니까 앞뒤의 봄, 가을, 겨울은 모르는 거예요. 우리도.

그럼 우리에게는 아니, 뭐 "예수님이 재림하여 오신다." 무

슨 뭐 "천년 왕국이 이루어진다." 뭐 "메시야 나라가 이루어
진다. 펄펄 눈이 옵니다."가 안 통하는 거예요. 우리한테는.
그러니까 그냥 설교 시간에 자는 게 편한 거예요. '그냥 너
혼자 떠들어라. 이거 말 같지도 않은 소리를 떠들고 앉았어.
빨리 국수나 한 그릇 줘라. 빨리 먹고 가게.' 이렇게 돼버린
거예요. 이렇게.

그렇지만 그렇지 않은 거예요. 아멘. 하루살이 너는 너 혼
자 하루 살다가 죽을 뿐이지 겨울은 오는 것처럼, 인간의 나
라에서 아담의 나라에서 인간이 100년 동안 태어나서 100년
안에 죽어서 장례식하고 다 해도 그게 끝이 아니라 앞뒤의
봄과 겨울이 있는 것처럼 이게 하나님의 한 사이클이란 말
이에요. 부활이 일어나는 거예요. 우리 앞에 부활이 일어나
는 거예요. 아멘. 아멘.

이런 사실을 세상 사람들은 알아요? 몰라요? 이걸 아는 걸
기독교라 그럽니다. 이건 교회에서만 강의하는 거예요. 우
리 교회에서만 강의하는 게 아니라 전국의 45,000 교회가
오늘 다 예배 시간에 목사님들이 이 말씀, 성경 위에 서서 설
교하는 거예요. 아멘이요? 두 손 들고 아멘. 오늘 여러분이
이 자리에 앉아있는 자체를 행복이라고 생각하세요. 옆 사
람 다 손잡고 해요. <u>너는 행복한 자이다.</u> 이스라엘아, 너는
행복자로다. 아멘! 할렐루야! 뭐가 행복이냐? 이걸 아는 게
행복이에요. 행복. 이스라엘아! 너는 행복한 자야! 아멘이

요? <어둔 죄악 길에서>. 손뼉 준비.

찬송가 262장 <어둔 죄악 길에서>

1. 어둔 죄악 길에서 목자 없는 양같이
   모든 사람 길 찾아 헤맨다
   자비하신 하나님 독생자를 보내사
   너를 지금 부르니 오시오

(후렴) 이때라 이때라 주의 긍휼 받을 때가 이때라
   지금 주께 나아와 겸손하게 절하라
   구원함을 얻으리 얻으리

2. 험한 십자가 위에 달려 돌아가신 주
   다시 살아 나셨네 기쁘다
   죄인 구원하실 때 어서 주께 나아와
   크신 은혜 구하라 구하라

3. 주의 귀한 말씀에 영원 생명 있나니
   주님 너를 용서해 주신다
   주가 부르실 때에 힘과 정성 다하여
   주의 은혜 받으라 받으라

4. 세월 빨리 흐르고 세상 친구 가는데
   너의 영혼 오늘 밤 떠나도
   주의 구원 받으면 천국에서 영원히
   주와 함께 살리라 살리라

3) 전적으로 부패 된 채 태어나는 인간

아멘! 할렐루야! 그런데 원수 마귀 사단은 이 아담의 나라를 마귀 공화국으로 만들어 놔서 인간이 이 땅에 마귀 공화국에 태어나요. 사단의 나라에서 인간이 완전히 사단화해서 머리끝부터 발끝까지 그때 내 총동원 주일 때 드렸던 말씀대로 사단이 인간을 얼마만큼 물을 들여놨냐? 연탄하고 같다 그랬어요. 연탄. 연탄은 물로 박박 닦아도 하얘져요? 안 하얘져요? 마지막 한주먹만 남아도 하얘져요? 안 하얘져요? 한주먹 남아도 거기서 또 까만 물이 나와요. 연탄 전체가 다 구석구석 흙을 섞어서 연탄을 갈아서 무연탄을 만들었지만 흙은 오간 데 없고 까만 물밖에 없는 거예요.

그와 같이 인간 속에 사단이 채색시켜 놔서 인간은 닦아내도 인간은 까만 물 밖에 안 나올 만큼 사단이 완전히 죄로 물들여놓은 거예요. 아멘? 인간은 태어나기 전부터 이미 사단에게 완전히 물이 들여져서 태어났는데 머리부터 발끝까지예요. 원죄요. 원죄. 완전히 인간은. 인간에겐 소망이 없는 거예요.

그래서 이게 장로교의 창시자 존 칼빈이 말한 전적 부패예요. 전적 부패. 어느 부분 하나 부패 안 한 부분이 하나도 없어요. 머리부터 발끝까지 구석구석 전체가 다 부패한 거예요. 아멘. 전적 부패, 전적 타락, 무조건적 선택, 불가항력적인 은혜. 그러니까 전적으로 부패한 거예요. 인간을 완전히 부패시킨 거예요. 사단이. 아멘이요?

　그런데 인간은 다시 말해서 이미 부패 된 상태에서 타락된 상태에서 인간이 태어나기 때문에. 아멘. 태어나기 때문에 사람은 그것이 정상인 줄 알아요. 정상인 줄 안다고. 그게 정상인지 안다고요. 원래 정상이 아닌 거예요. 인간은 태어나기 전부터 악에 이미 절어서 태어나는 거예요. 보십시오. 어린 아기들, 금방 태어난 아기들 얼마나 얼굴을 보면 흠도 없고 티도 없고 얼마나 이뻐요? 그런데도 이미 그 속에는 사단이 악으로 벌써 물을 들여놓은 거예요.

　쌍둥이들을 봐요. 쌍둥이들. 지금 우리 교회 여기 김수정이 이번 주에 쌍둥이를 낳았어요. 쌍둥이. 하나는 아들이고 하나는 또 딸이에요. 한꺼번에. 아멘. 청년회에서 여기서 지금 통신사업 하잖아요? 하는데 한 달에 300만 원을 나한테 선교비를 가져와요. 자기들이 열심히 벌어서 김수정, 남연옥, 여기 자매님들 해서 목숨 걸고 일해서 자기들 월급을 가져가고 200만 원, 300만 원 월급 가져가고 남는 돈은 선교비로 가져와요. 한 달에 300만 원씩 가져와요. 나한테. 아멘이요?

　그런데 김수정이 돈을 300만 원씩 선교비를 가져오면 여러분도 선교비를 받는 입장이 한 번 돼 보세요. 마음이, 뼈가 아프다고요. 여러분, 이 받는 사람의 고통과 드리는 사람의 기쁨은 반비례해요. 나도 옛날에 평신도 때 목사님들한테 선교비도 드려보고 목사님들한테 예물 드려봤지만, 그

드릴 때 기쁨이 하늘을 찌르거든. 그죠? 성령의 기쁨이 막 하늘을 찔러요. 옛날에 내가 경험해 보면. 그죠? 그 드리는 자의 기쁨은. 드리는 자의 기쁨은 밤잠을 못 자요. 좋아서. 그죠?

　그런데 이 선교비를 받는 쪽에서는 큰 고통이 와요. 그러니까 복이 오는 거예요. 하나님도 우리의 예물을 받을 땐 고통이 오는 거예요. 꼭 애들한테 뭐 뺏어 먹는 것 같아요. 코묻은 걸 뺏어 먹는 거 같아요. 애들한테. 하나님을 고통스럽게 만드는 거예요. 하나님을 고통스럽게 만드는 거야. 그래서 내가 '에휴! 나는 이런 선교비 없어도 되는데 말이야. 새끼들 말이야. 나 이거 필요도 없는데 사실은. 이 한 달에 몇 억을 써야 하는데 300만 원 있으나 마나인데.'

　그런데도 고통이 오니까 내가 올 때마다 매달 내가 안수 기도를 해줘요. 수정이하고 자매님들 다 이름을 내가 부르면서 안수 기도를 해요. "하나님, 이 딸들이 이 돈을 버느라고 얼마나 고생했겠습니까?" 기도해 줘요. 그런데 하루는 1년 전에 수정이가 왔기에 "야! 너 나이가 몇 살이냐?" 그러니까 아이고! 창피해서 말도 못 해요. 그래서 "너 그러지 말고 빨리 애를 낳아. 애를 낳아야지 지금 나이가 40살이 다 돼 가면서." 그러니까 돈 벌어서 애 낳는대요. "야! 돈은 애가 생겨야 돈이 벌리는 거야." 내가 경험해 보니까 내가 말이에요. 목회해서 교회 부흥시키고 난 뒤에 애 낳으려고 우리 한나도 늦게 낳았지, 에녹이도 늦게 낳았는데 우리 한나가 빨리 태어났으면 지금 나하고 같이 나이 되는 목사님들의 아들들은 이미 벌써 다 커서 시집 장가 다 가서 목사가 돼서 나하고 신학교 동기 목사님들이 아들한테 교회를 물려줬어요. 나는 우리 한나를 늦게 낳아서요. 에녹이가 지금 중학교 3학년인데 빨리 커야 교회를 물려줄 텐데. 왜 갑자기 분위기가 썰렁해? 그리고 우리 동료 목사님들 보면 애들이 벌써 다 커서 벌써 목사님들이 말하는 게 달라져요. 애들이 목사예요. 목사님 아들들이 목사예요. 나는 이제 한참 고생하고 있는데. 그래서 내가 그랬어요. "애는 빨리 낳을수록 좋다." 그래서 수정이 보고 막 뭐라 했어요. "목사님한테 선교비 안 벌어와도 좋으니까 빨리 애부터 낳아. 애 안 놓으면 다음부터 여기 오지도 마!" 그랬더니 "목사님이 책임질래요?" "책임진다. 다 생육하고 번성하라. 빨리빨리 해!" 그랬더니 한 두어 달 있다 "목사님, 진짜 나도 애 가졌어요. 목사님이 말해서 생겼어요." "거봐라. 그거 봐라. 목사님이 기도하면 생기지. 봐라." 그런데 두 달 있다가 오더니 "목사님! 하이고! 목사님이 기도해서 쌍둥이 생겼어요. 쌍둥이." 또 한 5개월 있다 오더니 "목사님이 기도해서 쌍둥이 중 하나는 여자고 하나는 남자래요." "목사님의 기도발이 세다. 목사님이 축복기도 하면 되는 거야."

그래서 이번 주에 애를 낳았는데 그 쌍둥이들이, 애를 낳았을 때 그 애들이 보시면 흠도 없고 티도 없잖아요? 애들이 보니까? 무슨 죄가 있겠어요? 그런데 걔들이 이미. 좀 미안하지만 할 수 없어요. 성경이니까. 이미 걔들이 사단에게 먹혀서 태어나는 거예요. 참, 기가 막히는 거야. 아이고! 슬프다. 사망의 그늘이 너와 내 앞에. 금방 태어난 애들이 이미 사단의 밥으로 태어난 거예요. 사단이 딱 먹은 상태예요. 그래서 이미 죄에 오염돼 있는 거예요.

그런지 안 그런지 뭐 시험해 보라고요. 이제 애들이 쌍둥이 태어나면 아무리 쌍둥이라도 동시에 젖을 못 주잖아요? 동시에 젖을 못 주잖아. 그래서 우유병을 만들어서 이제 한 놈을 젖을 준단 말이에요. 주면 그 젖꼭지를 우유병을 자기한테 먼저 안 준다고 옆에 있는 애가 눈을 흘겨요. 흘기면서 "야! 이년아! 왜 나 안 주냐? 이년아!" 이래요. 이걸 죄라 그러는 거예요. 죄.

4) 죄가 본능인 인간

참, 인간은 자아가. 따라서. 자아가. 벌써 하나님과 나를 분리하여 생각하는 이 자아가요? 사단 왕국에 태어난 모든 인간은 전부 자기중심이에요. 자기중심. 다 자기중심이에요.

여러분이 얼마나 사단에게 감염됐는지 얼마나 자기중심인지 내가 옛날에 얘기했지요? 여러분, 공동사진 단체 사진 찍으면 나오자마자 누구부터 봐요? 그것도 생각해 봐야 알아요? 아니 단체 사진 100명, 200명 찍으면 사진 딱 나오면 누구부터 봐요? 그게 뭔지 알아요? 그게 너는 사단에게 먹혔다는 거야. 인간이 그만큼 자기중심이에요.

학교 운동회 계절이 왔어요. 지금 학교 운동회 해요. 운동회 때 초등학교 애들이 달리기 뛰어요. 조별로 1조, 2조 "뛰어라!" 그래서 뛰면 1등 하는 놈 봐요? 자기 새끼 봐요? 일등 하는 놈 안 봐요. 일등 하는 놈은 일등 타든 말든 관계없어요. 뒤에서 쩔룩대면서 뛰는 내 새끼 봐요.

그만큼 자아 중심이에요. 인간은 자아 중심이야. 그러니까 본능화 돼 있어요. 인간은 죄가 본능화 돼 있다고요. 죄가. 따라서. 죄가. 무의식적으로 그냥 자아의 본능이 나가게 돼 있어요.

5) 예수만이 인간을 자아에서 건질 수 있다.

이것을 치료할 분은 예수밖에 없어요. 예수. 누가 인간을 자아로부터 건지느냐? 자아. 이 사단 왕국에 태어난 모든 인간은 본능이 자아가 본능화 되어 있다고요. 분리 시켜요. 다 자기중심이에요. 생각? 자기중심. 판단? 자기중심. 모든 것이 자기중심으로 돼 있어요. 이게 타락한 죄란 말이에요. 이해되시면 아멘? 거의 기계적으로 그냥 자동적으로 인간은 그냥 본능적으로 자아가 돼 있어요.

그래서 이 자아로부터 인간을 꺼내려고 말이야 불교 같은 데서는 어떻게 하냐? 참선시켜요. 참선시켜서 해탈을 시키는 거예요. 참선시켜서 무아지경으로 자기를 잊어먹게 만드는 거예요. 불교에는 정신 똑바로 차리세요. 관세음보살 나무아미타불 계속 주문을 반복시켜서 무아지경으로 몰고 가서 자기를 잊어먹게 만드는 거예요. 그래서 한참 하다 보면, 내가 바위 위에 앉았는지, 부처님 위에 앉았는지 아무것도 안 보이는 거예요. 그러니까 자아로부터 인간을 끌어내면 그때 고통도 없어요. 자아가 없으면 고통도 없는 거예요. 만사, 세상 걱정 다 잊어먹고 무아지경으로 가는데 이거는 수동적으로 하는 거예요. 참선하면서 고행하면서 자기로부터 빠져나오게 하려고 그래요.

기독교는 그런 게 아니에요. 기독교는 자아로부터 인간을 꺼내는데 기독교는 십자가의 주님의 십자가를 통하여 능동적으로 꺼내요. 성령의 능력을 주어서 성령이 자아를 덮게 하여 자아가 성령 속에 푹 잠겨서 그때부터 자아가 안 보이도록 이렇게 능동적으로 꺼낸단 말이에요. 능동적으로. 이해되시면 아멘. 아유! 아멘! 몰라도 아멘. 성령 받으세요. 성령 안 받으면 인간은 모든 생각이 자아예요. 모든 생각을 자기중심 자기의 축에다 놓고 판단하고 생각하고 상상하고 그래요. 그런데 그게 맞냐 하면 안 맞아요. 아멘이요?

이거 만유 회복 끝나면 이제 대대적인 서울시 구원 운동을 할 텐데. 1,000만 명을 구원하자! 예수를 선포하자! 이 복음을 듣게 하자! 어둠에서 건지자! 성경의 말을 그때 할 텐데 그때 내가 이성의 불완전에 대해서 다시 강의할 텐데 이성의 불완전. 사람의 생각이 불완전한데도 인간은 자기 생각이 맞는 줄 아는 거예요. 사단의 나라에서 태어난 인간은 자기 생각이 맞는 줄 아는 거예요. 자아 중심이에요. 착각이에요. 착각. 그건 나중에 이제 이성의 불완전 우리 강의를 들으면 정체가 다 폭로되게 돼 있어요. 인간은 다 틀린 거예요. 인간은. 아멘 아멘. 두 손 들고 아멘. 이렇게 인간은 처참하게 자기도 모르게 사단화 되어서 태어나니까 얼마나 불쌍하냐고요? 그런데 그걸 또 정상이라고까지 믿고 사는 거예요.

6) 사단의 에이즈 바이러스에 이미 감염된 인간

에이즈에 대해서 다시 해야 해요. 에이즈 환자들은 7년 살아요. 7년. 7년 만에 죽어요. 에이즈 균이 사람에게 들어오면 7년 만에 죽어요. 요즘은 약이 좋아서 또 몇 년 더 살아요. 그런데 에이즈가 걸릴 때 남자가 창녀촌에 가서 나쁜 짓 하다가 에이즈 걸려서 자기가 죽는 거예요. 그건 누가 뭐라 그러겠어요? 그건 알죠? 그런데 자기가 창녀촌에 가서 에이즈 걸려서 자기 마누라한테 와서 애를 낳으면 그 애는 태어나면서부터 에이즈 보균자예요. 너무너무 억울한 거예요. 그렇죠? 애가 태어나면서부터 아빠가 에이즈이기 때문에 태어나 보니까 자기가 벌써 에이즈예요. 얼마나 불쌍하냐고요.

마찬가지로 지금 이 땅에는 모든 인간이 사단의 에이즈 바이러스를 가지고 태어나는 거예요. 우리가 그와 같은 거예요. 그와 같은 거. 이제 좀 이해가 됐어요? 따라서, 모든 인간은 사단의 에이즈의 바이러스에 이미 감염되었다. 그래서 인간은 이미 태어날 때부터 에이즈 바이러스에 감염되어서 태어나는 거예요. 사단의 에이즈예요. 그래서 이 모든 인간은 태어날 때부터 이미 벌써 사단 공화국에서 태어나기 때문에 이 땅에 사단이 아담의 나라를 사단 공화국으로 만들었기 때문에 이 사단 공화국에서 태어나는 모든 인간은 다 죄 가운데 태어나는 거예요. 죄 가운데. 죄의 뒤에 배경은 사단이 있단 말이에요. 죄. 따라서, 죄. 모든 인간은 죄에 감염되어서 태어나는 거예요. 아까 말씀드린 그대로 태어날 때부터 부모가 이미 벌써 에이즈 바이러스에 감염된 것 때문에 나는 죄도 안 지었는데도 그냥 바이러스에 감염된 채 그냥 태어난 거예요. 얼마나 불쌍해요?

4. 사단 공화국의 현상

1) 죄

죄라고 하는 것에 대해서 제가 설명할 때 이 죄를 분류하는 여러 가지 방법이 있는데 육체의 죄, 정신의 죄, 영의 죄,

무슨 죄, 그런 죄도 있지만 내가 로마서를 말할 때 여러분에게 죄를 이렇게 설명했어요. 죄. 따라서. <u>현상의 죄.</u>

죄 중에서 현상의 죄라는 것은 드러나는 죄를 말하는 거예요. 죄가 이미 상품화된 죄를 말하는 거예요. 다시 말해서 십계명 중 살인하지 말라! 그런데 살인했다? 그건 죄가 이미 드러난 거예요. 열매, 현상으로 나타난 거예요. 간음하지 말라! 간음죄를 지었다? 이미 벌써 죄가 바깥으로 나왔다는 거예요.

그러나 이 현상의 죄보다 더 무서운 것이 관계의 죄. 따라서. <u>관계의 죄.</u> 이것은 뭐냐? 동기의 죄니까 죄는 안 지었는데 이 속에 보균이에요. 보균. 그 죄를 지금 밀어내려고 하는 거예요. 예를 들면 에이즈로 말하면 에이즈의 균이 있어요. 균은 보여요? 안 보여요? 안 보여도 이미 병자예요. 그와 같이 이걸 균이라 그래요. 균. 이게 동기의 죄, 이게 관계의 죄란 말이에요. 균인데 에이즈가 걸렸다는 걸 언제 아냐? 한 6년쯤 지나면 붉은 점이 이렇게 옆구리 밑에 툭툭 튀어나와요. 붉은 점이 튀어나오면 '어! 이거 왜 이럴까?' 이때 발견하는 거예요. 발견하지만 그건 현상이에요. 붉은 점으로 나오는 것은 이건 죄의 현상이에요.

이것은 살인하지 말라, 간음하지 말라, 도둑질하지 말라. 인간의 죄로 드러나는 큰 사건이 십계명에서 도적질, 거짓말, 살인, 간음, 이것이 죄가 바깥으로 드러난 현상인데 이런 죄를 안 지어도 이게 붉은 점과 같아요. 붉은 점이 안 생겨도 이미 벌써 에이즈에 감염 됐으면 에이즈 환자인 것처럼 인간은, 사단 공화국에 태어난 사람은 죄를 안 지어도. 아멘. 거짓말 안 해도, 간음죄 안 지어도, 도둑질 안 해도, 살인 안 해도, 너 속에는 이미 에이즈 균이 있는 거예요. 너는 이미 죄인이야. 보균자야. 보균자. 죄의 보균자란 말이에요. 인간은. 이해되시면 아멘? 때가 되면 그것이 붉은 점으로 튀어나오는 거예요. 때가 되면 그때부터 죄가 바깥으로 드러나는 거예요. 모든 인간은 이렇게 돼 있단 말이에요.

이것을 이길 수 있는 길은 아무 방법이 없어요. 이것을 이길 수 있는 유일한 길이 바로 뭐냐? 예수 그리스도를 붙잡는 길밖에 없어요.

이 사단의 왕국에 오신 분이 예수인데, 일단 아담의 나라에서는 하나도 이게 전부 사단화 돼 있기 때문에 여기서는 새로운 것이 없어요. 다시 말해서 사람으로 말하면, 사람은 머리끝부터 발끝까지 다 이미 사단에게 채색이 되어서 태어나기 때문에, 여기서는 이걸 개조해도 계속 개조해도 안 돼요. 이건 안 되고 외부에서부터 마귀에게 오염되지 않는 새로운 것이 사람에게 와야 해요. 이 안에서는 개조해도 안 되는 거예요. 이 안에서는. 교육받아도 안 돼. 대학 다녀도 안 돼. 박사학위 받아도 안 돼. 수양해도 안 돼. 종교를 가져도 안 돼. 어떤 짓 다 해도 안 돼. 새 생명인 새로운, 죄에 감염되지 않는 새로운 생명이 인간에게 와야 해요. 이것이 예수요. 예수. 예수만이 죄를 짓지 않는 거예요. 이해되시면 아멘. 두 손 들고 아멘. 할렐루야. 그래서 예수 그리스도를 우리 속에 받아들여서 예수님이 오셔서 나로 하여금 죄로부터 해방시켜 주셔야 해요.

2) 사망

두 번째 사단 왕국은 뭐냐? 사망이에요. 사망. 뭐라고요? 이 땅은 다 원수 마귀 사단의 사망의 영향권 안에 있는 거예요. 다 죽어요. 다 죽어. 이 꽃도 죽을까? 안 죽을까? 이게 원래 하나님이 창조할 때는 꽃이 안 죽게 만들어 놓은 거예요. 이게 다 사망이에요. 인간도 다 죽지, 세포도 늙지, 다 죽어요. 심지어 이 칠판 봐요. 칠판은 이미 나무가 죽어서 여기 온 거예요. 그런데 이것도 새로운 제품을 만들어 놔도 칠판도 영원히 못 써요. 영원한 건 아무것도 없는 거예요. 칠판도 나중에 쓰다 낡으면 버리는 거예요. 죽는 거예요. 이 땅에는 영원한 건 아무것도 없는 거예요. 다 사단의 문화로 인해서 사망의 그림자가 모든 세계를 지배하고 있는 거예요.

피곤하지요? 사망의 문화예요. 세포가 늙지? 사망의 문화야. 하나님이 처음 만들 때 이렇게 안 만든 거예요. 이 아담 공화국에 태어난 모든 인간은 다 사망에 갇혀서 태어난 거예요. 다 사망해요. 이해되시면 아멘? 한번 따라 해 봐요. 예수 이름으로. 다시. 예수 이름으로 명하노니 피곤아 물러가라. 이 피곤한 이런 것들도 전부 사망에, 직접적 사망은 안 해도 사망의 영향권 안에 들어가요.

사도바울은 뭐까지 사망이라 그러냐면 사도바울이 선교지를 가려고 하는데 막혀서 못 간 걸 "사단이 나를 막음으로" 이렇게 말한 거예요. 교통편이 안 된 걸 사단이라 그러는 거예요. 사도바울은. 교통편이 안 돼서 못 간 걸 가지고 뭐라 그러냐? 사단이 나를 막음으로 내가 너에게 가지 못했다. 사망의 문화가 자기가 어디를 가고 싶어 하는데 그걸 못 도착한 것을 "마귀 사단의 문화가 거부해 막았다. 방해를 놨다." 이렇게 말하는 거예요. 사도바울이. 아멘?

이 땅은 전체 아담의 나라는 다 사단의 어두움이 지배하는 나라예요. 다 여기 덮여 있는 거예요. 여기서 새로운 것은 아무것도 없어요. 다 사단화 돼 있어요.

오직 한 가지 예수예요. 예수. 바깥에서 온 예수 그리스도만이 아담 권에서 생겨난 것이 아니기 때문에 예수만이 거룩해요. 예수만이 우리에게 생명이 되는 거예요. 예수 말고 나머지는 생명이 없는 거예요. 사망. 따라서. 사망.

3) 저주

세 번째가 저주예요. 저주. 아담 왕국은 사단 왕국인데 사단 왕국은 어떻게 되어 있냐? 모든 세상이 죄. 따라서. 죄.

다시. 사망. 우리가 다 사망권에 살고 있단 말이에요. 또 하나 뭐냐면 따라서. 저주. 이 땅은 저주 아래에 있는 거예요. 다 가시덤불 안에 있는 거예요. 저주를 이걸 나눠서 말하면 뭐냐? 질병, 가난, 고통, 눈물, 이 모든 것이 다 저주란 말이에요. 저주. 이것이 지금 이 지구촌을 덮고 있는 거예요. 사망의 그늘이 너와 내 앞에.

그런데 이것을 인간은 정상인 줄 아는 거예요. 정상. 왜? 하루살이이기 때문에. 이 가운데서 태어났기 때문에. 만약에 우리가 태어날 때는 하나님 나라에서 태어났다가 그다음에 아담처럼 선악과 따먹어서 세상이 확 뒤집혔으면 '아~ 원래 이 세상은 이렇지 않았는데.' 이걸 알 텐데. 태어날 때부터 사단의 나라에 태어나게 되면 이게 정상인 줄 아는 거예요. 사람이 죽으면 그래요. 부모를 장례식 치르면서 '뭐, 남들도 다 죽는데 뭐.' 그냥 이렇게 숙명으로 받아들이는 거예요.

IV.
사단 왕국을 단호하게 거부하자

1. 예수를 붙잡자

그러나 성경을 보면 아닌 거예요. 우리는 단호히 거부해야 해요. 죄를 거부하자. 사망을 거부하자. 저주를 거부하자. 우리는 아담 나라에서 태어났지만 예수 붙잡고. 예수. 오직 예수 이름으로 예수 이름으로. 따라서. 예수 이름으로. 이것을 이겨야 해요. 이것이 바로 여러분이 앉아있는 교회란 말이에요. 교회. 예수. 예수. 아멘이요? 자, '살아계신 주' 손뼉 준비.

〈주 하나님 독생자 예수〉

1. 주 하나님 독생자 예수 날 위하여 오시었네
내 모든 죄 다 사하시고
죽음에서 부활하신 나의 구세주

(후렴) 살아계신 주 나의 참된 소망 걱정 근심 전혀 없네
사랑의 주 내 갈 길 인도하니
내 모든 삶의 기쁨 늘 충만하네

2. 주 안에서 거듭난 생명 도우시는 주의 사랑
   참 기쁨과 확신 가지고
   예수님의 도우심을 믿으며 살리

3. 그 언젠가 주 뵐 때까지 주를 위해 싸우리라
   승리의 길 멀고 험해도
   주님께서 나의 앞길 지켜주시리

아멘! 한번 따라서. <u>아담의 나라.</u> 이 아담의 나라는 전체가 다 사단에게 오염돼 있다. 이렇게 이걸 강조하면 여러분이 또 잘못하면 착각하는 수가 뭐냐 하면 그러면 이 땅에 태어난 모든 인간이 다 마귀가 자기 마음대로 하냐? 죽이고 싶으면 죽이냐?

그게 아니고 이 사단의 나라를 내가 강조해도 사단의 의지 뒤에는 이 사단까지도 하나님의 주권 안에 있는 거예요. 이걸 신학적으로 허용 작정이라고 그래요. 하나님이 사단한테 그냥 이렇게 멀리서 "그래 네 마음대로 해봐라." 하나님이 그냥 이렇게 모르는 척하는 거예요. 이게 허용 작정이에요. 그렇지만 사단도 하나님을 벗어날 순 없어요. 하나님이 사단을 심판하는 거예요. 아멘이요?

그냥 하나님이 이 세상을 그냥 모르는 척하고 "그래. 그래 너 한번 해봐라." 하신 거예요. 욥을 하나님이 사단에게 넘겨준 것처럼. 그렇다고 하나님이 완전히 모른 척하고 눈을 뗀 거 아니요. 하나님은 욥과 사단과의 관계를 계속 관심 있게 보고 있는 거예요. 그렇지만 하나님이 하나님의 영광을 선포하기 위하여 "사단아, 너, 욥을 네 맘대로 가지고 놀아 봐. 의로운 욥은 나를 부인하지 않는다." 하신 거예요. 그때부터 사단이 와서 욥을 막 병도 주고, 막 재산 다 무너지고, 종들 도망가고, 마누라 도망가고, 육체도 사단이 쳐서 다 질병이 들었어요. 하나님이 사단에게 욥을 넘겨준 것처럼, 그건 욥은 죄를 지어서 넘겨준 게 아니라 욥을 더 축복하기 위해서 또 욥을 통하여 하나님이 영광을 선포하기 위하여 넘겨줬지만, 이 아담은 그렇게 넘겨준 게 아니라 죄 때문에 넘어간 거예요.

그러나 넘어갔다고 해서 하나님이 눈을 뗀 게 아니고 하나님의 의지가 벗어난 게 아니라 하나님의 주권 하에 허용 작정하에 있는 거예요. 내가 왜 자꾸 이런 말을 하냐 하면 뭐 허용 작정 이런 거 내가 유식하게 보이려고 하는 게 아니고 인터넷을 전 세계에서 다 봐요. 다 보기 때문에 이 시비 걸려고 하는 신학자들 목사님들이 "전광훈 목사 보니까 사단은 하나님보다 더 세다. 사단이 세상에서 자기 맘대로 다 한다." 이렇게 시비 못 걸게 하려고 내가 그걸 방지하는 거예요. 여러분 들으라고 하는 게 아니에요. 허용 작정인지 뭔지 여러분은 알 필요도 없어요. 인터넷이 원수예요. 인터넷 끊어버려야 해요. 우리끼리만 은혜받으면 되는 건데 괜히 말이야.

그러니까 봐요. 하루살이의 사이클은 며칠이에요? 하루살이는 세 사이클밖에 몰라요. 따라서. 아침. 점심. 저녁. 그럼 하루살이가 겨울을 알아요? 몰라요?

그와 같이 인간은 아담 나라에서 태어나서 한번 따라서. 죄. 원래 아담 나라는 우리가 태어나기 전에 사단이 이미 점령해서 죄로 덮어 놓은 거예요. 모든 인간이. 아멘. 생각이 다 죄예요. 인간의 생각은 절대 주장하면 안 되는 거예요. 너의 생각은 이미 에이즈에 오염돼 있는 거예요. 오염된 에이즈 생각을 가지고 왜 말해? 하나님 앞에 오면 잠잠하라 그랬어. 너희들의 생각은 하나도 쓸 게 없어. 다 폐기처분이야. 아멘. 따라서. 죄. 사망. 인간이 다 죽고 사망의 문화가 이 세상에 덮는데 이것을 자연적으로 받아들여 버려요. 인간은 원래 그런 줄 알고. 숙명적으로. 왜? 하루살이라서요. 그런데 원래 그런 게 아니라고요. 아멘. 따라서. 저주. 인간은 원래 저주 가운데 태어나서 이게 다인 줄 알아요. 아닌 거예요.

2. 예수의 이름을 부르자

그래서 예수 그리스도가 이 땅에 오셔서 우리에게 소망을 주시는데 너희는 이걸 이길 수 있다는 거예요. 예수 붙잡으면. 따라서. 예수 이름으로 물러가라. 죄도 이기고 죄 뒤에 숨어 있는 사단도 이겨. 사망도 이기고 사망 뒤에 숨어 있는 사단도 이겨. 또 저주도 이기고 저주 뒤에 있는 사단도 이겨요. 이 모든 죄, 사망, 저주 뒤에는 사단이 소의 꼬리를 잡고 있는 것처럼 사단이 꼬리를 딱 치고 있는 거예요. 이걸 가지고 사단이 사람들을 이렇게 압박하고 있는 거예요.

우리 입에서 예수란 이름을 부르는 것만 해도 마귀는 겁내는 거예요. 따라서. 주님. 주님 그러면 마귀는 벌써 겁내는 거예요. 공기 색깔도 달라지는 거예요.

그런데 이것을 부를 때 그냥 부를 때 우리가 이런 내용을 모르고 그냥 주님 불러도 병이 나아요. 왜? 마귀는 걱정이 돼서 "주님! 주 예수님!" 그래도 벌써 마귀가 "어휴~" 이래요. 그래서 미신처럼 그냥 우리가 목사님 저희 몸이 아프니까 그냥 안수 기도해 주세요. 그래도 병 나아요. 그냥 부적처럼 써먹어도 병 나아요. 예수 이름이 그렇게 능력 있어요.

그런데 그거보다는 이 전체의 내용을 알고 예수를 불러봐요. 따라서. 천사의 나라. 아담의 나라. 메시야의 나라. 이거 전체를 다 알고 '아~ 의미가 저렇게 돌아가는구나.' 그리고 예수 불러봐요. 능력이 10배로 업그레이드(upgrade)돼요. 예수. 따라서. 예수.

그래서 세계 도처에서 국민들이 주의 이름을 부르는 나라

는 저주가 물러가요. 가난이 물러가요. 그래서 기독교 나라
는 다 잘 살아요. 주의 이름을 부르는 나라는 다 잘 살아요.
신앙이 있든 없든 미신적으로라도 "주님" 불러도 그것도 효
과가 있어요. 따라서. 주 예수여.

기독교 나라는 다 잘 사는 거예요. 기독교 나라가 가는 데
는 저주의 모든 질병에서 의료보험이 다 잘 돼 있고, 기독
교 나라가 간 데는 사회보장제도가 잘 돼 있고, 기독교 나라
가 가는 데는 복지시설이 다 잘 돼 있고, 병자와 어린이와 여
성과 나약한 노인들을 보호하는 게 기독교 나라예요. 기독
교 나라는 이 사회 정책이 잘 되어서. 무슨 사회주의가 생겨
서 잘 된 게 아니에요. 기독교나 복음이 가는 데는 노약자,
약한 자, 병든 자를 보살펴요. 병원이 세워져요. 전철에서도
노인들, 여자들을 앉으라 그러고 이게 다 기독교예요. 동양
에는 아니에요. 여자들은 서 있어야 해요. 남자가 다 앉아야
해요. 동양에는 다 그래요. 여자들은 물심부름이나 해야지
어디 남자들에 끼어들어! 에헴 하고 남자들이 다 전철에 편
한 데 앉고 "계집애들은 저리로 가라." 이런 게 동양 문화예
요. "아이고! 편하다."

따라서. 이기자. 복음이 가는 곳, 주의 이름을 부르는 곳은
다 죄, 사망, 저주, 질병, 가난, 고통, 눈물, 이 모든 것들이
다 사라지는 거예요. 복음이 가는 곳은. 어두움이 빛으로 바
뀌는 거예요. 불교 나라, 복음이 안 들어간 나라는 사회 분

위기 자체가 침침하고 칙칙하잖아요? 태국, 스리랑카 이런 불교 나라 봐요. 사회 자체가 칙칙하고 뭔가 더럽고 추하고 깨끗하지를 못하고 가는 데마다 불상 뭐, 이거 칙칙하고 그러잖아요?

복음의 나라는요 색깔 자체도 다 천사, 하얀색, 밝고, 죄를 지어도 좀 멋지게 짓지. 맞지요? 복음이 없는 나라는 죄를 지어도 꼭 숨어서 응큼하게 죄를 짓지. 복음이 있는 나라는 라스베가스 가 봐요. 다 여자들이 팬티만 입고 산뜻하게 죄를 짓지. 밝잖아요? 사회 자체가 밝잖아? 맞지? 그게 왜 그러냐? 이 원리 때문에 그래요. 그러니까 모든 백성들로 하여금 입에서 주님을 부르게 하면 주 예수여. 따라서. 주 예수여. 아버지. 아멘. "주 예수여! 아버지!"를 부르게 하잖아요? 그러면 다 이 사단의 문화가 다 물러가요.

하여튼 간에 2시간 동안 설교해도 결국은 지난주 설교 그 자리밖에 못 왔어요. 이제 다음 주는 여기서부터 설교할 거예요. 십자가의 본색을 내가 설교할 때 왜 십자가가 주님이 한 번 십자가에 죽은 사건이 사단을 박탈시킬 수 있느냐? 예수 그리스도의 십자가 한 사건이 인류를 구원할 수 있는가? 예수 그리스도의 십자가 한 사건이 왜 사단을 다 꺾을 수 있는가? 복음의 핵심으로 들어가자.

그래서 우리가 만유 회복 위에 서서 아직도 어둠 가운데. 뭘 어둠이라 그러냐? 이 사실을 모르고 사는 걸 어둠이라 그러는 거예요. 사람이 왜 태어났는지 모르는 거예요. 왜 사는지 모르는 거예요. 그러니까 사람들이 죽으면 어떻게 되나? 그러니까 자살하는 거예요. 살다가 힘들면 그냥 "에이! 약 먹고 죽어버려!" 죽는 거예요. 죽은 후에 뭔 일이 일어나는지를 모르니까 담대하게 죽는 거예요. 죽음을 하루에 37명씩 자살하는 거예요. 하루에 37명씩. 이게 세상이요? 그중에도 절반, 하루에 37명 중에서 15명은 청년들이 죽는 거예요. 청년들이. 청년들이 자살하는 거예요. 지금 한국이 그래요.

'아버지'를 한 번만 부르고 이제 예배 마치자고요. 우리는 아버지만 불러도 행복해요. 아버지만 불러도 사단이 물러가요. 아멘. 아멘. 아버지만 불러도 자살하고 싶은 생각 다 떠나가요. 마귀야! 다 물러가! 아버지만 불러도 다 어둠이 물러가요.

〈아버지 불러만 봐도〉

1. 아버지 불러만 봐도 그 사랑에 눈물 나요
나 같은 죄인을 사랑하신 아버지
온종일 울어 봐도 감당할 수 없는 그 사랑
그 크신 사랑을 어찌 말로 표현하리
아버지 아버지 내 영혼 깊은 곳에서
불러보는 내 아버지 나의 아버지
이 생명 다하는 그 날까지 지키시고
인도하실 참 좋으신 나의 아버지

2. 아버지 생각만 해도 그 은혜에 감사해요
   날 위해 십자가 대신 지신 그 사랑
   아버지 그 사랑이 강물처럼 흘러넘쳐요
   그 크신 사랑을 어찌 말로 표현하리
   아버지 아버지 간절히 두 손을 잡고
   불러보는 내 아버지 나의 아버지
   이 생명 다하는 그 날까지 동행하며
   인도하실 신실하신 나의 아버지

두 손 높이 들고 "아버지, 사단의 왕국에서 이기게 하여 주세요. 이기는 자에게는 내가 생명의 면류관을 주리라. 이기는 자에게는 내 이름을 흐리지 아니하리라. 이기는 자에게는 하늘의 만나를 주리라. 우리는 사단의 왕국에 죗값으로 태어났습니다. 예수님, 십자가 붙잡고 꼭 이기게 하여 주옵소서. 사랑제일교회 모든 성도들이 다 승리자 되게 하여 주세요." "주여" 삼창하며 기도하겠습니다. 주여! 주여! 주여!

아픈 사람은 아픈데 손을 얹으시고, 가슴이 답답한 사람 가슴에 손을 얹으시고, 머리가 아픈 사람은 머리에 손을 얹으시고, 문제가 있는 사람은 가슴에 손을 얹으시고, 예수 그리스도의 이름으로 기도하겠습니다. 다 같이 기도합니다. "살아계신 주님, 진리가 선포되었습니다. 죽이고, 도적질하고, 멸망시키는 원수 마귀 사단은 이 시간 예수 그리스도의

이름 앞에 물러갈지어다. 병마야, 떠나가라. 각종 병은 고침
을 받으라. 예수 그리스도의 보혈의 피 앞에 물러갈지어다.
치료함을 받을지어다. 마귀에게 눌리는 모든 어둠은 떠나가
라. 죄를 짓고 하는 생각도 물러갈지어다. 사단의 그림자는
떠나갈지어다. 약해지고, 눌리고, 피곤하고, 부정적으로 생
각되고, 사망의 그늘은 사랑제일교회 성도들에게서 손을 뗄
지어다. 생명의 성령께서 머리부터 발끝까지 덮어주시옵소
서. 환경과 삶과 자녀와 모든 기업 위에 어두움은 떠나갈지
어다. 그리스도의 생명이 덮어주옵소서. 예수 그리스도의
이름으로 명하노라. 주님, 덮어주옵소서. 생명으로 채워주
옵소서. 예수 그리스도의 이름으로 축복하며 기도하옵나이
다. 아멘.”

마귀의 일을
멸하러 오신 예수

설교 일시   2008년 10월 5일(주일) 오전 11시

대   상   사랑제일교회 주일 3부 예배

성   경   요한일서 3:8

> 8 죄를 짓는 자는 마귀에게 속하나니 마귀는 처음부터 범죄함이라
> 하나님의 아들이 나타나신 것은 마귀의 일을 멸하려 하심이라

Ⅰ.
사단의 문화에 완전히 점령된 이 세상

할렐루야. 〈나의 힘이 되신 여호와여〉를 부르겠습니다.
〈나의 힘이 되신 여호와여〉. 아버지. 예수님.

〈나의 힘이 되신 여호와여〉

1. 나의 힘이 되신 여호와여 내가 주님을 사랑합니다
주는 나의 반석이시며 나의 요새시라
주는 나를 건지시는 나의 주 나의 하나님
나의 피할 바위시요 나의 방패시라
나의 하나님 나의 하나님
구원의 뿔이시요 나의 산성이라
나의 하나님 나의 하나님
그는 나의 여호와 나의 구세주

2. 나의 생명이신 여호와여 내가 주님을 찬양합니다
주는 나의 사랑이시며 나의 의지시라
주는 나를 이끄시어 주의 길 인도하시며
나의 생의 목자 되시니 내가 따르리라
나의 하나님 나의 하나님
생명의 면류관으로 내게 씌우소서
나의 하나님 나의 하나님
그는 나의 여호와 나의 구세주

아멘. 할렐루야. 예수님을 사랑하시면 아멘 합시다. 자, 한 번 따라서 합니다. 첫째 세상은 천사를 중심으로. 따라서 합니다. 둘째 세상은 아담을 중심으로. 따라서 합니다. 셋째 세상은 메시야를 중심으로. 할렐루야. 이제 우리는 이 동그라미 세 개의 의미가 무슨 뜻인지, 여러분, 다 윤곽이 드러난 줄 압니다. 이제는 이 앞에 설명은 안 해도 아시죠? 아멘 해야죠. 아멘. 지난주 설교한 데까지 기억을 해야 한다 이거예요. 아멘?

그래서 이 루시엘이 루시퍼가 사단이 천사의 나라 타락한 놈이 아담의 나라에 와서 이 아담의 나라에서 세상 임금이 됐다 그랬어요. 세상 임금. 이놈이 타락한 천사장이 아담의 나라를 까부수고 세상 임금이 됐다, 그런 뜻이에요. 완전히 정복했습니다. 완전히. 아담의 나라를. 사람 더하기뿐 아니라 자연 더하기 전체를 '다 이것은 내게 넘겨준 것이므로', 이것은 내게 넘겨준 것이라고 그랬어요. 완전히.

그래서 아담의 나라에서 태어나는 모든 이 존재 전체는 다 사단에 오염이 되어서 존재하는 겁니다. 사람들까지도. 이해되시면 아멘. 그러니까 금방 이 세상에 태어나는 인간도 벌써 태어나기 전에 사단에게 이미 정복되어서 태어나는 거예요.

지난주에 말씀드린 것처럼 어른이 남자가 에이즈 병에 걸리면, 창녀촌 같은 데 가서 에이즈 걸리면 그 에이즈 걸린 사람이 자식을 낳으면 그 애는 태어나기 전부터 이미 에이즈예요. 핏속에 이미 에이즈 균이 있기 때문에. 이해되시면 아멘. 그러니까 걔는 태어나 보니까 이미 벌써 에이즈 균에 세포 전체 머리카락 전체가 다 이미 그 균 속에 에이즈 균 속에 이미 벌써 정복돼있는 것처럼 그와 같이 이 세상에 있는 모든 인간은 태어나면서부터 벌써 머리끝부터 발끝까지 다 사단화 되어서 사단이 세포 하나하나까지 세포 억만 세포 하나까지 사단에게 이미 벌써 다 점령되어서 태어나는 거예요.

그래서 원수 마귀 사단은 이 세상에 와서 이 세상을 완전히 오염시켜서 이 죄의 나라. 한번 따라서. 죄의 나라. 이 땅의 모든 인간이 다 죄를 떠나서 인간들이 살 수 없어요. 죄를 먹고 마시고 죄에 눌려 살아요. 죄의 마지막 열매는 사망이에요. 사망. 죄의 삯은 무엇이요? 사망.

사망이라는 것이 사람이 죽는 것만 사망이라고 하지 않습니다. 사망의 문화는 마귀로부터 일어나는 모든 현상을 다 사망의 문화라 그래요. 죽는 것만 사망이 아니에요. 피곤한 거도 사망의 문화예요. 피곤한 거도. 아멘. 사도 바울은 내가 어디에 어느 도시에 전도하러 가려고 하는데 전도하러 가는 길이 막히는 거도 사망이래요. 사망. 사망의 기운. 사망의 냄새. 사단의 영향권에 있는 전체가 다 사망이에요. 사망. 그리고 이 세상 전체가 다 저주예요. 저주. 따라서 합니다. 저주. 죄와 사망과 저주 아래 이 세상이 있는 거예요. 지금 현재. 그러니까 이 세상 전체는 다 이미 벌써 준심판 상태에 있어서 사단의 정복 하에 이 세상이 존재한다, 그런 뜻이에요. 이해되시면 아멘.

Ⅱ.
사단화 된 채 사는
사단 공화국 인간들

1. 마귀는 죽이려고 오고 예수는 살리려고 오심

그러니까 이 땅에는 하나도 깨끗한 게 없어요. 다 이거는 다 속된 거예요. 다 이 세상에는. 하나도 단 하나도 이 세상에는. 그러니까 하나님이 아담의 나라를 만든 이후에 외부로부터 온 것이 두 가지가 있어요. 두 가지. 외부로부터. 이 모든 존재물에 대해서 외부로부터 온 것이 하나가 뭐냐 하면 오늘 성경 본문에 말씀하신 말씀대로 요한복음 10장 우리 10절 한번 보시면, 이 외부로부터 온 것은 딱 두 가지라고요. 10절 읽어보시면 시작.

<요한복음 10:10>

도적이 오는 것은 도적질하고 죽이고 멸망시키려는 것뿐
이요 내가 온 것은 양으로 생명을 얻게 하고 더 풍성히 얻
게 하려는 것이라

여기 보면 첫째 누가 온다 그러냐면 도적이 온다 그랬어
요. 도적. 도적이 오는 것은 이 도적이 누구냐? 이것이 바로
타락한 천사, 사단, 루시퍼, 이 마귀 이것을 예수님이 또 다
른 이름으로 도적이라고 불러요. 사단의 별명이 50가지 있
다 그러잖아요? 그러니까 도적이란 말이에요. 외부로부터
온 것이 도적이 오는 것은 뭐하러 왔냐? 도적질하고 죽이고
멸망시키는 것뿐이요.

그다음에 뭐냐? 내가 오는 것은 두 번째로 따라서. 내가 오
는 것은. 예수님을 말하는 거예요. 그러니까 외부로부터 온
것은 아담의 나라에 외부로부터 온 것은 딱 둘밖에 없어요.
나머지는 다 이 자체 안에서 이루어진 것이에요. 외부로부
터 온 것은 하나는 도적이고 하나는 예수요. 그런데 예수님
보다 먼저 온, 에덴동산에 먼저 찾아온 이 사단은 도적질 하
고 죽이고 멸망시키는 일을 했다 이래요. 아담의 나라에 와
서. 이해되시면 아멘?

그러나 예수님은 반대예요. 예수님이 아담의 나라에 온 것
은 나는 생명을 얻게 하고 넘치게 얻게 하려 함이라. 예수님이

이 땅에 오셨어요. 그러니까 예수님 오시기 전에 이 세상은 다 이게 사단 왕국, 사단 공화국이에요. 사단 공화국. 사단 공화국이란 말이에요 이 땅은. 그러니까 인간의 심지어 세포 머리카락까지도 전부 사단의 영향권 안에 사단이 거기에 다 쏙쏙 쏙쏙 다 들어가 있단 말이에요. 인간은 세포까지도 인간은요. 이해되시면 아멘.

마치 저 중국 사람들이 요즘 난리 났어요. 어제 제가 조선일보 보니까 미국의 하버드대학 교수가 앞으로 20년 안에 중국 사람들은 자기도 모르게 3000만 명이 죽는대요. 3000만 명. 요즘 중국에서 난리 난 게 뭐예요? 그렇지. 그걸 중국 사람들이 모르고 먹은 거예요. 먹어서 이미 체내에 이 몸 안에 쌓여 있는 거예요. 먹은 것이 쌓여 있는 거예요. 3000만 명이 죽는다는 거예요. 하버드대학 교수가 말하기를 중국 사람들은 앞으로 20년 안에 3000만 명이 죽는대요. 자기 몸 속에 그것이 들어와 있는지를 모르고 먹은 거예요.

그와 같이 그와 마찬가지로 이 세상에 태어난 인간들은 이 세상에 존재하는 모든 인간은 사단 공화국에 태어났기 때문에 원수 마귀 사단에게 인간의 세포까지 모든 것이 다 죄로 눌렸어요. 그래서 신학자들이 그것을 전적 부패라 그래요. 전적 부패. 전적 부패. 한번 따라서. 전적 부패. 전적 타락. 하나도 인간에게는 오염되지 않는 것이 없어요. 핵무기가 터지면 그 방사능이 모든 물체에 존재물 전체가 다 방사능에 오염되는 것처럼 이 세상 전체가 사단의 방사능에 오염돼 있다는 거예요. 오염돼 있다는 거야. 이해되시면 아멘.

2. 생각 자체가 사단화

1) 사단화의 가장 민감한 증거 – 생각의 사단화

그래서 인간은 태어나면서부터 악하기 때문에 사단화 되어서 태어나요. 사단화. 태어날 때 하나도 새로운 것이 없어. 다 이거는 속된 거예요. 그러니까 사단화 되어서 태어난 인간이 하나님 앞에나 누구에게나 하나도 내세울 것이 없어요. 인간이 이 땅에 태어날 때 사단화 되어서 태어난다는 것은 머리부터 발끝까지예요. 그 중에 제일 민감한 것이 생각이에요. 생각. 따라서. 생각. 생각도 이미 태어날 때 사단화가 돼 있는 거예요.

그러니까 이 땅에서 깨끗하고 거룩한 것은 단 하나도 없어요. 하나도 없고 이 땅에서 거룩하고 깨끗한 것은 하나밖에 없어요. 외부에서부터 사단의 낙진, 사단의 방사능으로부터 그 권에 있지 않았던 바깥으로부터 온 예수밖에 없어요. 예수. 예수 외에 나머지는 다 이미 죄에 오염돼 있는 거예요. 그런 인간은 태어날 때부터 사단에 감염됐기 때문에 죄, 사망, 저주, 그리고 생각까지도 인간의 생각 자체가 악한 거예요.

그래서 사람은 자기 생각을 주장하면 안 돼요. 자기 생각 자체가 이미 사단화 돼 있어. 한번 따라서. <u>인간은 생각 자체가 사단화 돼 있다.</u> 성경에 보면 너희는 하나님 앞에 나오면 떠들어라? 잠잠하라? 왜 잠잠하라 그러냐? 너희들의 생각 자체가 이미 사단화 돼 있기 때문에 말하지 말라 이거예요.

2) 자기주장을 해서는 안 되는 이유

그런데 이 세상에서 우리가 보면 가끔 살다가 보면 때에 따라서 우리는 자기주장을 할 때가 있어요. 자기 생각이 맞다고 해요. 그 자체가 죄라니까요. 인간이 그런데 자기주장을 하고 자기의 그 자기주장을 내세우고요. 내가 주일날 설교하면 꼭 설교한 내용에 대해서 여기 인터넷에다 문자 메시지에다 나를 공격하는 사람들이 몇 사람 있어요. 여기에. 매주마다 그래요. 매주마다. 이번 주에는 온 게 뭐라 그러냐? "목사님, 골프를 끊으시오." 그러니까 내 머리 위에 올라와서 내 머리를 잡고 흔들려고 그래요. 그리고 또 해요. "왜 목사님 자식에 대해서 그렇게 우상숭배 합니까?" 우리 에녹이 유학시켰다고요. "왜 유학시킵니까?" 이렇게 막 나한테 공격해요. 그런데 그 생각이 맞는 것 같거든요? 그 사람이 왜 목사님에 대해서 막 자기 생각을 주장하냐 하면 자기 생각이 그게 정의로운 줄 알아요. 사람이 정의로운 것은 깨끗한 줄 알아요.

3) 정의로운 것까지도 이미 사단화 됨

그러나 성경은 말하기를 정의로운 것까지도 이미 사단화 돼 있는 거예요. 정의로운 것까지도. 이해되시면 아멘? 한번 따라서. <u>정의로운 것까지도 이미 사단화 돼 있다.</u>

예를 들면, 내 알아듣기 쉽게 말하면, 제가 요즘은 중국 잘 안 가지만 옛날에 초창기에 중국에 오래전에 갔을 때 그 연변이에요. 연변이 북한하고 제일 가까운 데잖아요. 연변에 가면 요즘 탈북자들 말고 옛날에 탈북자들이 많이 옛날에 초창기에 왔을 때 탈북자들을 붙잡고 내가 밤새도록 얘기해 봐요. 밤새도록 얘기해도 개들은 태어날 때부터 북한에서 태어났어요. 이미 주체사상 김일성 김정일 아바이 동지 앞에 이미 물들여져서 어떤 말도 안 믿어요. 어떤 말도. 내가 어떤 말을 해도 안 믿어요. 그리고 뭐라 그러냐면 북한이 인민의 낙원이라 그래요. 인민의 낙원. 인민의 낙원이 사실 맞아요? 안 맞아요? 그래서 내가 말했어요. "인민의 낙원이 어떻게 굶어 죽냐 이놈들아? 왜 남조선에서 주는 쌀을 갖다 먹냐 이놈들아?" 그랬더니 꼭 북한 김정일 김일성이 북한 사람들을 성경처럼 가르쳐 놨어요. 성경처럼. 꼭 예수 믿는 사람처럼. 김일성이 북한의 그 이론을 만들 때 성경책 안에서 하나님과 예수님 성령님 자리에다 김일성이란 말을 다 집어넣었다 그래요. 성경책하고 똑같아. 그럼 뭐라고 대답하냐면 이래요. "더 좋은 낙원이 오려면 고난을 받아야 한다." 꼭 교회에서 말하는 것하고 똑같아요. 그래서 "우리는 더 좋은 낙원을 위하여 지금 고난에 기쁨으로 참여해야 해." 대책이 없어요. 대책이 없어. 이 마귀가, 가장 마귀가 고단수 쓰는 것이 성경을 인용하는 거거든요. 성경을.

마귀가 예수님 40일 금식할 때 마귀가 예수님한테 올 때도 그냥 왔어요? 성경 들고 왔어요? 구약 성경을 들고 예수님께 온 거예요. 가장 마귀가 고단수로 성경을 가지고 나타나면 성경을 그것도 그대로 가지고 나타난 게 아니라 성경을 비틀어서요. 그러면요? 그건 어떻게 할 수가 없어요.

그래서 북한 출신 사람들한테 아무리 말해도 안 돼요. 아무리 말해도 안 돼. 왜? 이미 벌써 체제에 젖어서요. 북한이라고 하는 그 사상에 이미 젖어서 태어나 가지고 아무리 말해도 안 나와요. 아무리 말해도. 그리고 자꾸 나보고 뭐 돈을 줘도 돈을 주면 순수하게 받아야지, 안 받고 뭐라 하냐면 "이거 국정원에서 주는 거죠?" 이래요. 나보고 남조선 정보기관에서 대표로 왔다 그래요. 그래서 안 받으려고 해요. 이야~ 그렇게 이미 이 북한에서 태어난 사람들은요?

한번 보세요. 옛날에 부산에 아시안게임 할 때 북한의 미녀 응원단이 왔어요? 안 왔어요? 이쁘고 잘생긴 애들 그런 애들만 다 골라서 왔지요? 못 봤어요? 왔지? 웃는 연습까지 다 해서 그래서 완전 이렇게 해서 왔잖아요? 그런데 걔들이, 세상에, 우리나라 신문에 난 거 김정일 사진 말이에요. 우리

나라 신문에 김정일 사진이 나니까. 신문 보고 버리잖아요? 코도 풀어버리고. 버리지. 버렸는데 길거리 가니까 김정일을 밟고 가지? 신문에 있는 사진을. 그걸 보고 통곡하고 우는 거예요. 통곡하고. 우리 장군님을 밟았다고. 그리고 비가 오는데 비 오는 날 김정일 사진이 비 맞는다고 해서 수건 가지고 비를 다 닦고. 우리는 안 그러잖아요? 노무현 사진, 대통령이 있어도 밟잖아요? 막 밟고 그냥. 신문에 나오면 노무현 이 자, 나는 더 밟아버리잖아? 그런데 북한 애들은 그걸 한번 밟았다고 막 울고불고 난리예요. 난리. 이렇게 한 번 이렇게 어릴 때 사상에 젖어 들어 놓으면 그것이 사실인 줄 알아요. 그것이 사실인 줄.

4) 비정상을 정상으로 여기는 사단 공화국 인간들

그와 같아요. 그와 마찬가지라고요. 지금 육신의 세계에서 북한하고 남한에 대해서 비교해서 제가 설명했지만, 우리가 태어난 이 세상이 이게 뭐냐 하면 사단 공화국이에요. 사단 공화국. 여기에서 젖어서, 여기서 태어나서, 여기서 교육받고, 사단 공화국에서 이미 체질화되었기 때문에, 그런 사람들이 교회 앞으로 나와서 예수 얘기를 들으면 황당하게 들리는 거예요. 황당하게 들리고 안 받아들여지는 거예요. 예수 얘기가. 오히려 그런 거예요. 오히려. 참 웃깁니다.

북한에서 탈북하는 탈북자들이 한국에 오면 대접 잘해줌

니다. 일단은 임대 아파트 하나 줘요. 그리고 정착금 줘요. 옛날엔 3,000만 원씩 줬어. 요즘은 뭐 한 달에 100만 원씩 3년 줘요. 그리고 교육받고 싶으면 대학까지 다 무료로 해줘요. 남조선에서 태어난 우리는 임대 아파트 안 줘요. 북한에서 넘어왔다고 해서 그냥 임대 아파트 주는 거예요 다.

그러면 북한 애들이 잘살아야 할 거 아니에요? 여기 와서? 임대 아파트도 주지, 3년 동안 돈 100만 원씩 주지, 그럼 잘 살아야 할 거 아니야? 못 살아요. 적응을 못 해요. 못 해서요? 어떤 사람은 북한에서 여기 왔다가 정착금 타서 다시 북한으로 가는 사람이 있어요. 거기가 낫다고. 한 번 사람이 체질화 돼 버리면 비정상도 정상인 것처럼 생각되고 그게 더 좋은 거예요. 우리 마찬가지예요.

5) 교회에서도 정의감으로 부딪치려는 사람들

우리는 사단 공화국에 태어나서 사단의 나라에서 살다가 교회를 왔기 때문에, 이 교회가 오히려 이상하게 보이는 거예요. 그러면 안 되는 거예요. 이해되시면 아멘. 두 손 들고 아멘. 예수님이 오신 거예요. 사단의 나라에 예수님이 오셨다 이거예요. 예수님. 믿습니까?

우리는 예수님 없이 살 때 세상에 있을 때 우리가 사단에게 이미 오염되었고 사단의 방사능 낙진에 이미 오염돼 있는 우리는 아무것도 하나님 앞에 내놓을 것이 없어요. 내놓을 것이 없단 말이에요. 아멘이에요?

그런데 인간이 쉽게 넘어가는 것이 뭐냐 하면 정의감에 넘어가요. 정의감에. 뭐에? 자기가 주장하는 것이 이게 정의롭다고 생각하면 그것까지도 이미 사단화 돼 있는 거예요. 정의감까지도 사단화 돼 있는 거예요. 정의감 때문에 정의감을 주장한다고요. 정의감 가지고 소리를 질러요. 그것까지도 이미 사단화 됐다는 거예요.

북한 애들이 북조선 애들이 가지고 있는 의로운 분노 정의감은 어디 있냐? 미군에 대하여 정의감을 보여요. 미군. 미제국주의 앞잡이는 한반도에서 물러가라고 떠든다고요. 그것이 맞는 줄 안단 말이에요. 맞는 줄.

그와 같이 우리도 때에 따라서 교회 오거나 하나님 섬길 때 정의감으로 부딪칠 때가 많아요. 나의 정의감. 내 정의감, 이게 틀린 거예요. 이것이 사단화 돼 있기 때문에 틀린 거예요. 우리는 무조건 하나님 앞에 두 손을 들어야 하는 거예요. 아멘이요? 처음 교회 오면 황당한 얘기가 많아요.

북한 애들이 처음 남조선에 오면 이 남조선이 황당한 것처럼, 황당해봤자 네가 잘못된 거지 남조선이 잘못된 게 아니잖아? 그런데 와서 보면 남조선이 잘못된 거 같은 거예요. 황당한 거예요. 왜? 북한화 됐기 때문에요. 북한화.

이 세상 전체를 하나님은 사단에 오염됐다고 그래요. 사단의 나라에서 교회 오면, 교회가 하는 일이 교회에서 신앙

생활 하는 일이 아주 엉뚱한 것이 많아요. 받아들일 수 없는 것들이 많아요. 그래도 그것은 나의 정의감과 내 쪽이 틀린 거예요. 이것은 이미 나는 사단에게 오염돼 있기 때문이에요. 이해되시면 아멘. 두 손 들고 아멘. 할렐루야!

Ⅲ.
예수만이 새로운 살길

1. 사단을 마셔버린 사단 공화국 사람들

1) 예수 외에는 새로운 것이 없다

그러니까 여러분과 저는 하나님 앞에 나오면. 원수 마귀 사단이 사람을 이 땅을 지배할 때에 세 가지 원리로 지배한다고 제가 말씀을 드렸잖아요. 첫째가 뭐냐? 문화라 그랬어요. 문화.

이 땅의 모든 전체가 다 문화예요. 사람과 사람 관계에서 일어나는 모든 현상을 다 문화라 그래요. 말도 문화예요. 생각도 문화예요. 행동도 문화예요. 다 문화예요. 물에 사는 물고기는 물을 매개체로 살아요. 물을 먹고 마시면서. 사람은 이 문화의 매개체를 마시며 사는데, 이 문화가 사단화 돼 있단 말이에요. 사단이 문화를 점령하고 있단 말이에요. 문화 전체에 여기에 이미 독가스가 들어있다고요. 그러니까 이것을 사단의 문화를 먹고 마시고 산 인간들은 사단을 그냥 마신 거예요. 마신 거. 마신 거예요.

이 가운데서 새로운 것은 단 하나밖에 없어요. 인간으로부터는 새로운 것이 아무것도 없어요. 오직 새로운 세계에서 오신 예수밖에 없어요. 예수.

2) 스스로 거룩해지려는 생각 자체가 죄

우리가 거룩해지려면 내 자체를 수술하고, 내 자체를 개선하고, 내 자체를 다듬고 모양을 바꾸고, 내 자체를 이렇게 하는 것이 아니고, 내 자체를 연단하고 내 자체를 개조하는 것이 아니라, 우리가 새롭게 되려면 거룩하게 되려면, 나 자신을 갈고닦고 나 자신을 통제하고 그래서 거룩해지는 게 아니고, 거룩해지려고 하는 그 자체 마음까지도 이미 벌써 그것은 속된 거예요. 인간의 의지 자체가 속된 것이기 때문에요. 참 알아듣기 어렵다. 어렵도다. 따라 해 봐요. 어렵도다. 누가? 따라 해 봐요. 누가? '누가 저 말을 알아들을 수 있을까? 너 혼자 떠들어라.' 그래도 할 수 없어요.

내가 의롭게 살려고 하는 자체까지도 죄라니까. 누가? 따라 해 봐. 누가 저 말을 알아들을 수 있을까? 너 혼자 떠들어

라. 다시 해봐. <u>내가 착하게 살려고 마음먹는 그 자체도 죄</u>다. 무슨 착하게 살라고 마음먹는 게 죄야? 죄야! 인간 스스로 일어나는 모든 결단은 다 죄예요. 참 기가 막힌 거지. 하여튼 이해 안 되면 기도하시오. 이해 안 되면 기도해요. '얼마나 수준 높기에 내가 이해를 못 하겠냐?' 맞잖아요?

3) 사단 공화국 안에서 행하는 모든 좋은 생각, 좋은 행동까지 다 죄

봐요. 다시 들어봐요. 충성스러운 것은 나쁜 거요? 좋은 거요? 좋은 거지? 그런데 이것이 북한 안에서 충성은 나쁜 거예요? 좋은 거예요? 봐요. 충성하는 것은 좋은 건데 북한에서 충성하는 건 나쁜 거란 말이에요. 이해돼요? 사랑은 좋은 거요? 나쁜 거요? 좋은 거지? 그런데 북한에서 김정일을 사랑하는 건 좋은 거야? 나쁜 거야? 봐요. 나쁜 거예요. 그와 같이 북한 안에서 이루어지는 것은 좋은 단어까지도 다 나쁜 거예요. 그건 다. 아멘.

그와 같이 사단의 나라에서 이루어지는 것은 좋은 단어까지도 다 나쁜 거예요. 인간의 사랑도 나쁜 거예요. 인간의 사랑도 이미 사단에 오염돼 있기에 나쁜 거예요. 다 죄예요. 사랑도 죄라니까. 하여튼 사단의 나라에서 이루어진 모든 것은 다 나쁜 거예요. 좋은 단어까지도 다 죄야. 이해되시면 아멘. 이해되시면 아멘.

그러니까 우리 인간은 사단의 나라에서 이미 오염되어서 태어났기 때문에 사람의 의지까지도 이미 오염됐고 사람의 의지까지도 이미 타락했어요.

그런데 인간은 사단의 나라에서도 정의로운 게 있는 것 같이 보여요. 정의. 그런데 그 정의까지도 이미 벌써 다 타락해 있는 거예요.

2. 하나님 앞에 항복을 선언하자

1) 내 속에 하나도 새로운 것이 없음을 인정하자

그래서 하나님 앞에 나오면 무조건 우리는 '천부여 의지 없어서' 하고 두 손 들어야 해요. 내 속에 있는 것은 하나도 새로운 것이 없어요.

이 사단의 문화에 한 번 이렇게 젖어 든 사람은 사단의 문화에 한 번 젖은 사람 못 나와요. 그 주장이 맞는 줄 알아요. 자기주장이. 북한에서 한 번 젖었던 사람은 북한 사고에서부터 못 나와요. 못 나와서 여기 남조선에 와서 돈 3,000만 원 주고 임대 아파트 주고 그렇게 해서 잘살게 해놓아도 또 몇 년 있다 북한으로 들어가요. 숨어서 들어가요. 또. 이야~

우리는 하나님 앞에 나오셨으면 나라는 것은 없어야 해요. 이 '나'라는 자체가 이 '나'. 한번 따라서. 나. 이게 바로 사단이 독립운동할 때 쓴 최초의 단어라 그랬잖아요? 사단이 천

사의 나라에서 썼던, 처음 독립운동할 때 썼던, 사단이 하나
님께로부터 독립운동할 때 첫 번째 들고나온 단어가 나잖아
요? 나? 이 나가 이게 아담의 나라에서 또 나가 생긴 거예요.
오늘 이 나를 내려놔요. 나를 내려놓으라고.

2) 나를 내려놓자

그런데 교회에 와서도 자꾸 내 주장하고, 내 생각, 내 말이
맞다, 자꾸 나라 그러면 거기는 결국은 끼어들 것은 사단밖
에 없어요. 사단이 뒤에서 틀어쥐는 길밖에 없어요.

나를 하나님 앞에 내려놓으면 마귀도 보따리째 물러가요.
나를 오늘 내려놔요. 그러면 사단도 물러가요. 따라서. <u>나를
내려놓자.</u>

인간은 사단의 문화에 오염돼 있어요. 너 옳은 줄 알지? 우
리 교회에서 여기 조금 배운 것들 내 말 잘 들어봐. 조금 대
학이라도 나오고 뭐 서울대학 나오고 하는 것들 잘 들어봐.
우리 교회도 서울대 나온 것들이 몇 마리 있는데, 몇 마리 있
는데, 청년들 너희들 잘 들어. 너희들이 뭐, 조금 뭐, 이성의
합리주의 뭐, 통하지? 야야! 사단이야. 사단. 그걸 이해 못
하거든 북한을 이해하면 돼. 북한에서 태어난 애들이 얼마
나 주장해? 자기 말을? 북한 애들 말 잘합니다. 북한은 이 토
론 문화를 키워 놨기 때문에 노무현처럼 토론 문화를 키워
놨어요. 그래서 말 잘합니다. 북한 애들. 그러나 그것은 이

미 벌써 그건 북한은 그거는 이미 사단이에요.

그와 같이 인간 세상에 태어나 모든 주장하는 논리 그것은 이미 사단화 돼 있는 거예요. 너도 모르지? 너도 모르는 사이에 사단화 돼 있는 거야. 네가 사단을 이기는 길은 내려놓는 길밖에 없는 거야. 이성을 내려놔야 해. 자기주장을 내려놔야 해. 오늘 내려놔야 해.

이런 자기주장과 자기 이론을 내려놓으려면 자존심이 좀 상해? 안 상해? 자존심까지도 사단이에요. 자존심도 내려놔야 하는 거예요. 뭘 쳐다봐요? 쳐다보기는. 따라 해봐요. 자존심도 내려놔. 하나님은 완전히 전체를 다 내려놓으라는 거예요. 전체. 그것이 우리의 생명의 길이에요. 예수 앞으로 가는 길이에요. 예수 앞으로. 아멘?

3. 예수로부터 오지 않은 것은 다 불의하다

그럼 봐요. 총체적으로 한마디만 더 정리하고 갈 테니 보세요. 이 사단 공화국에 태어난 모든 인간 존재 모든 전체는 다 사단에게 오염됐다? 안 됐다? 됐다. 그러니까 여기는 새로운 것이 있다? 없다? 없지요? 따라 해 봐요. 존재. 존재 자체가 이미 죄예요. 존재 자체가 이미 사단화 돼 있어요.

그러니까 새로운 것은 단 하나밖에 없다고 그랬어요. 이 사단의 이 아담의 나라에서 존재하지 않았던 외부로부터 온 거, 외부로부터 온 것이 두 개가 있다. 두 개.

하나는 마귀예요. 마귀는 아담의 나라 바깥에서 온 거예요. 마귀는 이 아담의 나라를 망친 주범이고 도적이에요.

또 하나 외부로부터 온 게 있어요. 이 땅의 존재물이 아니에요. 바깥으로부터 온 것이 있어요. 그것이 예수예요. 그러니까 예수 외에는 새로운 것이 없는 거예요. 예수 외에는 거룩한 것이 없는 거예요. 오직 예수만 거룩한 거예요. 아멘이요?

예수 없이 나 혼자 의롭게 산 것은 거룩한 거야? 안 한 거야? 안 한 거예요. 예수 없이 나 혼자 속에 이루는 정의감은 의로운 거야? 아닌 거야? 아닌 거예요. 정의냐 아니냐 의로운 것이냐 아니냐 한 거 관계없이, 그것이 예수로부터 출발되고 예수로부터 온 것이냐가 중요한 거예요. 예수로부터 온 것은 나한테 이해 안 돼도 그것은 의로운 것이에요.

4. 사단의 나라를 예수로 빠져나가자

1) 죽음은 끝이 아니다

따라서 합니다. 첫째 세상은 천사를 중심으로. 둘째 세상은 아담을 중심으로. 셋째 세상은 메시야를 중심으로.

자살하는 사람들 있잖아요? 그 사람들은 사람이 죽으면 끝인 줄 알고 죽어요. 죽으면 그걸로 끝난다고 생각하기 때문에. 그런데 그 사람들 중에도 교회를 다닌 사람이 있거든요? 그러면 교회 다니면서 예수를 믿었을까? 안 믿었을까? 뭘 대답 안 해요? 믿었을까? 안 믿었을까? 안 믿은 거예요. 그냥 종교 생활한 거예요. 뭐? 자기는 어려운 일 있을 때 성경만 읽는다? 성경 읽는 게 자살하냐고요? 죽으면 끝이라고 생각하기 때문에 사람이 죽어요. 죽으면 끝난다고 생각하기 때문에.

그러나 절대 그렇지 않아요. 사람이 사단의 나라에서 태어나서 사단에게 세뇌됐기 때문에 인간이 죽으면 끝난다고 그렇게 생각하는 거예요. 북한에서 태어난 애들이 북한에 세뇌된 것처럼 이 세상이 이게 잘못된 세상이라니까요. 사단의 나라. 한번 따라서. <u>사단의 나라.</u> 그러니까 죽으면 끝인 줄 알아요.

2) 죽은 뒤에는 부활이 일어난다

절대 끝이 아니요. 죽으면 부활이 일어나요. 부활. 부활. 따라서. <u>부활.</u> 하나는 생명의 부활이에요. 생명의 부활. 또 하나는 뭐냐? 심판의 부활이요. 심판의 부활. 사람에게는 죽은 뒤에 부활이 일어난다니까요? 아멘.

자살하는 사람은 99프로가 아니라 100프로 심판의 부활로 가요. 아멘. 그냥 그 초상집에 유가족들이 상처받을까 봐 "자살한 이 분은 죽어서 어디로 갔을까요?" 이렇게 본 교회 목사님한테 물었어요. 본 교회 목사님이 대답이 어색하니까 "좋은 데 갔습니다. 좋은데." 목사님들이 어색해서 할 수 없이 그냥 좋은 데 갔다 그러지, 목사님들이 속으로는 뭐라고 하겠어요? 좋은 데는 개뿔이고 좋은 데예요? 너는 지옥이에요. 지옥. 그냥 초상집에서 그냥 사람들 달래려고 좋은 데 갔다 그러지 뭘 좋은 데 가! 좋은 데 가긴! 성경대로 말하면 이건 지옥이에요. 지옥. 자살하면 무조건 지옥이에요. 그러니까 사랑제일교회 성도들은 죽으면 돼? 안 돼? 절대 죽지 마요. 죽으면 내가 복음을 잘못 가르쳐서 여러분이 죽은 게 되니까 내가 하나님 앞에 뒤지도록 혼나요. 그러니까 절대 죽지 마요. 나를 위해서도 죽지 마요. 알았지? 죽은 뒤에는 부활이 일어나요. 부활. 따라 해 봐요. 부활.

3) 아담의 나라에서 예수로 빠져나가야 한다

그래서 이게 사람이 이 땅에 출생으로부터 아담의 나라에 뛰어 들어오거든요? 태어나면 이제 아담의 나라에 처음 시작이 되잖아요? 출생으로부터 들어왔다가 빠져나가는 게 더 중요해요. 이 아담의 나라에서 빠져나갈 때는 예수로 빠져나가야 해요. 예수로. 예수로 빠져나가야 해요. 예수로. 예수로 빠져나가야 해요. 예수로. 아멘. 아멘. 예수로 빠져나가자. 아담의 나라에서 나갈 때는 예수로 나가자. 옆 사람 다 손잡고 해 봐. 오직 예수로 나갑시다. 할렐루야! 꼭 죽기 전에 여러분 입에서 주님 부르다 죽어야 해요. "주님 갑니다. 내가 그리던 주님의 품으로 갑니다. 주여! 갑니다." 따라서 합니다. 주여! 갑니다. 연습 한번 해보자. 연습해보자. 따라서. 주여! 주님의 품으로 갑니다. 알았지요? "안 죽어. 안 죽어." 이러다 죽지 말고. 뭐가 안 죽어 안 죽어야? 따라 해 봐요. 주님의 품으로 갑니다. 받아주세요. 그렇게 가란 말이에요.

우리 어머니, 돌아가신 우리 어머니는 진짜로 우리 어머니는 임종의 복을 받았어요. 우리 어머니 딱 쓰러지고 고통도 없이. 보자! 의식을 잃은 지가 몇 시간 차이냐? 아침에 쓰러졌지? 우리 어머니가 아침에 새벽에 쓰러졌지? 새벽에 쓰러져서 우리 집에서 나갈 때까지만 해도 정신이 있어서 "에녹이한테 전화 한번 해다오. 미국 에녹이한테 전화 한번 해다오." 그때 정신이 있었어요. 우리 집에서 앰불런스(ambulance)로 나갈 때, 119로 나갈 때 "에녹이한테 전화 한번 해다오." 전화 통화시켜 줬더니 "에녹아! 할매가 쓰러졌다. 할매가 쓰러졌다. 할매가 천국 먼저 갈지 모른다. 엄마 말 아빠 말 잘 듣고." 그래서 이제 전화 끊고 나갔는데 병원에 가서도 입원실에 들어갈 때까지 정신이 있었어요. 말도 하고. 머리가 자꾸 아프다 그래요. 이제 뇌세포가 죽어가는 거예요. 그리고 오후 두 시쯤 됐는데, 병실에 있는데 말을 못 해요. 뇌세포가, 언어 하는 뇌가 다 죽은 거예요. 이제 뇌세포가 죽은 거예요. 그런데 말은 알아들어요. 말은 못 해요. 내가 꼬집었어요. 다리를 꼬집었어요. "꼬집으니까 아파? 아프면 다리 들어봐." 그랬더니 윽~ 이래요. 알아듣는다는 거예요. "그래. 할 말 있으면 빨리해봐." 그러니까 말 못해요. 그런데 알아듣기는 알아들어요. "걱정하지 말고 주님나라 가. 에녹이는 내가 잘 키워줄 테니까. 알았지? 지금 빨리 주님을 불러. 얼마 안 있으면 바로 천사들이 내려올 거예요." 내가 귀에다 대고 "얼마 안 있으면 천사들이 내려올 거예요." 그래봤자 거의 만 하루, 만 하루 정도 고통이 있고 하늘나라에 갔거든요. 임종의 복을 받은 거예요. 임종의 복을. 할렐루야요? 임종의 복을 받은 거예요.

사람이 빠져나가는 과정을 잘 빠져나가야 해요. 아담의 나라에 태어나서 나갈 때는 예수로 나가야 해요. 예수로. 〈저 높은 곳을 향하여〉 한번 불러봐요. 예수로 나가야 해요. 나갈 때 예수로 나가야 한다고요. 우리가. 나갈 때 출구가 예수가 돼야 해요.

찬송가 543장 〈저 높은 곳을 향하여〉

1. 저 높은 곳을 향하여 날마다 나아갑니다
내 뜻과 정성 모두어 날마다 기도합니다

(후렴) 내 주여 내 발 붙드사 그곳에 서게 하소서
그곳은 빛과 사랑이 언제나 넘치옵니다

2. 괴롬과 죄만 있는 곳 나 비록 여기 살아도
   빛나고 높은 저곳을 날마다 바라봅니다

3. 의심의 안개 걷히고 근심의 구름 없는 곳
   기쁘고 참된 평화가 거기만 있사옵니다

4. 험하고 높은 이 길을 싸우며 나아갑니다
   다시금 기도하오니 내 주여 인도하소서

5. 내 주를 따라 올라가 저 높은 곳에 우뚝 서
   영원한 복락 누리며 즐거운 노래 부르리

IV.
마귀의 일을 멸하려고 오신 예수

1. 예수는 마귀의 일과 반대되는 일을 하신다

아멘. 할렐루야. 원수 마귀 사단이 아담의 나라를. 한번 따
라서. 죄의 나라. 완전히 물들여 버렸어요.
  사단이 죄. 한번 따라서. 죄. 따라서. 사망. 이 땅의 사망의

문화가 모든 존재물에 다 끼쳐요. 이 꽃도 사망해 죽는다고요. 이게 원래는 그렇지 않아요. 하나님이 만들 때는 이렇게 안 만든 거예요. 이 꽃도 안 죽게 만든 거예요. 아멘. 다 모든 식물 동물 다 이게 다 사망의 문화. 사망의 문화. 따라서 합니다. 저주. 그럼 우리가 봐요. 늙지요? 저주야. 저주의 그늘이에요. 다. 고통, 질병, 슬픔, 이 모든 것이 이게 다 사단이 시궁창을 만든 거예요.

이것을 해결하기 위하여 예수님이 오셨어요. 예수님이 딱 대조해서 말씀했어요. 도적이 오는 것은 이런 것을 뿌리러 왔고. 따라서. 도적이 오는 것은. 따라서 합니다. 죄. 사망. 저주. 질병. 이것을 만들려고 왔고 내가 온 것은 생명을 얻게 하려 함이다. 내가 온 것은 이거의 반대야. 이거의 반대. 요한일서 3장 8절 보시면, 예수님은 반대예요. 사단이 하는 일에 반대 일을 하신단 말이에요. 예수님은. 요한일서 3장 8절 시작.

<요한일서 3:8>

죄를 짓는 자는 마귀에게 속하나니 마귀는 처음부터 범죄함이니라 하나님의 아들이 나타나신 것은 마귀의 일을 멸하려 하심이니라

하나님의 아들 예수가 이 땅에 오신 것은. 따라서. 오신 것

은. 하나님의 아들이 나타나신 것은 마귀의 일을 멸하려 함
이라.

　이러한 것이 마귀의 일이에요. 이게 다. 한번 따라서. 죄.
사망. 저주. 질병. 슬픔. 탄식. 이게 전부 다 이게 마귀의 일
이란 말이에요. 마귀의 일을 멸하려 함이라.

2. 십자가 : 마귀의 일을 멸하시는 방법

마귀의 일을 멸하기 위하여 예수님이 뭘 하셨냐? 아담 나라
에 오셔서 십자가를 지신 거예요. 십자가. 예수님은 아담의
나라에 와서 이것을 해결하시려고 십자가를 지신 거예요.
십자가. 사단의 나라 중심에 와서 예수님이 십자가에 못 박
혀 죽으신 거예요. 십자가. 아멘이요?

3. 예수의 십자가를 받아들임 : 복음의 7대 연합

그러니까 이 십자가는? 이 십자가의 의미가 뭔가? 이 십자가
에서 예수님이 돌아가셨는데 여러분과 나의 구원을 위하여
돌아가셨는데, 이 십자가 사건을 믿으면 이걸 받아들이면,
십자가 사건을 받아들인다는 것은 이것이 복음의 7대 연합
을 말하는 거예요.

1) 탄생

한번 따라서. 탄생. 그리스도 예수님이, 하나님이 사람의 육체의 옷을 입고 이 땅에 오셨다. 예수님이 태어난 것은 사람하고 다르다. 우리는 다 부정모혈로 남자 여자 결혼하여 사랑의 열매로 태어나요. 여자의 밭에다 남자의 씨가 떨어져서 여러분이 다 사람이 된 거예요. 예수님은 그렇지 않은 거예요. 성령으로 잉태한 거예요. 예수님은 여자의 몸을 빌려서 하나님이 사람의 몸으로 태어난 거예요. 그러니까 이것을 탄생이라고 그래요. 탄생. 예수님의 탄생은 우리와 다른 거예요.

2) 고난, 죽음

고난. 따라서 합니다. 고난. 예수님이 고난 당하심은 나를 위하여 대신 고난 당한 거예요.

죽음. 따라서. 죽음. 예수님이 십자가에 죽은 것은 누구를 위하여예요? 나의 죄를 위하여. 나의 저주를 위하여. 아멘? 내가 당할 이 모든 것을 위하여 예수님이 대신 죽었다 이거예요. 대신. 아멘이요?

3) 부활, 승천

부활. 따라서 합니다. 부활. 예수님은 나를 위해 부활하셨어요.

승천. 따라서 합니다. 승천. 예수님이 승천하셨어도 승천하신 예수님이 지금 하늘나라에서 놀고 계신 것이 아니에요. 우리를 위하여 기도하고 계서요. 이 사실을 여러분이 받아들이라는 거예요.

예수님이 하늘나라에서 지금 쉬고 계시는 게 아니에요. 하나님 보좌 우편에서 여러분과 나를 위하여 그것도 통째로 "사랑제일교회 성도들을 하나님 축복하여 주세요." 이렇게 통째로 기도하는 게 아니에요. 각각 이름을 불러요. 그럼 이 많은 사람을 예수님이 언제 이름 다 외워요? 주님은 영의 세계에 살기 때문에 주님은 1초 사이에 만 명도 부를 수 있어요. 각각. 따라서. 각각. 예수님은 그 양을 각각 불러낸다고 그랬어요. 각각. 아멘이요?

지금도 우리 주님이 우리를 위하여 기도해 주시기 때문에 예수님의 기도 때문에 여러분과 제가 교회에 나올 수 있는 거예요. 안 그러면 우린 교회에 나올 힘이 없어요. 사단에게 눌려서 못 나와요. 마귀가 눌러놨기 때문에. 이해되시면 아멘.

4) 재림, 왕국

재림. 따라서 합니다. 재림. 주님은 다시 이 땅에 돌아오신다.

오셔서 그다음에 따라서 합니다. 왕국. 메시야의 왕국을 이루신다. 메시야의 나라를 만드신다.

4. 7대 복음을 받아들이는 신앙 고백

1) "주여" – 입으로 고백하는 7대 복음

이것이 7개란 말이에요. 7대 복음. "나는 이 사실을 믿는다. 나는 이 사실 위에 서겠다. 이 사실 위에 굳건히 서겠다." 하는 것에 대한 신앙 고백의 제1호가 입으로 "주여"를 부르는 거예요. 입으로 주님을 부르는 것은 "나는 일곱 가지를 믿습니다." 이런 뜻이에요. 따라서. 주여! 주여!

여러분이 입으로 "주여!" 했다는 것은 "나는 이 일곱 가지의 사실을 믿습니다. 사실을 사실대로 인정합니다." 라는 말이에요. 다시. 주여! 여러분, "주여" 안에 일곱 가지가 들어간 거예요. 아멘이에요? 다시요. 주여. 이걸 예수 믿는다고 하는 거예요. 예수 믿는다고 하는 거야. 아멘이에요?

2) 성찬식 – 행동으로 고백하는 7대 복음

그다음에 이 "주여" 여러분이 입으로 주여 부르는 이것을 의식으로 예식으로 선포식 하는 것을 성찬식이라 그래요. 아멘? 이 일곱 가지의 사건을 예식으로 선포식 하는 것을 성찬식이라 그래요.

그래서 다음 주일에 성찬식을 하려고 해요. 다음 주일. 다음 주일은 성찬의 주일이에요. 다음 주일은, 여러분, 기도 많이 하고 마음의 준비를 하고. 아멘. 다음 주일은 성찬 중심으로 예배를 드린단 말이에요.

포도주와 떡을 떼는 것이 그것이 그냥 포도주와 떡을 떼는 것이 아니에요. 그것이 뭐냐 하면 그 안에 "나는 이 7개의 사실을 믿는다. 그리고 그 위에 선다." 그것을 "주여" 하는 것을 의식으로 선포하는 것을 성찬식이라고 그래요.

다음 주일에 우리가 성찬식 할 테니까. 아멘? 개신교에서는 성찬식을 자주 안 해요. 많이 하면 할수록 좋지만. 천주교에서는 성찬식을 매주일 해요. 신부님들이 교회 가면 떡을 포도주에 찍어서 한꺼번에 찍어서 아! 해서 집어넣어 줘요. 그런데 우리 개신교에서는 성찬식을 자주 안 해요. 왜 안 하냐 하면 천주교에서 종교 개혁을 해 나올 때 이게 성찬식이 타성이 돼서 성찬식이 이게 또 하나의 그냥 하나의 의식이 돼서 뜻도 모르고 그냥 계속하기 때문에요. 우리는 정중하게 하려고 성찬식을 자주 안 해요. 아멘이요?

자주 안 하는데 원래는 자주 하면 할수록 좋단 말이에요. 그래서 옛날에 중세에 보면 신부님, 수녀님들이 누가 몸이 아프지요? 심방 가면 포도주하고 떡을 가져가요. 가져가서 복음이고 뭐고 아무것도 몰라요. "아픕니까? 입 벌리세요. 입 벌리세요." 해서 포도주 찍어서 입에 넣어줘요. "병 낫습니다."

이렇게 미신처럼 성찬식을 써먹어서 개신교에서는 성찬식을 정중히 하기 위해서 뜻을 모르는 사람은 성찬식을 참여

안 시켜요. 우리는. 아멘이요?

3) 성찬에 참여할 때 마귀의 일이 멸절된다

내가 지금 몇 주째 계속 이걸 가르쳐 놓고 지금 성찬식을 하려고 하는 거예요. 그러니까 다음 주에 성찬식 잘해봐요. 병 나아요. 성찬식 잘하면 병 낫습니다. 성찬식 잘하면 원수 마귀 사단이 물러가요. 누가복음 4장 18절 한번 읽어봐요. 성경 읽어봐요. 원수 마귀 사단이 뭐 했는가. 시작.

<누가복음 4:18>

주의 성령이 내게 임하셨으니 이는 가난한 자에게 복음을 전하게 하시려고 내게 기름을 부으시고 나를 보내사 포로 된 자에게 자유를, 눈먼 자에게 다시 보게 함을 전파하며 눌린 자를 자유케 하고

포로 된 자에게 무엇을? 포로 된 자. 따라서. 포로 된 자. 육신의 포로요? 영의 포로요? 마귀에게 포로 됐다는 거예요. 모든 인간은. 포로 된 자에게 자유를. 눈먼 자에게. 육신의 눈이요? 영의 눈이요? 뭐가 눈멀었다고 하느냐? 눈이 멀었다? 누가 영적 소경인가? 이 동그라미 세 개를 모르는 것을 눈멀었다는 거예요. 천사의 나라, 아담의 나라, 메시야 나라. 영의 소경인 거예요. 그 유명한 탤런트(talent)가 영적

소경이기 때문에 죽은 거예요. 이런 일이 일어날 걸 알았으면 안 죽는 거예요. 절대 안 죽게 돼 있지. 그러니까 영적 소경이에요. 걔는 큰 실수를 한 거예요. 그 탤런트는. 국가와 민족과 사회와 부모 형제 친척 모든 동료들에게 다 죄를 지은 거예요.

그것뿐이 아니라 왜 자살하면 지옥 가냐? 인간이 태어나는 것이 자기 마음대로 태어난 게 아니에요. 여러분의 의지로 여러분이 태어난 게 아니에요. 맞죠? 여러분의 생일을 여러분이 결정했어요? 아니죠? 여러분의 나이를 여러분이 결정했어요? 아니죠? 그걸 보면 보이지 않는 어떤 힘이 여러분을 밀어낸다는 거예요. 하나님이에요. 여러분도 모르는 사이에 하나님이 여러분과 나를 밀어냈기 때문에 이 땅에 출현한 거예요. 그러니까 존재 자체도 나는 내 것이 아니에요. 주인은 하나님의 것이에요. 그러니까 자기가 자기 생명을 끊으면 돼요? 안 돼요? 그거는 주인이 자기가 아니란 말이에요. 주인이. 아멘이요?

눈멀었어요. 모든 인간은 눈머니까 별짓도 다 해버려요. 자살도 하고 별짓 다 해버려요. 이 동그라미 세 개를 모르는 건 눈먼 거예요. 한번 따라서 하자. 첫째 세상은 천사를 중심으로. 둘째 세상은 아담을 중심으로. 셋째 세상은 메시야를 중심으로.

포로 된 자에게 자유를, 눈먼 자에게 보게 함을, 눌린 자를 자유케 하고. 사단이 사람을 꽉 눌러 놔요. 다 사탄에게 눌려 있는 거예요. 이러한 상태에서 성찬을 받으면 성찬식의 떡이 내 입에 딱 닿으면 마귀가 물러가는 거예요. 마귀가 "풀어줘." 그래요. 마귀가 "안 되겠다." 그래요. "큰일 났다. 이 속에 포도주가 들어갔다. 이 새끼 속에 포도주가 들어갔다. 이 새끼 속에 떡이 들어갔다."

그 떡이 뭐냐? 주님의 몸이에요. 포도주가 뭐냐? 예수의 피예요. 아멘? 그냥 포도주로 있을 때는 술이지만은 성찬에 갖다 놓고 내가 기도가 딱 끝난 뒤에는, 그 포도주의 성분이 바뀌는 게 아니고 성분이 술이 변하여 진짜 피 맛이 나는 게 아니고, 하나님의 영적 권위가 거기 임하는 거예요. 아멘! 아멘!

예를 들어봐요. 이게 뭐예요? 종이잖아. 종이. 종이는 이게 인격이에요? 아니에요? 아니지? 인격이 아니니까 찢어도 돼요? 안 돼요? 찢어도 되지? 종이니까.

그런데 잘 들어봐요. 잘 들어봐. 이 종이는 종이 자체로 있을 때는 이거는 아무런 권위가 없는 거예요. 그런데 여기다가 내가 내 글을 써 놨어요. 내가 여기다 글을 썼단 말이에요. 뭐라고 썼냐? 미국에 있는 우리 에녹이한테 써요. "사랑하는 내 아들 전에녹, 육군사관학교 훈련받느라고 얼마나 수고했냐. 어려운 군대 생활을 어른들도 힘든데 어린 나이에 무사히 마쳤다니 감사하다." 내가 써 놨어요. 그러면 지금 종이에다가 내 글이 여기 실렸으면 이제는 종이가 아니라 종이에 인격이 실린 거예요. 그런데 어떤 놈이 와서 "에이! 개 같은 놈의 종이!" 이렇게 찢으면 돼요? 안 돼요? 왜 안 돼요? 종이에 나의 권위가 실린 거예요. 맞지요? 그래? 안 그래? 그럼 내 주먹으로 이빨 세 개 빼 버려. "이 새끼야 왜 이걸 찢어! 이거!" 그러면 그 사람이 "나 종이 찢었는데 왜 목사님이 날 때려요?" 그러나요? 종이에 내가 실린 거예요. 그게. 아멘.

포도주와 떡이 포도주와 떡으로 있을 때는 아무런 의미가 없는 거예요. 앞에 갖다 놓고 우리가 기도한 뒤에 "이것을 주님의 몸이라고 믿습니다. 주님의 피로 우리가 믿습니다." 하고 권위를 부여할 때는 그때부터 성찬이라는 능력이 나가는 겁니다.

그래서 성찬 가지고 장난치는 사람은 죽어버려요. 성경에 보면 다음 주에 내가 가르쳐 줄 테니까요. 그러니까 성찬식을 장난기로 손대면 '너희 중에 잠자는 이도 많고 병든 자도 적지 아니하니.' 병 고치려고 성찬식에 덤볐다가 오히려 병 드는 사람이 있어요. 왜? 장난기로 뜻도 모르고 성찬식에다 손을 대면 주님이 친단 말이에요. 아멘. 주님의 권위가 거기에 오기 때문에요. 아멘이요? 두 손 들고 아멘.

그래서 다음 주일에 성찬식을 할 테니까 성찬식을 이 뜻을 잘 알고! 복음의 7대 연합을 잘 알고! 성찬식 하면 병 나아요. 왜? "주님의 저주가 나를 대신했다. 십자가에서 나의 고통을 대신했다." 이것을 다 포함하여 성찬식 하기 때문에 성찬을 통하여 능력이 나가는 거예요. 병도 낫고, 눌림으로부터 자유 함도 얻고, 영이 깨끗해지고, 상쾌해지고, 아멘?

그래서 요런 복음을 잘 알아야지요? 다음 주일 우리가 성찬식을 할 테니까 주님의 성찬의 권위가 사랑제일교회에 임하여 손을 댈 때마다 기적이 일어나라. 성찬에 손을 대는 즉시 병이 낫고, 마귀가 떠나가고, 사단이 물러가고, 귀신이 떠나가고, 마음속에 울적함이 다 떠나가고, 고통도 물러가고, 그런 일이 일어나야 한다는 거예요. 아멘! '살아계신 주' 손뼉 준비입니다. '살아계신 주.'

〈주 하나님 독생자 예수〉

1. 주 하나님 독생자 예수 날 위하여 오시었네
내 모든 죄 다 사하시고
죽음에서 부활하신 나의 구세주

(후렴) 살아계신 주 나의 참된 소망 걱정 근심 전혀 없네
사랑의 주 내 갈 길 인도하니
내 모든 삶의 기쁨 늘 충만하네

2. 주 안에서 거듭난 생명 도우시는 주의 사랑
참 기쁨과 확신 가지고
예수님의 도우심을 믿으며 살리

3. 그 언젠가 주 뵐 때까지 주를 위해 싸우리라
승리의 길 멀고 험해도
주님께서 나의 앞길 지켜주시리

두 손 높이 들고 "주님, 다음 주에 우리가 성찬식을 하려고 합니다. 내가 이제 복음을 확실히 알았습니다. 주님이 십자가 지신 것은 왜 죽으셨는지, 주님의 복음의 7대 연합을 확실히 알았습니다. 아버지 하나님이여, 우리가 주의 이름을 부르며 선포했고, 성찬을 통하여 선포하려 그럽니다. 성찬의 떡을 뗄 때 기적이 일어나게 하여 주세요. 병이 고쳐지게 하여 주세요. 눌린 자가 자유 함을 얻게 하여 주세요. 저 주의 그늘이 떠나가게 하여 주세요. 가난도, 어려운 물질도, 경제적 사정도, 가정도, 자녀도, 모든 어둠이 물러가게 하여 주시고, 성찬의 능력을 통하여 우리가 주님의 자유 함을 만끽하게 하여 주시옵소서." "주여" 삼창하며 기도하겠습니다. 주여. 주여. 아버지. 주님. 아버지. 주 예수님. 주여. 예수님. 성령의 능력으로. 죄 사함의 능력으로 온 교회를 삼켜주세요. 주여. 예수님. 아버지여.

"주님, 감사합니다. 오늘 말씀을 통하여 열어주심을 감사합니다. 내 영의 눈이 열렸습니다. 원수 마귀 한 길로 왔다 일곱 길로 물러가게 하여 주시고, 우리가 주의 복음을 선포하려고 합니다. 성찬식 다음 주에 할 때 기적이 일어나게 하여 주시고, 이 자리가 병든 자가 고침 받게 하여 주시고, 눌린 자 물러가게 하여 주시고, 마귀 한 길로 왔다 일곱 길로 떠나갈 수 있도록 성령으로 보증하여 주시옵소서. 복음 위에 튼튼히 서게 하여 주세요. 모든 성도들이 말씀 위에 튼튼히 서게 하여 주세요. 예수님 이름으로 기도하옵나이다. 아멘." 하나님께 우리 감사 예물을 드리겠습니다.

09

나를 위한 예수의
7대 구속 사역

설교 일시 2008년 10월 12일(주일) 오전 11시

대   상 사랑제일교회 주일 3부 예배

성   경 요한일서 3:8

> 8 죄를 짓는 자는 마귀에게 속하나니 마귀는 처음부터 범죄함이라
> 하나님의 아들이 나타나신 것은 마귀의 일을 멸하려 하심이라

Ⅰ.
마귀의 옴과 예수의 오심

1. 마귀는 도적, 예수는 구주

할렐루야. 구세주를 아는 이들입니다. 구세주를 아는 이들.

찬송가 14장 〈구세주를 아는 이들〉

1. 구세주를 아는 이들 찬송하고 찬송하세
   맘과 뜻과 힘 다하여 경배드리세

2. 주를 알지 못한 이들 주가 친히 인도하사
   그의 피로 구속하니 찬송할찌라

3. 약한 사람 도움받아 시험 중에 참게 되니
   모든 죄를 이길 힘은 믿음뿐이라

4. 진리 되신 우리 주는 영원토록 변함없네
   성도들아 주를 믿어 길이 섬기세

아멘. 할렐루야. 예수님 사랑하시면 아멘 합시다. 두 손 들고 아멘. 자, 오늘은 성찬 예배입니다. 오늘 이 자리에 우리가 참여하는 자체가 큰 축복임을 믿습니다. 자, 생략하고 한 번 따라서 합니다. 첫째 세상은 천사를 중심으로. 할렐루야. 따라서 합니다. 둘째 세상은 아담을 중심으로. 따라서 합니다. 셋째 세상은 메시야를 중심으로. 할렐루야.

그래서 원수 마귀 사단이 이 천사의 나라에서 천사의 왕이란 말이에요. 천사의 왕. 루시엘. 이놈이 교만하여 하나님의 보좌를 향하여 지극히 높은 자와 비기려고 하다가 쫓겨나서 이놈이 사단이 되었고, 마귀가 되고, 뱀이 되었다. 그런 뜻이에요. 아멘.

쫓겨난 원수 마귀가 아담의 나라에 와서 아담을 유혹함으로 범죄 하여 이놈이 아담 나라의 세상 임금이 된 거예요. 세상 임금. 세상 임금이 되어서 이 축복받은 아담의 나라를 여기를 죄의 나라로 만들었어요. 죄의 나라. 따라서. 죄의 나라. 그다음 뭐냐 하면 따라서 합니다. 사망의 나라. 이 땅에 있는 모든 것을 사망의 기운이 이 땅을 덮고 있는 거예요. 인간도 죽어, 식물도 죽어, 동물도 죽어, 사망의 기운이 온 세상을 덮고 있는 거예요. 따라서 합니다. 사망의 나라. 따라서. 저주의 나라. 이 땅은 저주받은 땅이에요. 따라서. 심판의 나라. 이 땅이 하나님의 준심판 안에 들어가 있는 거예요. 준심판 안에. 이해되시면 아멘. 그리고 곧 질병 그리고 고통, 슬픔, 눈물, 이러한 나라를 만듭니다. 이게 바로 세상 임금, 사단의 나라란 말이에요. 사단의 나라.

이런 상태에서 예수 그리스도가 예수님이 이 땅에 오셨다. 지난주에 말씀드린 것처럼 천지가 창조된 이후로 바깥으로부터, 이 세상 말고 바깥으로부터 온 존재가 둘이라 그랬어요. 하나는 뭐냐? 사단이에요. 사단. 이걸 성경은 도적이라 그래요. 요한복음 10장 10절에 보면, '도적이 오는 것은 도적질하고 죽이고 멸망시키는 것뿐이요.'

그다음에 또 바깥에서 외부에서 오신 분이 한 분이 계셔요. 따라서 합니다. 인자가 오는 것은. 예수 그리스도가 오셨다는 거예요. 할렐루야. 예수님이 오심과 사단의 옴이 성경에 보면 이것이 둘이 대조돼 있어요. 쌍벽이 돼요. 특별히 요한복음은 이 두 사단이 옴과 그리스도의 옴을 대조하고 있어요. 마귀가 자기의 이름으로 오니까 너희가 영접하였거니와 인자는 아버지의 이름으로 오니까 너희가 나를 영접하지 아니했다. 그러니까 예수님의 옴과 이 사단의 옴이 이것이 요한복음에 특별히 이것이 대조돼 있습니다.

2. 마귀, 세상을 사단 공화국으로 만들다

1) 영적 소경으로 태어나는 인간들

그래서 원래 이 아담의 나라는 하나님께서 아담에게 주신 생육하라. 따라서 합니다. 생육하라. 번성하라. 충만하라. 다스리라. 이 모든 축복을 다 마귀한테 뺏겨서 원수 마귀 사단이 이 세상을 죄의 나라, 사망의 나라, 저주의 나라, 심판의 나라, 그리고 징계의 나라, 질병의 나라, 이런 나라로 만들어 놓은 거예요.

이런 가운데 인간이 태어나는 거예요. 사람이. 아담의 나라에 태어나서. 원수 마귀 사단에게 눈이 콕 찔려서 영적 소경으로 태어나기 때문에 사람은 이런 상태에 태어나서 죽을 때까지 앞뒤 배경을 모르고 죽어요. 앞뒤 배경을. 앞뒤 배경을 모른다고요.

2) 영적 소경이 되어 비정상을 정상으로 알고 사는 인간들

그래서 성경은 말하기를 모든 이 땅에 태어난 인간들은 영적 소경이라고 해요. 영적 소경은 뭘 영적 소경이라 그러냐? 이 동그라미 세 개를 모르는 것을 영적 소경이라고 그래요. 천사의 나라, 아담의 나라, 메시야 나라를 몰라요. 사람이 이 땅에 왜 태어났는지 모르는 거예요. 또 왜 100년 살다가 죽는지 모르는 거예요. 그리고 이 사망의 그늘에 이미 길들어져서 이것이 정상인 줄 알고 사는 거예요. 사망의 그늘에. 한번 따라서. 사망의 그늘에 길들어졌다.

지난주에 제가 북조선에 대한 말씀을 드리면서 그랬어요. 북조선에 사는 사람들은 고통을 고통인 줄 모르고 산다고요. 그게 정상인 줄 알고 산다고. 길들어지면 그래요. 길들어지면. 이해되시면 아멘? 북조선 사람들은 그것이 정상인 줄 알고 산다고요. 길들어져서 그래요.

그와 같이 아담의 나라에 태어난 인간들은 당연히 사람이 죽는 줄 알아요. 당연히 나이 많으면 늙어서 그냥 장례식 하는 줄 알아요. 그냥 그렇게 되는 줄 알아요.

원래는 그렇지 않았어요. 인간도 영원히 살도록 만들어진 거예요. 길들어져서 이게 정상인 줄 알고 젖어서 살아요. 그러니까 사람들이 그것을 모르고 그냥 젖어서 사는 거예요 그냥 살면 장례식하고 그리고 그냥 울고 몇 번 울고 나머지 사람들이 그래서 또 이렇게 또 살고 또 죽고 이게 정상인 줄 안다고요. 그렇지 않은 거예요. 그렇지 않은 거예요. 이해되시면 아멘.

3. 만유 회복을 가르쳐주신 예수

1) 사단 공화국은 정상이 아니다

그래서 예수 그리스도가 이 땅에 오셔서 앞뒤 배경을 가르쳐 준 거예요. 앞뒤 배경을. 원래 우리들의 존재에 대한 배경을 이렇게 가르쳐 준 거예요. 한번 따라서. 첫째 세상은 천사를 중심으로. 둘째 세상은 아담을 중심으로. 셋째 세상은 메시야를 중심으로. 그리스도 예수님이 우리를 잠에서 깨워주신 거예요. 아멘. 할렐루야.

지난주에도 여러분, 뉴스 보셨지요? 탈북자들이 북한에서 넘어온 탈북자들이 15,000명 가까이 됩니다. 그중에 상당한 숫자는 간첩들도 있습니다. 북한에서 하도 탈북자가 많이 생기니까 일부러 북한의 공안들이 탈북자로 섞여서 탈북자와 함께 탈북을 해서 탈북자 루트를 다 알아요. 그리고 여기 와서 하나원에서 교육도 다 받고요. 그래서 그중에 상당한 사람이 지금 간첩으로 잡혔어요. 지금도 간첩이 있단 말이에요. 탈북자로 위장한 간첩이에요. 있는데 노무현 대통령 시절 때는 일부러 알면서도 가만 놔뒀어요. 일부러 알면서도. 이제 이명박 정부는 가만두지 않습니다. 간첩들 다 잡아야 하는 거예요. 용서할 거는 용서하지만, 우리나라를 체제를 전복하고 대한민국을 인민공화국으로 만들려고 하는 것은 용서할 수 없는 거예요.

어제 우리가 잠자는 사이에 부시 대통령이 북한을 테러 지원국에서 해제했어요. 어젯밤에 드디어 해제했는데 북한을 불쌍히 여겨서 이제 테러 지원국에서 해제했다는 것은 미국의 달러가 북한에 들어간다 이 말이에요. 북한을 경제적으로 해방시키겠다는 거예요. 이제 미국 기업도 북한에 들어가고요. 앞으로 약속한 대로 핵을 폐기를 제대로 할 경우, 미국도 북한이 하는 속도에 따라서 이제 돈을 투입하겠다는 거예요. 북한을 불쌍히 여겨서 우리가 도와줄 건 도와주지만, 북한이 남조선을 인민공화국으로 만들겠다고 하는 것은 용서할 수 없는 거예요. 그거는 다른 문제예요. 그렇지요?

그런데 지난주에 보니까 탈북자 중 많은 분이 남조선에 와 보니까 천지개벽이거든요? 천지개벽. 북한에서 태어날 때부터 받은 교육, 태어날 때부터 모든 들은 것들이 전부 거짓말이거든요? 전부 거짓말이에요. 남조선 가면 이 남조선 인민들이 다 거지들이 되어서~ 하면서 교육할 때 뭘 보여준다 그래요? 대학가에서 데모할 때 애들이 청바지 찢어진 거 있잖아요? 청바지? 우리는 애들이 멋으로 청바지를 찢어진 거 입고 다니잖아요? 그것을 북한 사람들은 그걸 화면을 잡아서 북한의 교육용으로 "저것 봐라! 대학생들이 옷이 없어서 청바지가 찢어진 걸 입고 다니는 남조선 거지들이다." 그러니까 딱 맞거든요? 북한에서 들어보면 딱 맞거든. 맞지? 북한에서 들어보니 딱이거든? 맞단 말이에요. 남조선이 다 거지인 줄 아는데 한국에 와보니 멋쟁이들이 다 찢어서 입고 다니는 거예요. 얼마나 천지개벽 다르냐 말이에요.

그래서 이번 주에 여러분, 봤지요? 뉴스에 텔레비전에 탈북자 애들이 고무풍선에다가 북한으로 보내는 삐라를, 전단지 10만 장을 뭉치를 해서 가스 고무풍선에 달아서. 그게 타이머(timer)가 딱 맞게 돼 있대요. 인천 바다에서 탁 올리면 바람을 타고 북조선 저기 황해도 쪽으로 가면 시간의 타이머가 뻥 터지게 돼 있어요. 그 안에서 폭발돼요. 그러면 하늘에서부터 삐라가 막 북한 전역에 다 쏟아지는데 그 내용에 김정일이 김일성 자기 아버지 죽인 사건, 북한 인민들이 모르는 것들이 있잖아요? 전체가? 지금 김정일이 병이 들어서 나오지도 못한다고 하는 이런 것들을 다 삐라로 북한에 다 보낸단 말이에요. 지금. 이거 우리가 하는 게 아니고 탈북자 애들이 하는 거예요. 왜냐하면 잠자는 북한 사람들을 깨우려고. 이해돼요? 왜냐하면 북한 사람들은 모르고 살아요. 그냥 북한에 젖어서 산다고요.

우리가 지금 바깥에서 돌리는 전도지가 바로 그와 같은 거예요. 우리가 바깥에서 "예수 믿어!" 전도지 돌리잖아요? 북한 사람들이 태어나는 것이 북한에서 태어났어요. 보는 것이 그걸 봤어요. 사는 것이 그걸 봤어요. 거기서 태어나고, 보고, 만지고 한 모든 것이 그거밖에 몰라요.

그와 같이 지금 이 아담의 나라에 태어난 인간들은 이 아담의 나라에서 태어나서 보고, 듣고, 만지고 해서 여기에 젖어 있단 말이에요. 한번 따라서 해요. <u>죄. 사망. 저주.</u> 이것이 정상인 줄 알고 사는 거예요. 정상인 줄 알고. 그러나 이것은 정상이 아닌 거예요. 이해되시면 아멘?

2) 하나님의 사이클을 가르쳐주신 예수

예수님이 이 땅에 오셔서 이것이 정상이 아니라는 것을 가르쳐 주신 거예요. 예수님이 오셔서 우리에게 동그라미 세 개를 가르쳐 준 거예요. 한번 따라서. <u>첫째 세상은 천사를 중심으로. 둘째 세상은 아담을 중심으로. 셋째 세상은 메시</u>

야를 중심으로. 이것을 예수님이 가르쳐 준 거예요.

예수님이 이 땅에 오셔서 앞뒤에 대한 배경을 안 가르쳐 줬으면 우리도 사람이 이 땅에 왜 태어나는지를 모르는 거예요. 이 모든 우주의 기원과 모든 만물의 근원이 어디서부터 왜 생겼는지 우리는 모르는 거예요. 예수님 때문에 알게 된 거예요. 주님이 오셔서 깨우쳐 준 거예요. 이해되시면 아멘?

지금 세상에 있는 사람들은 이렇게 알고 있어요. 이 세상의 모든 우주의 기운이 어디서부터 나왔느냐? 이게 지금 세상 사람이 가지고 있는 현재까지의 이론입니다. 어느 날, 옛날 아주 옛날에, 태초에, 성경으로는 태초에, 아주 옛날 영원한 과거에 이 우주 가운데 가스들이 구름 떼처럼 구름 같은 가스층이 이 우주를 덮고 있었다. 우연히 덮고 있었는데 그래서 천둥 치면 번갯불이 번쩍 일어난 것처럼 그 가스들이 충돌이 일어났다. 충돌해서 폭발하여 거기서 화학적 반응이 일어나서 우연히 조각들이 튀어져 나와서 달도 되고, 별도 되고, 그리고 은하계도 되었다. 이게 우주 대폭발 이론입니다. 이것이 지금 과학과 세상 사람들이 말하는 우주에 대한 최고의 설명이에요. 그 이상은 설명 못 해요.

그러면 가스들은 어떻게 생겼냐? 그거는 모른다 그래요. 그러면 가스가 가만히 있지, 그것들끼리 왜 충돌했냐? 그것도 모른다 그래요. 가스가 충돌하면 왜 불만 번쩍 일어나지 왜 그러면 고체가 생겼냐? 그것도 모른다 그래요. 그냥 우연히 그렇게 됐을 것 같다 그래요. 이게 과학적인 하나의 신앙입니다. 이 세상 사람들은 그게 정답이에요. 그걸 우주 대폭발이라 그래요. 우주 대폭발.

그러면 다시 물어봐요. 그러면 가스는 어떻게 생겼냐? 가스가 이렇게 부릉부릉 다니다가 충돌해서 우주가 생겼는데 가스는 그러면 언제 왜 생겼냐? 그러면 그건 모른다 그래요.

3) 만유 회복을 설계하신 하나님

그러니까 하나님은요? 하나님이 머리가 더럽게 좋으신 분이에요. 하나님이 보통 머리가 좋은 게 아니에요. 하나님은요? 계속 사람들이 그러면 가스는 왜 생겼냐? 왜 생겼는지 자꾸 물을 거 아니에요? 그러면 우리는 뭐냐? 가스가 어떻게 생겼냐? 하나님이 만들었다. 하나님은 왜 생겼냐? 그러면 하나님이 뭐라 그랬어요? 하나님은 머리가 더럽게 좋아요. "나는 스스로 있는 자니라."

그러니까 스스로 있는 자라고 하는 이 단어를 만들어내신 분은 하나님밖에 없어요. 어떤 이 땅의 종교도, 어떠한 이 땅의 과학적 이론도, 스스로 있다고 하는 이 말을 할 수가 없는 거예요. 우선 왜 못하냐? 간이 떨려서 못하는 거예요. 사실이 아니기 때문에, 그 말을 못 하는 거예요. 하나님만 그 말을 하는 거예요.

왜 그 말을 하냐? 사실이니까. 하나님만이 그 말을 할 수 있는 거예요. 이 땅에 있는 모든 종교, 모든 이론, 사상, 모든 걸, 여러분, 다 뒤져보세요. '스스로 있는 자.'라는 단어가 종교의 세계나 과학의 세계나 존재의 세계나 철학적 세계나 '스스로 있는 자'라는 단어가 있는지를 한번 찾아보라고요. 없어요. 이건 하나님의 독과점이에요. 하나님의 독과품이에요. 하나님 혼자 써먹는 독과품이에요.

이 한 단어만 봐도 이것은 진리인 거예요. 다른 어떤 데서도 이 단어를 만들어낼 수가 없어요. 만들어낼 수가 없어. 이해되시면 아멘? 스스로 계신 분. 하나님은 "나는 스스로 있는 자니라." 그 하나님이 이 동그라미 세 개를 설계하신 분이에요. 설계하신 분. 아멘이요?

다시 한번 따라서. 첫째 세상은 천사를 중심으로. 둘째 세상은 아담을 중심으로. 셋째 세상은 메시야를 중심으로. 이해되시면 아멘.

II.
세상을 구하러 오신 예수

1. 마귀의 종으로 태어나는 인간들

그런데 원수 마귀 사단이 타락하여 아담의 나라에 와서 아담의 나라를 사단의 나라로 만들므로 아담은 사단의 종이 되었고 모든 인간은 그래서 마귀의 종으로 태어나는 거예요. 너희의 아비는 마귀니 그랬다고요. 너희 아비. 요한복음 8장 44절이에요. 요한복음 8장 44절을 한번 찾아보시면, 모든 인간은 영적 아버지가 마귀란 말이에요. 마귀. 마귀란 말이에요. 요한복음 8장 44절 읽으시면 시작.

> **<요한복음 8:44>**
> 너희는 너희 아비 마귀에게서 났으니 너희 아비의 욕심을 너희도 행하고자 하느니라 저는 처음부터 살인한 자요 진리가 그 속에 없으므로 진리에 서지 못하고 거짓을 말할 때마다 제 것으로 말하나니 이는 저가 거짓말장이요 거짓의 아비가 되었음이니라

거짓의 아비. 이게 바로 마귀란 말이에요. 너희는 너희 아

비 누구에게? 마귀에게서 났으니. 이 땅에 태어난 모든 인간은 사단의 자식으로 태어나는 거예요. 악령의 자식으로 태어난 거예요. 자기도 모르게 소속이 악령으로 태어나는 거예요.

그러니까 원수 마귀가 사람의 눈을 콕 찔러서요? 육신의 눈이요? 영의 눈이요? 콕 찔러서 인간이 왜 태어났는지 몰라요. 앞뒤 동그라미 이걸 모르는 거예요. 사람이. 이걸 모르게 마귀가 사람의 영의 눈을 가려놨단 말이에요.

2. 사단의 언어 - 만약, 우연

그 마귀가 쓰는 말 중에 좋아하는 말이 뭐냐 하면 우연이에요. 우연. 따라서. 우연. 마귀가 개발한 말이에요. 우연. 하나님은 우연 없어요. 하나님은 "스스로 있는 자니라." 우연이 뭐야? 우연. 우연이라는 것은 마귀가 개발한 단어예요. 우리 사랑제일교회 성도들이여, 사단이 개발한 우연이란 말에 넘어가지 마십시오.

우연이란 말과 사촌을 이루는 말이 만약이에요. 만약. 예수님께 나타나서 마귀가 한 말, 이게 불확실성의 말이거든요. 이게 다. 우연, 만약. 이게 불확실성의 말이잖아요?

그러니까 예수님이 40일 금식할 때 마귀가 나타나서 "만일 네가 하나님의 아들이라면" 그랬어요. 예수님을 예수님 자신까지 의심하게 만드는 거예요. "만일 네가 하나님의 아들이 아닐 수도 있다." 이러는 거지. 네가 만일 하나님의 아들이거든. 만약 네가 하나님의 아들. 만약, 만일. 이건 사단이 쓴 말이에요.

예수님이 그랬어요. "할 수 있거든이 무슨 말이냐 믿는 자에게 능치 못함이 없느니라. 사단의 용어를 내 앞에서 쓰지 마!" 할 수 있거든? 할 수 있거든이 뭐냐? 할 수 없을 수도 있다는 얘기거든요. 이게 불확실성의 말이에요. 불확실성의 말. 그래 요즘 이 세상의 어둠이 점점 깊어지니까 인간들이 오늘날도 쓰는 말들을 보면 다 말들이 불확실성의 말로 점점 깊어가요. 그럴 것 같기도 하고, 그럴지도 모르지. 이 말들을 보세요. 다. 그리고 공부를 많이 한 사람, 배운 사람일수록 말을 불확실성의 말을 씁니다. 가능성이 있을 것 같기도 하고. 무식한 사람은 바로 직설적이에요. 안 돼. 돼. 푹 찔러버려요. 공부 많이 하고 머리가 잘 돌아가는 사람일수록 말을 불확실성으로 해요. 불확실성의 말을. 그러니까 확신이 없는 거예요. 공부를 많이 하면 할수록 머리에 지식, 이성이 발전하면 발전할수록 자신감이 떨어지는 거예요. 왜? 진리 위에 서지 못하기 때문에.

목사님의 말은요 직설법이잖아요? 미친년. 얼마나 좋아? 이거 봐요. 이거. 확실히 직설법이요. 미친년. 죽일 년. 얼마나 좋아요? 목사님 말은 그냥 아주 담백하잖아요? 단순하고. 미칠 것 같기도 하고 뭐, 그게 뭐야? 그게 뭐냐고? 그러니까 사람이 자기 확신이 없으니까 말이 힘이 없어요. 목사님 말은 힘이 있잖아요? 욕을 좀 해도. 욕도 능력이에요. 그거 아무나 못 해요. 나한테 확신이 있으니까 말을 하는 거예요. 나는 확신이 있으니까. 자기한테 확신도 없는 말을 왜 설교해요? 왜 설교해? 나는 내 확신에 성령의 능력으로 꽉 찬 거예요. 사실 위에 섰기 때문에요.

3. 사단 공화국의 정체를 폭로하신 구주 예수

1) 어둠의 세상 한가운데 빛으로 오신 예수

따라서 해 봐요. 이 동그라미 세 개를 안다는 자체가 행복이라고요. 따라 해 봐요. 첫째 세상은 천사를 중심으로. 둘째 세상은 아담을 중심으로. 셋째 세상은 메시야를 중심으로. 이러한 사실을 예수 그리스도가 이 땅에 안 오셨으면, 주님이 안 오셨으면 우리는 영원히 모를 뻔했어요. 그냥 우리는 사람이 태어났다 죽는 게 정상인 줄 알았어요. 사람이 태어나서 죄짓는 것이 정상인 줄 알았어. 사람이 태어나서 저주 가운데 사는 것이 정상인 줄 알았어. 이게 예수 그리스도에 의하여 정체가 탄로 난 거예요. 이건 정상이 아니야.

그래서 예수님이 이 가운데 빠진 인간들을 구속하시려고 하늘 보좌를 비워 두시고 이 땅에 오신 분이 예수님이에요.

믿습니까? 따라서 합니다. <u>죄의 나라. 사망의 나라. 저주의</u>
<u>나라.</u>

사단이 이 세상을 완전히 자기의 나라로 다 망쳐 놓은 이
러한 세상에서 예수님이 빛으로 오신 거예요. 사단의 나라
는 어둠에 다 덮여 있어서 사람들이 영적 소경이란 말이에
요. 사람들은 마귀가 영의 눈을 다 찔러 놔서 모르는 거예
요. 모르는데 이런 상태에서 예수님이 이 땅에 오셨어요. 아
담의 나라의 한가운데 오신 거예요. 한가운데.

2) 사단의 협상을 거부하신 주님

이 세상에 예수님이 오셔서, 예수님이 여기서 십자가를 지
시려고 아담의 나라에 오셨을 때, 원수 마귀 사단이 몰라도
될 마귀가 예수님께 나타나서 협상을 시작했어요. "예수야.
지금 이 아담의 나라에서 태어나는 인간들은 뭐가 뭔지 모
른다. 왜? 내가 전부 독가스를 품어 놨다. 독가스. 모든 인간
에게 내가 독가스를 다 먹여 놨기 때문에 인간들은 지금 깊
은 잠에 빠져서 그냥 여기서 태어났다 그냥 살다 그냥 죽는
것이 숙명이라고 알고 살고 있는데. 그런데 네가 이 세상에
왔지만 네가 누군지를 이 땅에 사는 사람이 아는 사람이 없
어. 그렇지만 나는 알아."

마귀가 이제 예수님께 협상하는 거예요. "나는 알아. 너 왜
왔냐고? 이렇게 인간들이 다 이 아담의 나라에 태어나서 영

적 소경인데. 눌린 자를 자유케 하고 포로 된 자에게 자유를, 이런 상태에 있는 인간을 네가 구원하려고. 구원하려고 십자가를 지려고 하는 것을 내가 안다. 그런데 십자가 지지 말고 나한테 절 한 번만 하면 이것은 내게 넘겨준 것인데 이건 내게 넘겨준 것인데 다시 돌려준다." 그랬어요.

그러나 예수님은 마귀의 협상에 넘어가지 않고 나는 십자가에서 피를 흘려 이 세상의 인간들을 구원하기 위하여 십자가의 길을 가리라! 마귀의 협상을 거부한 거예요. 예수님이. 이해되시면 아멘?

Ⅲ.
예수의 십자가와 은혜 언약

1. 예수님과 하나님의 은혜 언약

그래서 예수님이 십자가에 못 박혀 죽으셨단 말이에요. 할렐루야! 이해되시면 아멘? 두 손 들고 아멘. 할렐루야!
그래서 예수 그리스도가 이 아담의 나라에 와서 십자가에 못 박혀 죽으신 것은 예수님이 이 땅에 오시기 전에 하나님 나라에서 하나님과 계약식을 하고 내려왔어요. 계약식을. 그 계약식을 신학적인 용어로는 신학교 가면 신학교에서는 이걸 뭐라 그러냐? 은혜 언약이라고 그래요. 은혜 언약. 삼위일체 하나님이 성부 하나님과 성자 예수가 하나님 나라에서 뭘 맺고 왔냐면 계약을 맺고 왔어요. 계약. 계약식을 했단 말이에요.

계약식이 이렇게 돼 있어요. 예수님이 하나님 앞에 이런 계약을 했어요. 계약서에 여러분이 방 얻을 때, 뭐 얻을 때 이렇게 계약서 쓰잖아요? 하나님하고 예수님하고 계약하고 내려왔다고요. 계약을. 하늘나라에서. 뭐라고 했냐? 이렇게 계약했어요.

예수님이 하나님께 제안했단 말이에요. "하나님, 내가 인간의 몸으로 세상에 내려가겠습니다." "왜 내려가냐?" "인간들이 사단의 나라에서 사단에게 포로 돼 있습니다. 마귀에게." 그래서 누가복음 4장 18절에 주의 성령이 내게 기름을 부으셨으니 이는 가난한 자에게 복음을 포로 된 자에게 무엇을? 자유를. 눈먼 자를 뭐하고? 눌린 자를 자유케 하고.

"모든 인간이 다 포로 되었습니다. 눈이 멀었습니다. 눌려 있습니다. 그래서 인간들이 철학의 3대 질문. 어디서 와서, 무엇 때문에 살며, 어디로 가는지 모르고 그냥 습관에 젖어서 사망의 문화에 푹 젖어서 살고 있으니 내가 불쌍한 인간들을 위하여 인간으로 이 땅에 내려가겠습니다. 사람으로 내려가서 십자가에서 피 흘려 죽을 테니까."

그런데 왜 하필이면 십자가에서 죽느냐? 그 당시 2000년 전에 가장 잔인하게 죽이는 법이 십자가예요. 우리나라에는 제일 잔인하게 죽이는 방법이 이 동양에서는 이렇게 죽였어요. 큰 죄, 왕을 죽이려고 하는 역모를 한 죄, 국가 반란죄, 이런 죄를 지은 사람은 시체를 6개로 찢어서 죽였어요. 우리나라도 잔인한 죽음이 있어요. 시체를 말을 데려다가 말 꼬리에다가 여섯 군데 묶어요. 이쪽 팔은 이쪽 말에다 묶어. 저쪽 팔은 저쪽 말에다 묶어. 이쪽 다리는 이리로, 저쪽 다리는 저리로. 그럼 네 개지? 가운데를 또 말에 묶어. 모가지를 또 말에 묶어. 그래서 말을 여섯 방향으로 말 채찍을 대서 때리면 사람이 6개로 찢어지는 거예요. 그것을 육시라 그래요. 육시. 육시할 놈. 그게 무서운 말이에요. 시체를 6개로 찢어 죽일 놈이란 말이에요. 옛날 사람들이. 그런데 우리나라 사람들은 자기 새끼한테 그 소리를 해요. 자식한테 육시할 놈이라 그래. 그게 뭔 뜻인지도 모르고요. 그런 말 쓰면 안 돼요. 교회 다니는 사람은. 알았지요? 우리나라에도 그렇게 잔인하게 죽이는 방법이 있었어요. 시체를 6개로 찢어서 죽이는 게 있었다 이 말이에요 우리나라도.

그런데 로마 시대 때는 우리나라처럼 시체를 6개로 찢어 죽이는 잔인한 방법이 아니라, 사람을 십자가에다 못을 박아요. 십자가에다 못을 박으면 사람이 당장 안 죽고 오래 사는 사람은 3일 산대요. 3일. 3일 동안 이렇게 매달려서 고난을 당하다가 고통 속에서 나중에 죽는 거예요.

그런데 예수님은 예상외로 빨리 죽었어요. 6시간 만에 죽었어요. 예수님은. 예수님이 가운데 십자가에서 너무 빨리 죽으니까. 예수님을 죽이기 위하여 옆구리에 창을 찌른 게 아니에요. 예수님의 옆구리에 창을 찌른 것은 죽이기 위하여 찌른 게 아니에요. 원래 사람을 죽일 땐 옆구리에 창을 찔러 죽이는 게 아니고, 돌에 때려서 죽이거나 아니면 십자가에 못을 박아서 사람을 피를 말려 죽이는 거예요. 잔인하게 고통을 더 세게 해서 죽이려고.

그런데 예수님을 십자가에서 옆구리에 창을 찌른 것은 죽이려고 찌른 것이 아니라, 하도 예수님이 빨리 죽어서 예상외로 원래 한 3일은 살아야 하는데 너무 빨리 죽었기 때문에 예수님이 이게 죽은 척하고 이렇게 쇼(show)하는가? 진짜 죽었나? 확인하기 위해서 옆구리에다 창을 찌른 거예요.

2. 세상 죄를 모두 지고 죽은 어린 양 예수

찔렀더니 예수님의 옆구리에서 피와 물이 나왔다 그랬어요. 피와 물이. 이 피와 물이 시체로부터 나올 수 있는 상황은 성경 의학자들의 말에 의하면 딱 경우가 하나밖에 없다는 거예요.

사람이 죽으면 죽은 원인에 대하여 시체를 해부합니다. 저 국립과학수사연구소에서 자살했다고 하면 왜 죽었냐? 목매 죽었다, 뭐 해 죽었다, 약 먹고 죽었다? 그 원인을 밝히기 위해 꼭 시체 해부를 한다고요. 의문사에 대해서는요. 이 시체 해부를 해보면 거짓말 못 합니다. 예를 들어, 미운 놈을 목 졸라 죽여놓고 물에다 갖다 버렸다. 그런데 신고해요. "얘 가요? 나하고 가다가요? 갑자기 떨어져서 물에 빠져서 죽었어요." 신고해도 못 속여요. 시체를 건져서 쫙 쪼개 보면 이미 죽어서 숨이 멈춘 상태에서 물에 던진 시체는 폐 안에 물이 안 들어가요. 폐 안에. 숨 쉬는 폐 안에 물이 안 들어간다고요. 그런데 살아 있을 때 떠밀어서 물에서 딱 죽은 사람은 폐 안에 물이 들어가요. 그걸 다 알아요. 이 수사연구소에서 시체를 보면 다 안다고요.

그와 같이 예수님의 옆구리에 창을 딱 찌른 것은 예수님을 죽이려고 찌른 게 아니고 빨리 죽었기 때문에 확인하려고. 진짜 죽었나 하고 찔러보니까 피와 물이 나왔다 그랬어요. 그 피와 물이 나오는 상황은 상황이 그렇게 될 수 있는 상황은 하나밖에 없다는 거예요. 뭐냐 하면 예수님이 십자가에서 죽으실 때에 예수님이 힘들어 죽은 게 아니고 피가 많이 나서 죽은 게 아니라 심장파열이라는 거예요. 심장파열. 주님의 심장이 폭발한 거예요.

뭐 때문에? 모든 인류의 죄가 아담으로부터 모든 죄가 앞으로 태어날 모든 인간의 죄가 그때 예수님의 십자가로 다 올라간 거예요. 중압감. "아버지여! 아버지여! 어찌하여 나를 버리셨나이까." 모든 죄가 예수님 쪽으로 다 옮겨진 거예요. 그때 예수님이 그때 십자가 위에서 그때 물질적인 무게를 느낀 것이 아니라, 영적인 무게. 모든 죄가 예수님 쪽으로 전가된 거예요. 전가.

  구약 시대에는 이것을 벌써 하나님께서는 이 사실을 양을 통하여 설명하셨어요. 죄인이 오면 양 한 마리 가지고 오지요? 그리고 사람 위에 손을 얹고 양 위에 손을 얹고 제사장이 기도하면서 사람의 죄를 양 쪽으로 옮기는 거예요. 이걸 전가라 그래요. 전가. 따라서. <u>죄의 전가.</u> 죄를 옮긴다 이 말이에요. 아멘이요? 그래서 예수님이 십자가에서 못 박혀 있을 때, 십자가에 달려있을 때, 육체적 고통보다는 이 모든 인류의 죄가 예수님 쪽으로 다 와서 옮겨져 누르고 있는 거예요. 예수님을. 아멘.

  그래서 주님의 죽음은 성경 의학자들이 뭐라 그러냐? 주님의 죽음은 아주 특이한 죽음인데, 왜? 피와 물이 나온 것은 심장이 폭발할 때 일어나는 현상이다. 심장이 폭발하면 피와 물로 분리된다. 심장이 폭발하면. 이해되시면 아멘.

  그렇게 예수님이 우리를 위하여 모든 인류의 죄악을 예수님이 다 뒤집어쓰고 모든 죄가 예수님 쪽으로 옮겨간 거예요. 옮겨간 거예요.

"모든 죄를 다 전체를 다 나 쪽으로 옮겨서 십자가에서 내가 처참하게 죽을 테니까, 하나님하고 계약서에 쓴 대로 죽을 테니까. 누구든지 이 사실을 받아들이면 모든 죄는 다 용서하시기를. 그리고 사단의 영향권. 사단의 영향권으로부터 해방시켜 주시기로" 하나님과 예수님과 약속을 맺고 이 땅에 내려왔어요.

3. 언약대로 죽으신 예수님

약속을 맺고 내려왔기 때문에 마귀가 예수님께 유혹해서 "예수야. 너 이 세상에 온 것을 실제 혜택의 당사자 되는 인간들은 모르고 있다. 그렇지만 나는 알고 있어. 네가 이 세상에 왜 왔는지를. 이 모든 천하만국은. 무슨 만국? 천하만국은 나에게 넘겨준 것인데 내가 원하는 자에게 돌려줄 수 있어. 너는 그걸 위하여 십자가 지려 그러는데 지지 말고 나한테 절 한 번만 하면 내가 다 돌려주리라. 너 십자가 지는 것 같은 효과 그대로 내가 다 돌려주리라."

그러나 예수님이 마귀의 제안을 받아들일 수 없었던 것은 예수님과 하나님과 하늘나라에서 약속을 하고 오셨기 때문에 계약 위반이에요. 계약 위반. 만약 그렇게 하면 계약 위반이에요. 이해되시면 아멘? 그러니까 하나님과 예수님과의 은혜 언약이에요. 은혜 언약. 무슨 언약? 십자가를 통하여

맺은 은혜 언약을 계약식을 하고 이 땅에 예수님이 내려왔다
는 거예요. 무슨 말인지 이해됐으면 아멘. 두 손 들고 아멘.

4. 십자가의 은혜 계약서 안에 쓰인 우리 이름

1) 우리를 위한 십자가의 보험

그 계약서 안에는 뭐까지 포함되어 있냐? 여러분과 나의
모든 이름이 거기에 다 쓰여있어요. 계약서 안에. 할렐루야?
그러면 난 그때 태어나지도 않았는데 하나님이 어떻게 내
이름을 거기 써놨을까? 이것 봐요. 우리가 애들이 태어나기
전에 이름을 미리 지어 놓잖아요? 부모들도? 그죠? 태어나
기 전에 이름을 개철구 이렇게 지어 놓는단 말이에요.

하나님이 이름을 미리 다 지어 놓은 거예요. 그래서 그 안
에 우리의 이름이 다 계약서 안에 다 들어가 있는 거예요.
예수 그리스도의 십자가 안에. 이해되시면 아멘. 두 손 들고
아멘. 할렐루야.

그래서 예수 그리스도가, 예수님이 "내가 십자가에 못 박
힐 테니, 못 박혀서 죽을 테니까, 인간이 당하는 모든." 그러
니까 봐요. 여러분과 제가 한 사람이 지은 죄만 해도 우리가
죄가 크단 말이에요. 커요? 안 커요? 안 큰 척하지 말고. 커
요? 안 커요? 여러분, 나 한 사람이 각자 개인이 지은 죄만
해도 커요? 안 커요? 죄가 크면 심판도 큰 거예요. 1대 1로

심판만 받아도 큰데 그 모든 죄를 한꺼번에 예수님께로 다 모아놨으니까 얼마나 크겠냐고요. 이 모든 죄가 예수님께 뒤집어 씌워진 거예요. 이해되시면 아멘?

그래서 예수님은 그 모든 죄를 지고 십자가에서 처참히 심장이 터져서 죽으셨다. 심장이 터져서. 물과 피가 나오도록 죽으셨다 이거예요.

그래서 여러분과 나를 위하여 십자가에서 우리가 태어나기 전에 하나님 앞에 십자가의 보험을 했다. 보험. 십자가의 뭐요? 보험을 들어놨단 말이에요. 예수님이. 아멘.

2) 예수 십자가의 사랑을 받아들이자

그러니까 누구든지 이 사실을 받아들이기만 하면 예수님의 십자가의 효과가 우리에게 나타난다는 거예요. 아멘이요? 이해되시면 아멘.

그러니까 사람이 지옥 가고 하나님께 버림받는 것은 죄를 지었기 때문이 아니라니까요? 죄를 짓기 때문이 아니라니까? 사람이 지옥 가는 것은, 사람이 하나님께 버림받는 것은 죄를 짓기 때문이 아니다. 죄지은 것보다 더 큰 죄가 뭐냐 하면 주님 십자가의 사랑을 거부한 죄예요. 예수님이 우리를 위하여 십자가까지 지셨는데 그것을 받아들이지 않는 죄가 더 큰 죄다. 그 죄 때문에 지옥 가는 거예요. 이 세상에 우리가 죄지은 것 때문에 지옥 가는 게 아니라, 그리스도의 사랑을. 따라서. <u>예수님의 사랑을.</u> 얼마나 주님이 큰 사랑이에요? 이 주님의 사랑을 네가 거부했기 때문에 이 죄는 죄 중에 가장 큰 죄예요. 이것이 뭐냐? 예수 믿지 않은 죄예요. 예수 믿지 않은 죄.

그러나 이 자리에 오신 모든 분은 우리 모든 성도는 이 사실을 받아들이십시오. 내가 받아들이도록 권면합니다. 받아들이기를 원하십니까? 할렐루야!

Ⅳ.
예수의 십자가 사랑을 받아들임
- 성찬

1. 나를 위한 예수의 7대 구속 사역

그러면 이 받아들인 조항을 우리가 다시 점검해 보고 이제 성찬식을 할 텐데요. 예수님이 우리를 위해서 이 땅에 와서 십자가에 못 박히는 이 과정이 첫째는 이렇게 돼 있어요. 사람으로 오심. 따라서. <u>사람으로 오심.</u>

예수님은 원래 사람이 아니에요. 예수님은 원래 삼위일체 하나님이니까 이 우주와 모든 만물과 시작과 시간을 설계하신 분이에요. 아멘이에요? 신적 작정이라 그래요. 신적 작정. 이건 뭐냐면 우주를 설계했다는 말이에요. 설계. 요즘 말로 말하면 설계. 따라서. 설계. 이 모든 걸 설계도를 그린 분이 예수예요. 그 예수님이 하나님의 보좌, 하나님의 영광과 함께 계시다가 이 땅에 사람의 옷을 입고 사람으로 오셨다.

그리고 이 땅에 오셔서 사람이 당할 모든 고난을 당하심은 이것은 예수님 때문에 오신 것도 아니고 예수님 때문에 고난 당한 것도 아니라 이 모든 것이 다 나를 위하여 우리를 위하여 예수님이 하신 것이다. 아멘.

십자가의 죽으심. 죽은 것이 예수님 때문에 죽은 것이 아니라 나의 죄를 위하여 십자가에 대신 죽으신 거예요.

예수님이 3일 만에 부활했어요. 부활. 3일 만에 부활했어요.

부활하셔서 그다음에 하늘나라에 승천했어요. 승천해서 지금도 하나님 보좌 우편에서 우리를 위하여 기도하고 계셔요. 믿습니까?

그 기도하고 계신 예수님은 언제 주님이 이 세상에 올지 모르지만, 예수님은 이 땅에 다시 재림하여 오신다. 따라서. 재림의 예수. 다시 한번 따라서. 사람으로 오신 예수. 고난의 예수. 따라서 합니다. 죽음의 예수. 부활의 예수. 승천의 예수. 따라서. 재림의 예수.

오셔서 이 땅에 하나님의 나라를 이루신다. 메시야의 나라를 이루신다. 따라서. 천년왕국의 예수. 할렐루야. 이 일곱 가지를 여러분들이 받아들인다. 이것을 십자가로 이루셨다. 이걸 받아들인다고 하는 것이 예수 믿는다는 뜻이에요.

2. 주여 : 입으로 고백하는 예수의 7대 복음

예수 믿는다고 하는 것에 대한 첫 번째 우리의 신앙 고백이 입으로 말하는 "주여"입니다. 주여. 따라서. 주여. 이 "주여" 할 때 일곱 가지를 다 포함하고 "주여"를 부르는 거예요. "주여" 속에는, "주여"라고 하는 한마디 안에 이 일곱 가지가 다 녹아 있는 거예요. 아멘이요?

"주여" 부를 때 그냥 "주여" 부르는 게 아니에요. 따라서. 주여! 사람으로 예수님이 온 것을 믿습니다. 거기에 이미 지나간 거예요. 다시. 주여! 나를 위해서 대신 고난을 당하심을 믿습니다. 다시요. 주여! 나를 위해서 십자가에 죽으심을 믿습니다. 다시요. 주여! 나를 위하여 부활하심을 믿습니다. 다시요. 주여! 하늘나라로 승천하여 계셔서 지금도 나를 위해서 기도함을 믿습니다. 인정한다는 거예요. 인정. 인정한다고 하는 전제 조건으로 "주여"를 하는 거예요. 따라서. 주여! 언젠가는 주님이 이 땅에 다시 재림하여 올 줄 믿습니다. 이게 "주여"라는 거예요. 주여.

그냥 여러분이 주님! 그럴 때 이게 따 다다닥 7개가 다 지나가는 거예요. 아멘이요? 다시요. <u>주여!</u> 이 땅에 오셔서 메시야의 나라를 이룰 줄 믿습니다. 이렇게 해서 "주여"하는 거예요.

3. 성찬식 : "주여"보다 더 강력한 신앙 고백

1) 성찬식 : 예수와의 7대 연합

그다음에 이 "주여"보다 더 강력한 신앙 고백이 뭐냐 하면 성찬식이에요. 오늘 성찬식을 왜 펼쳐놨냐? 이 성찬식을 떡과 포도주를 마시는 것은, 이 성찬식은 왜 하느냐? "이것을 나는 그대로 믿고 이것을 나의 주관적 사건으로 받아들입니다."

그래서 성찬식을 하게 되면 마귀의 어둠에서 벗어나요. 마귀가 손을 뗀단 말이에요. 성찬이 큰 축복이에요. 하나님이 우리에게 성찬을 주심을 감사합시다. 감사하시면 아멘. 박수로 하나님께 영광입니다.

그러니까 오늘 성찬식에 여기 참여하시는 분들은 이 일곱 가지 사실을 정확히 알아야 하고, 이것을 받아들인다고 하는 그 바로 선포식으로 성찬식을 손을 대는 거예요. 믿습니까?

'나는 도저히 난 그것이 안 믿어진다.' 하는 사람들은 믿어질 때까지 성찬식을 보류하세요. 하면 안 돼요. 성경에 보면, 성찬식의 뜻을 모르고 하는 사람은 오히려 하나님 앞에 징계를 받는다고 했어요. '너희 중에 병든 자도 많고 잠자는 자도.' 죽었다는 거예요. 성찬식에 함부로 손대다가 성찬에 손대는 순간에 죽은 일들이 성경 시대에 많이 있었다는 거예요. '너희 중에 병든 자도 많고 잠자는 자도 적지 아니하니.' 성찬식을 그냥 겁도 없이 그냥 성찬식을 손대다 그 자리에서 죽었다는 거예요. 성찬의 권위를 무시하다가. 그런 뜻이에요. 이해되시면 아멘?

고린도전서 제11장을 넘겨 보시면, 사도 바울이 성찬에 대해 설명할 때 그렇게 말씀한 거예요. 사도 바울이 성찬에 대해서 말씀하실 때 고린도전서 11장 23절입니다. 시작.

<고린도전서 11:23-24>

23. 내가 너희에게 전한 것은 주께 받은 것이니 곧 주 예수께서 잡히시던 밤에 떡을 가지사

24. 축사하시고 떼어 가라사대 이것은 너희를 위하는 내 몸이니 이것을 행하여 나를 기념하라 하시고

따라서 합니다. 이것을 행하여. 다시. 행하여. 성찬식이란 말이에요. 성찬식을 행하여 나를 기념하라.

그런데 23절 다시 보시면, 내가 너희에게 전한 것은 주께 받은 것이니. 이 사도 바울은 원래 예수님이 육신으로 이 땅 계실 때 사도 바울은 예수를 믿지 않았어요. 그러나 예수님의 다른 열두 제자는 주님이 육신으로 계실 때 이 땅에서 믿

었어요. 그리고 주님이 잡히시기 전날 밤에 예수님이 열두 제자를 데리고 성찬식을 하면서 "내가 죽은 뒤에도 너희들은 꼭 성찬식을 하라. 이렇게 기념하라." 말씀할 때 거기에 사도 바울은 없었어요.

그런데 사도 바울이 이 성찬식 하는 것을 베드로에게 배운 게 아니에요. 선배한테 배운 게 아니라 주님께 받았다고 그랬어요. 사도 바울은 아시다시피 다메섹 도상으로 가다가 예수님을 믿게 되었어요. 예수님이 직접 바울을 부른 거예요. 이해되시면 아멘? 그러니까 사도 바울은 성찬식 하는 방법을 몰랐던 거예요. 성찬 제도를 몰랐던 거예요.

그런데 어느 날 환상 중에 주님이 나타나서 "너는 가는 곳마다 성찬식을 하라." 내가 너희에게 행하는 이 성찬은 주님께 받은 것이니. 선배인 베드로한테 듣고 하는 것이 아니라 주님께 받았다는 거예요. 이해되시면 아멘? 다시 23절 다시 읽으시면 시작.

<고린도전서 11:23-24>

23. 내가 너희에게 전한 것은 주께 받은 것이니 곧 주 예수께서 잡히시던 밤에 떡을 가지사
24. 축사하시고 떼어 가라사대 이것은 너희를 위하는 내 몸이니 이것을 행하여 나를 기념하라 하시고

따라서. 행하여. 오늘 우리는 이걸 행하기 위해서 성찬 예배로 모인 거예요. 잠시 후에 우리가 이 성찬에 손을 댈 때 기적이 일어나기를 바랍니다. 이것은 곧 성찬에 떡과 포도주에 손을 대는 것은 2000년 전에 예수가 2000년 전이 아니라 지금 조금 전에 바로 내가 십자가에 그 죗값을 죽은 거와 마찬가지의 연합이에요. 성찬식에 손을 딱 대는 것은 예수가 2000년 전에 죽었지만 예수가 죽은 게 아니에요. 내가 내 죄를 위하여 죗값을 지금 오늘 다 치른 거와 마찬가지예요. 그와의 연합의 관계가 있다는 거예요. 이해되시면 아멘? 두 손 들고 아멘. 할렐루야. 그다음 말씀 24절 읽으시면 시작.

<고린도전서 11:24-25>

24. 축사하시고 떼어 가라사대 이것은 너희를 위하는 내 몸이니 이것을 행하여 나를 기념하라 하시고
25. 식후에 또한 이와 같이 잔을 가지시고 가라사대 이 잔은 내 피로 세운 새 언약이니 이것을 행하여 마실 때마다 나를 기념하라 하셨으니

이것을 뭐하여? 행하여. 따라서. 행하여. 가는 데마다 성찬식을 하라. 성찬식을 하라. 그러면 마귀의 나라가 무너진다. 사단의 그늘이 물러간다. 병이 고쳐진다. 죄가 용서된다. 아멘. 이것을 행하여 마실 때마다 나를 뭐 하라? 기념하

라 하셨으니. 26절 시작.

2) 7대 복음 위에 서라

<고린도전서 11:26-27>

26. 너희가 이 떡을 먹으며 이 잔을 마실 때마다 주의 죽으
    심을 오실 때까지 전하는 것이니라
27. 그러므로 누구든지 주의 떡이나 잔을 합당치 않게 먹
    고 마시는 자는 주의 몸과 피를 범하는 죄가 있느니라

합당치 않은 것은 뭐냐? 이 7대 복음을 모르고 십자가의
뜻을 모르고 성찬식을 하는 자를 합당치 않다는 거예요. 그
러면 먹고 마시는 자는 주의 몸과 피를 범하는 죄가 있는 거
예요. 성찬식 자체가 죄예요. 또 죄를 짓는 거예요. 그다음
에 28절에 보면 시작.

<고린도전서 11:28>

사람이 자기를 살피고 그 후에야 이 떡을 먹고 이 잔을 마
실지니

사람이 자기를 살핀다는 말은 내가 오늘 뭐 목욕을 깨끗이
했나? 세수를 깨끗이 했나? 이걸 살피란 것이 아니라, 네가

이 사실을 알고 있느냐? 네가 일곱 가지 사실을 알고 있느냐? 이걸 자기를 살펴보라는 거예요.

이 시간 여러분이 자기를 살펴보라고요. 여러분은 일곱 가지 사실을 믿어요? 이걸 살펴보라는 거예요. 자기를 살펴보고 난 뒤에, 나는 이 사실을 알고 있는지 살펴보고 난 뒤에, 사람이 자기를 살피고 그 후에야 이 떡을 먹고 이 잔을 마실지니라. 아멘.

그래서 할 수 없이 성찬식을 더 안전하게 하기 위해서 목사님들이 세례를 받지 않는 사람은 성찬식을 못 하게 하는 거예요. 왜? 죄를 범하게 할까 봐요. 잘못하면 죽어요. 잘못하면 또 어떻게 되냐? 병들어요. 오히려 성찬식하고 병이 생겨요. 왜? 이 사실을 모르고 장난기로 할까 봐요. 그래서 한국 교회는 세례식을 안 한 사람은 성찬식을 못 하게 해요.

그러니까 지금 잠시 후에도 이 가운데서도 세례받지 않으신 분들은 성찬식을 다음으로 미루세요. 이제 세례식 다음 달에 하니까 세례받은 뒤에 성찬식 하란 말이에요. 아멘이요? 다음 달에 세례식 하니까 세례받은 뒤에, 그다음에 1월 1일 송구영신 예배할 때 우리가 또 성찬식 하니까 그때 하라는 거예요.

왜? 자기를 살피고 난 뒤에, 이 복음 위에 선 뒤에 하라는 거예요. 이 복음 위에 서라는 것이 뭐냐? 십자가에서 예수님이 죽으신 것은 예수님 때문에 죽은 게 아니야. 나 때문에 죽은 거예요. 예수님 때문에 피 흘린 게 아니야. 나 때문에 흘린 거예요. 예수님 때문에 옆구리에 창에 찔린 거예요? 나 때문에 찔린 거예요? 아멘이에요? 그다음 말씀 보시면, 그다음 말씀 29절 시작.

<고린도전서 11:29-30>
29. 주의 몸을 분별치 못하고 먹고 마시는 자는 자기의 죄를 먹고 마시는 것이니라
30. 이러므로 너희 중에 약한 자와 병든 자가 많고 잠자는 자도 적지 아니하니

약한 자가 뭐냐? 성찬에 경거망동하게 손을 댔다가 주님이 쳤다는 거예요. 병든 자가. 몸이 아픈 일이 생긴다는 거예요. 병이 낫는 게 아니라. 어떤 사람은 성찬에 손을 대면 병이 낫고 어떤 사람은 성찬에 손을 대면 멀쩡한 사람이 병이 생기는 거예요. 잠자는 자도 적지 않다. 이 잠자는 것은 죽었다는 거예요. 성찬식하고 그다음 날 죽었다는 거예요. 왜 죽냐? 이 7대 복음을 모르고 성찬식에 손을 대면 죽는다는 거예요. 이해되시면 아멘?

3) 성찬식을 할 때 사단이 떠나간다
그러므로 우리 사랑제일교회 성도들은 이제 다시 확인하

겠어요. 예수님이 사람으로 이 땅에 오심을 믿으십니까? 나를 위하여 고난 당하심을 믿으십니까? 예수님께서 십자가에 죽으심은 내 죄를 위해서 대신 죽으심을 믿으십니까? 예수님께서 부활하신 것은 나를 위하여 부활하신 것을 믿으십니까? 승천하신 것은 지금도 하나님 보좌 우편에서 나를 위하여 기도하심을 믿으십니까? 주님이 언젠가는 이 땅에 다시 재림하여 오실 줄 믿으십니까? 오셔서 메시야의 나라를 이루심을 믿으십니까? 이것을 믿는 것을 그리스도의 7대 복음이라 그래요. 7대 복음. 할렐루야! 두 손 들고 아멘!

이것을 믿는 자는 성찬식을 하면 성찬식을 통하여 더 큰 은혜 속으로 들어가요. 하나님이 하나님 보좌 우편에서 우리가 성찬식 하는 이 행위를 보시고. 아멘. 할렐루야! 원수 마귀 사단은 한 길로 왔다 일곱 길로 물러간다는 거예요. 사망의 그늘이 떠나간다는 거예요. 할렐루야! 〈겟세마네 동산에서〉 한번 부르시면. 자, 〈겟세마네 동산에서〉요 아버지.

〈겟세마네 동산에서〉

1. 겟세마네 동산에서 기도하실 때
   주님의 땀방울은 피로 변했네
   하나님을 거역한 나를 위하여
   순종의 속죄 피를 흘려 주셨네

(후렴) 아아 아아 주의 사랑 깊고 크셔라
내 영혼에 파도처럼 메아리쳐 온다

2. 빌라도의 뜰에 서서 가시관 쓸 때
주님의 온 얼굴은 피로 젖었네
온 인류의 저주를 속하시려고
저주의 가시채로 관을 쓰셨네

3. 빌라도의 군인들이 때린 채찍에
찢어져 피로 물든 주님 등허리
온 인류의 질병을 속하셨으니
치료의 강물에서 넘쳐흐르네

4. 골고다의 십자가에 달리신 주님
손과 발 옆구리에 입은 상처로
온몸의 물과 피를 다 흘리셔서
멸망의 죽음에서 날 건지셨네

    기도하겠습니다. 다 같이 두 손을 높이 드시고 이제 우리는 이 앞에 서 있습니다. 바로 2000년 전 십자가 앞에 서 있습니다. 우리 눈앞에 바로 그분이 달려있습니다. 왜 달렸냐고요? 그것은 그 누구도 아닌 바로 나의 문제입니다. 나 때문입니다. 내 죄 때문입니다. 그것도 내 자존심 상하지 않게 하시려고 예수님은 모든 조심을 다해 가면서 십자가에서

2000년 전에 처참하게 죽으셨습니다. 비록 2000년 전에 일어난 사건이지만 우리에게는 오늘 바로 현재 일어난 사건과 동일한 것입니다. 우리는 그 앞에 지금 서 있습니다. 감사합니다. 예수님. 감사합니다. 주님. 나를 위하여 그 엄청난 일을 하신 예수님, 감사합니다. 튼튼히 서겠습니다. 그 위에 서겠습니다. 다 같이 우리 "주여" 삼창하며 기도하겠습니다. 주여. 주여. 아버지. 주님. 예수님. 주님. 주 예수님. 아버지여. 주여. 예수님. 주여. 아버지.

"주님, 감사합니다. 너무너무 감사합니다. 주님이 있었기 때문에 오늘 저희들이 이와 같은 은혜의 시간이 있었습니다. 앞으로 우리는 영원한 소망이 보장되어 있습니다. 이제 더 나은 부활을 향하여 달려가는 저희들 되게 하여 주시고, 이 십자가의 사랑을 땅끝까지 전하게 하여 주시고, 이제 주님, 이 나라 이 민족이 다 주님의 7대 복음 안으로 돌아와서 우리와 같이 동일하게 성찬식 할 수 있도록 주님, 기억하여 주옵소서. 예수님 이름으로 기도하옵나이다. 아멘."

유월절 무교절 초실절 오순절 나팔절 속죄절 장막절

사탄 "아름다우므로 교만하여"
에스겔28:17

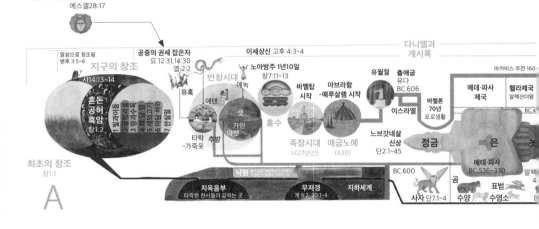

말씀으로 창조됨
벤후 3:5~6

지구의 창조
사14:13~14

혼돈
공허
흑암
창1:2

공중의 권세 잡은자
요 12:31,14:30
엡 2:2

이세상신 고후 4:3~4

다니엘과
계시록

반항시대

유혹

에덴

타락
-가죽옷

셋
가인
야벳

추방

노아방주 1년10일
창7:11~13

바벨탑
시작

홍수

아브라함
-예루살렘 시작

족장시대
(427년간)

애굽노예
(430)

유월절
유다
BC.606

출애굽

이스라엘

느브갓네살
신상
단2:1~45

바벨론
70년
포로생활

정금

마카비스 주전 160~

메데·파사
제국

헬라제국
알렉산더왕

최초의 창조
창1:1

A

낙원

지옥음부
타락한 천사들이 갇히는 곳

무저갱
계 9:2 20:1~4

지하세계

BC.600

은

메데·파사
BC.536~330

사자 단7:1~4

곰

표범

수양

수염소

대제사장예수

낙원

일곱교회

그리스도인의 휴거
요 14:3. 11:23
살전 5:1~4. 4:17
고전 15:51

공중재림

왕관
벧전 5:2~4
살전 2:19~20
딤후 1:8

그리스도의 심판대

상급과 보상
고후 5:10
엡 6:8
계 22:12

어린양의 혼인잔치
계 19:7~9

백보좌 심판

행한대로 심판
계 20:11~15

"보라 새하늘과 새땅을"
벧후 3:13

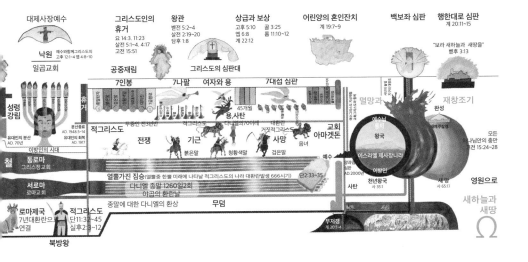

7인봉   7나팔   여자와 용   7대섭 심판   멸망과   재창조기   완성

성령강림

유대인의 분산 AD.70년

이방인의 시대

철

동로마 그리스정교회

서로마 로마교회

로마제국 7년대환란으로 연결

적그리스도
단11:32~45
실후2:3~12

북방왕

휴거

분산종료 AD.1948.5~14   유대인의 회복 AD.1917

적그리스도   무종인 전3년반   적그리스도   다니엘의70이레   대환란   거짓적그리스도

전쟁   기근   45개월   용,사탄   사망   음녀   아마겟돈

붉은말   청황색말   검은말

교회   예수

열뿔가진 짐승(열뿔중 한뿔 미래에 나타날 적그리스도의 나라 대환란발생 666시기)   단2:33~35

다니엘 종말 1260일2회
야곱의 환란날

종말에 대한 다니엘의 환상   무덤

무저갱 계20:1~4

에스닐 통치 왕국

이스라엘 제사장나라   이방인

천년왕국 사 35:1

사탄

사탄결박 AD.2000년

새땅 사 65:17

모든 하나님안의 충만 고전 15:24~28

영원으로

새하늘과 새땅 Ω

만유 회복

초판 인쇄 2024년 12월 13일
초판 발행 2024년 12월 27일

설교 전광훈
구성·편집 류금주
펴낸곳 주식회사 뉴퓨리턴

주소 서울특별시 성북구 장위로 40다길 19, 1층 106호(장위동)
대표전화 070-7432-6248
팩스 02-6280-6314
출판등록 제25100-2023-043호
이메일 info@newpuritan.kr

ISBN 979-11-989751-3-3 03230